# 臺灣歷史與文化 研究輯刊

十三編

## 第 10 冊

### 臺灣京劇演員參與崑劇演出研究
（1951～2013）（上）

李巧芸 著

花木蘭文化事業有限公司

國家圖書館出版品預行編目資料

臺灣京劇演員參與崑劇演出研究（1951～2013）（上）／李巧
芸 著 -- 初版 -- 新北市：花木蘭文化事業有限公司，2018〔
民 107〕
目 4+186 面；19×26 公分
（臺灣歷史與文化研究輯刊十三編；第 10 冊）
ISBN 978-986-485-302-1（精裝）
1. 崑劇 2. 戲劇史 3. 臺灣
733.08                                          107001593

ISBN-978-986-485-302-1

9 789864 853021

臺灣歷史與文化研究輯刊
十三編　第 十 冊                          ISBN：978-986-485-302-1

臺灣京劇演員參與崑劇演出研究（1951～2013）（上）

作　　者　李巧芸
總 編 輯　杜潔祥
副總編輯　楊嘉樂
編　　輯　許郁翎、王筑　美術編輯　陳逸婷
出　　版　花木蘭文化事業有限公司
發 行 人　高小娟
聯絡地址　235 新北市中和區中安街七二號十三樓
　　　　　電話：02-2923-1455／傳真：02-2923-1452
網　　址　http://www.huamulan.tw 信箱 hml810518@gmail.com
印　　刷　普羅文化出版廣告事業
初　　版　2018 年 3 月
全書字數　280863 字
定　　價　十三編 24 冊（精裝）台幣 60,000 元

# 臺灣京劇演員參與崑劇演出研究
## （1951～2013）（上）

李巧芸　著

作者簡介

李巧芸，國立政治大學土耳其語文學系、國立中央大學中文戲曲所畢業，目前為青玉齋團員、淡水社大清音社社長。

提　　要

　　臺灣無職業崑劇劇團，除曲友票戲外，崑劇演出由京劇演員兼演為常態。1949 年後，滯臺京劇藝人在臺灣的演出，保留過去京班中兼演崑劇的傳統。1951 年後小大鵬、復興、小陸光、小大宛、小海光等相繼成立並招生，自入劇校便以同場曲開蒙，分科後，兼以崑劇教學期培養出崑亂不擋的演員。徐露於 1980 年演出新象《牡丹亭》，帶動了臺灣戲曲界的崑劇風潮，展現崑亂兩下鍋的演出能力。1991 年起曾永義與洪惟助聯合主持了長達十年的「崑曲傳習計畫」，規模培養京劇演員學習崑劇。2000 年洪惟助成立「臺灣崑劇團」，台北崑劇團、蘭庭崑劇團、二分之一 Q 劇場等相繼成立，為臺灣的崑劇發展帶來繁榮的景象。臺灣崑劇史的發展脈絡中，京劇演員不曾缺席。因此，本文擬研究臺灣京劇演員參與崑劇史，探討各時期京劇演員的崑劇參與狀況與未來發展。

**目次**

# 第一章　緒　論

## 第一節　研究動機與目的

　　崑曲隨著京班來臺演出，在臺灣的傳播已逾百年，自清代即有劇團來臺
演出的記錄，張啓豐博士論文《清代臺灣戲曲活動與發展研究》、〔註1〕羅麗
容《南戲・崑劇與臺灣戲曲》〔註2〕二書皆有提及清代崑曲在臺灣的傳播資
料。日治時期也隨京班來臺商演在舞台上搬演，見徐亞湘《日治時期中國戲
班在台灣》、〔註3〕《史實與詮釋──日治時期台灣報刊戲曲資料選讀》〔註4〕
二書，寫日治時期戲班來臺巡演情況，當時演出劇目以新編連台本戲、時事
劇、宮闈戲、武打戲爲主，少見崑曲演出，爲國民政府接收臺灣前的崑曲演
出留下記錄。

---

〔註1〕張啓豐，《清代臺灣戲曲活動與發展研究》（國立成功大學中國文學系博士論
　　　　文，2004年）第六章清代臺灣的戲曲劇種，頁205～210。由蘇州老郎廟重修
　　　　所立的〈翼宿神祠碑記〉、張發穎《中國戲班史》（北京：學苑出版社，2003
　　　　年1月，頁406。）、東嘉生〈清代臺灣之貿易與外國商業資本〉（收於《清代
　　　　臺灣史概説》，臺北市：海峽學術出版社，2000年，頁221。）、蔡國琳〈臺
　　　　南三郊由來〉（見王一剛〈臺北三郊與臺灣的郊行〉，《臺北文物季刊》第六卷
　　　　第一期，1957年，頁13。）等文獻，從兩岸頻繁的商業來往，帶動金錢的流
　　　　通，由此推測自清乾隆起即有戲班來臺演出。
〔註2〕收錄〈明清時期崑曲在臺閩間之流播〉、〈臺灣七子戲與南戲及崑劇之關係〉、
　　　　〈臺灣亂彈戲與崑劇之關係〉、〈戲曲文物資料與臺灣戲曲之關係──以蘇州
　　　　老郎廟暨梨園公所碑刻資料爲例〉等論文，研究臺閩地區的南戲、亂彈戲與
　　　　崑劇間的歷史、劇目、曲牌關係。羅麗容，《南戲・崑劇與臺灣戲曲》（臺北
　　　　市：新文豐出版股份有限公司，2012年12月）。
〔註3〕徐亞湘，《日治時期中國戲班在台灣》（台北市：南天書局有限公司，2000年）。
〔註4〕徐亞湘，《史實與詮釋──日治時期台灣報刊戲曲資料選讀》（宜蘭：國立傳
　　　　統藝術中心，2006年）。

　　國民政府接收臺灣後，京班恢復來臺商演活動，在眾多劇目清單中包含崑曲演出。1949 年後，滯臺京劇藝人在臺灣的演出，保留過去京班中兼演崑曲的傳統。自 1951 年始，臺灣開始培養本土京劇演員，小大鵬、復興、小陸光、小海光等陸續成立，入學之初即以崑曲曲牌開蒙，學習過程中兼學京班中保留的崑曲劇目。同時，崑曲也隨曲友在臺推廣而保留一脈，劇校延請大陸來臺曲友到校傳授崑曲。曲界與京劇界同為崑曲在臺灣的演出共同努力，隨著京劇演員主演大型經典崑曲公演，將曲界、京劇界的交流傳承成果展現於紅氍毹上。

　　兩岸開放交流後，京劇演員接觸到量大而繁多的崑曲劇目，為臺灣崑曲帶來新風貌。經過十多年的崑曲研習，臺灣開始新編崑劇，透過京劇演員演出，展現過去跨劇種學習成果。

　　京劇演員兼演崑曲的情況，在兩岸的戲曲演出屬於應地置宜之特殊現象，自京劇演員來臺演出時即已呈現此狀。在臺灣觀眾對崑曲表演的渴望及學者鑑於崑曲藝術的美好，推動了長達十年的崑曲傳習計畫，也正式開始了京劇演員肩負崑曲演出之業務，此情形不論在兩岸的京劇史、崑劇史等單一劇種史中皆為獨特的專業演出之道，也是臺灣崑曲史異於對岸的演出模式。由京劇演員主演崑曲，以滿足臺灣觀眾對於崑曲表演的需求，崑曲表演的供需透過京劇演員的參與而幾近平衡，呈現出京演崑曲的臺灣崑曲特色。

　　本論文欲從京劇演員何以學習、演出崑曲，京劇演員跨劇種參與崑曲的動機、目的與方法，民間何以推動京劇演員參與崑曲活動，京劇演員參與崑曲後對於臺灣崑曲史的影響，探討臺灣「京劇化」的崑曲特色。欲藉由文獻搜集、演出歷史資訊彙整及參與演員訪談，還原與呈現臺灣京劇演員參與崑劇演出的情況，希望藉由京劇演員在不同時期的參與，呈現出臺灣京劇演員學習崑曲的不同風貌與變化，以史為軸探討京劇演員學崑的現象與狀況並進行學術討論。

## 第二節　文獻回顧

　　本論文欲研究臺灣京劇演員參與崑曲的狀況，將相關研究文獻約分為三類：「崑劇在臺灣的相關研究」、「京劇演員傳記式著作、研究」、「臺灣京劇演員參與崑劇相關研究」，敘述如下：

# 一、崑劇在臺灣的相關研究

洪惟助、孫致文於《臺灣傳統戲曲》〔註 5〕第十章「崑劇」，撰寫崑曲在臺的歷史源流、藝術特色與演出形式、崑腔崑曲在臺灣的發展及臺灣崑曲研究的重要成果等各樣崑曲在臺風貌，以崑曲傳習計畫起始的 1990 年為界，主要探討 1990 年後的崑曲活動。蔡欣欣《臺灣戲曲研究成果述論（1945～2001）》〔註 6〕一書中論述現有的崑曲研究；而《臺灣戲曲景觀》中收錄之〈崑曲在臺灣發展之歷史景觀〉〔註 7〕一文，探討自清末、日治時期至國民政府遷臺後之崑曲在臺灣的發展，為崑曲在臺灣的傳承分奠基涵化期、扎根培育期、茁壯興盛期與發聲期，概述了這四段期間學者、曲友及京劇演員們的參與狀況。

自國民政府遷臺以來，崑曲隨著京劇藝人與民間曲友長駐臺灣，傳統藝術中心出版《姹紫嫣紅崑事圖錄》〔註 8〕一書，將臺灣崑曲史中重要曲友與演員的聚會合照、劇照收集成冊。早期曲友的崑曲參與狀況見賴橋本〈四十年來臺灣的崑曲活動〉〔註 9〕一文，以同期曲會、崑劇團、崑曲傳習班及大陸演員來臺等階段分別描述臺灣崑曲發展，偏重於曲友，又以夏煥之系統為主。鍾廷采碩士論文《台灣業餘崑劇團觀眾發展之研究——以水磨曲集崑劇團為例》〔註 10〕，第三章提到了曲友在臺灣推動崑曲，以臺灣第一個崑劇團水磨曲集為例。也有以臺灣新編崑劇為研究範疇，如劉慧芬〈試論台灣實驗崑劇

〔註 5〕陳芳主編，《臺灣傳統戲曲》（臺北市：臺灣學生書局有限公司，2004 年 9 月）。本文為洪惟助與孫致文合撰。

〔註 6〕蔡欣欣，《臺灣戲曲研究成果述論（1945～2001）》（臺北市：國家出版社，2005 年 10 月），頁 339～344。

〔註 7〕蔡欣欣，《臺灣戲曲景觀》（臺北市：國家出版社，2011 年 1 月）。先前論文有〈二十一世紀前崑曲在臺灣的發展史貌〉，節錄自〈歌盡桃花扇底風——崑曲在台灣發展之歷史景觀〉（福建省：海峽兩岸民間文化藝術理論研討會，2007 年 10 月），收入《戲曲學報》第二期（國立臺灣戲曲學院，2007 年 12 月），頁 169～196，後投稿為〈崑曲在台灣發展之歷史景觀〉（《中華戲曲》第 38 輯，北京：文化藝術出版社，2008 年 12 月），頁 184～230。

〔註 8〕《姹紫嫣紅崑事圖錄》（宜蘭：國立傳統藝術中心，2001 年 11 月）。

〔註 9〕賴橋本：〈四十年來臺灣的崑曲活動〉（《國文天地》9 卷 8 期，臺北市：國文天地雜誌社，1994 年 1 月），頁 8～13。

〔註 10〕鍾廷采，《台灣業餘崑劇團觀眾發展之研究——以水磨曲集崑劇團為例》（國立臺北藝術大學藝術行政與管理研究所碩士論文，2006 年）。

的得與失——以「1/2Q 劇場」實驗崑曲演出劇目爲例〉〔註11〕一文，以舞台、編劇、導演爲主要探討，記錄臺灣小劇場改編崑曲的現狀。

　　兩岸開放交流後，大陸崑劇演員來臺，開始了京劇演員與崑劇長期而緊密的接觸，將此現象寫成專文論述的如洪惟助〈回顧崑劇的興衰，論其未來的發展〉〔註12〕一文，詳細記載臺灣初起步的崑劇交流，並展望未來發展；又如〈台灣的崑曲活動與海峽兩岸的崑曲交流〉〔註13〕一文，以早期崑曲型態、崑曲在臺傳承、編撰崑曲辭典與成立戲曲研究室爲發展脈絡，提到「臺灣崑曲史的研究才開始」；其國科會專題研究計畫《台灣崑曲史調查研究》〔註14〕成果報告，附錄中檢附臺灣崑劇史年表。王安祈〈崑劇在臺灣的現代意義〉〔註15〕一文著重學術界領導崑曲界而產生的「臺灣的崑劇效應」、「崑劇的臺灣效應」及折子戲與全本戲的編演，希望透過新編崑劇的方式，結合崑劇、臺灣、現代成特殊風貌，後於〈台灣的崑劇效應與崑劇的台灣效應〉〔註16〕一文加以闡述此一現象；而《尋路：臺北市京劇發展史（1990～2010）》〔註17〕中深入說明崑劇與臺灣交互效應下，對兩者產生的影響。施德玉〈崑劇在臺灣之概況及其當前之表演類型〉〔註18〕一文，從臺灣的學者、曲友、崑劇團、崑曲社、演出型態等描述臺灣崑劇概況。施秀芬博士論文《崑曲在台灣傳播之研

〔註11〕劉慧芬：〈試論台灣實驗崑劇的得與失——以「1/2Q 劇場」實驗崑曲演出劇目爲例〉，收入高福民、周秦主編《中國崑曲論壇 2007》（蘇州：古吳軒出版社，2008 年 12 月），頁 204～211。

〔註12〕洪惟助：〈回顧崑劇的興衰，論其未來的發展〉（《湯顯祖與崑曲藝術研討會》論文，1992 年 10 月 4～5 日），頁 1～13。

〔註13〕洪惟助：〈台灣的崑曲活動與海峽兩岸的崑曲交流〉，收入《千禧之交——兩岸戲曲回顧與展望研討會論文集》卷一（宜蘭：國立傳統藝術中心籌備處，2000 年 1 月），頁 24～35。

〔註14〕洪惟助主持，國科會專題研究計畫《台灣崑曲史調查研究》研究成果報告（國立中央大學人文中心，2012 年 1 月 17 日）。

〔註15〕王安祈：〈崑劇在臺灣的現代意義〉，收入《臺大中文學報》第十四期（臺灣臺北：臺灣大學中國文學系，2001 年 5 月），頁 5～37。

〔註16〕王安祈：〈台灣的崑劇效應與崑劇的台灣效應〉（《大雅》雙月刊第 22 期，臺北市：大雅藝文雜誌社，2002 年 8 月號），頁 34～38。

〔註17〕王安祈，《尋路：臺北市京劇發展史（1990～2010）》（臺北市：北市文化局，2012 年 4 月），頁 131～132。

〔註18〕施德玉：〈崑劇在臺灣之概況及其當前之表演類型〉，收入《戲曲學報》第八期（國立臺灣戲曲學院，2010 年 12 月），頁 77～98。

究》〔註19〕研究崑曲在臺灣傳播的歷程，針對崑曲在臺灣傳播方式及歷程進行更深入研究。

　　不論是期刊論文或學位論文，多將臺灣的崑曲推動著眼於功勞最大的曲友身上，較少著墨於京劇演員的參與，洪惟助〈臺灣的崑曲活動與海峽兩岸的崑曲交流〉〔註20〕一文、蔡欣欣《臺灣戲曲景觀》〔註21〕一書，也特闢專章討論，突顯出京劇演員在臺灣崑劇史中的特殊性。而陳怡如碩士論文《崑劇《牡丹亭》之舞台美術研究──以1980年以後演出為主要探討對象》〔註22〕，探討徐露主演《牡丹亭》折子戲之人物造型穿扮和舞台陳設與燈光。而本世紀出版的洪惟助主編的《崑曲辭典》〔註23〕及吳新雷編撰的《崑曲大辭典》，〔註24〕內含許多與臺灣崑曲相關的辭條，是可貴的參考工具。

　　上海電視台的「絕版賞析」也製作了「京劇中的崑曲」共六集，〔註25〕顯示出崑亂的密切關係。同時，以介紹崑曲為主的《大雅》雜誌發行，內容收錄多篇與京劇演員參與崑曲的相關文章，〔註26〕內容豐富而多元，突顯臺灣對崑曲的關注。而以國劇為主要內容的《國劇月刊》，〔註27〕也收錄發行期間由京劇演員主演的大型崑曲演出記錄。

---

〔註19〕施秀芬，《崑曲在台灣傳播之研究》（佛光大學中國文學系博士論文，2011年）。
〔註20〕洪惟助：〈臺灣的崑曲活動與海峽兩岸的崑曲交流〉，收入《千禧之交──兩岸戲曲回顧與展望研討會論文集》卷一（宜蘭：國立傳統藝術中心籌備處，2000年1月），頁27。
〔註21〕蔡欣欣：〈崑曲在臺灣發展之歷史景觀〉，收入《臺灣戲曲景觀》（臺北市：國家出版社，2011年1月），頁49～55。
〔註22〕陳怡如《崑劇《牡丹亭》之舞台美術研究──以1980年以後演出為主要探討對象》（國立中央大學中國文學系碩士論文，2007年）。
〔註23〕洪惟助主編，《崑曲辭典》（宜蘭：臺灣國立傳統藝術中心，2002年）。
〔註24〕吳新雷編撰，《崑曲大辭典》（南京大學出版社，2002年）。
〔註25〕第一集為「徽班與崑曲」，第二集為「軸子與崑曲」，第三集為「京劇中的崑曲劇目」。
〔註26〕如朱家溍〈近代保留在京劇裡的崑劇〉、馬芳蹤〈記言慧珠〉、愛新覺羅・毓崎〈家父紅豆館主的京崑藝事〉、賈馨園《《罵曹》親炙記──李寶春學崑劇》、賈馨園〈閒聊崑劇──信手拈來〉、周美惠〈京崑名角高蕙蘭──揮別56年人生〉、〈盛年早逝的一株蕙蘭〉、朱家溍〈梅蘭芳與崑曲〉、王安祈〈台灣的崑劇效應與崑劇的台灣效應〉、求幸福齋主〈楊小樓與崑曲〉、曾永義〈最是懷念高蕙蘭〉等。
〔註27〕共發行一百二十期。《國劇月刊》（臺北市：國劇月刊雜誌社）。

## 二、京劇演員傳記式著作、研究

呂訴上《臺灣電影戲劇史》〔註28〕一書橫跨日治時期至國民政府接管後，將臺灣京劇史列專章討論。溫秋菊《臺灣平劇發展之研究》〔註29〕記錄臺灣京劇史、劇隊、演員、劇目，其所檢附的演出劇目一覽表爲本論文參考資料。王安祈《臺灣京劇五十年》〔註30〕將臺灣京劇發展史爲縱軸記錄各時期具代表性的演員，並以演員訪談爲橫軸以輔助歷史呈現，尚有報單、劇場／劇團／演員／劇種表，實爲研究臺灣京劇演員的重要資料；而《爲京劇體系發聲》中第陸章〈藝術本體與文化意義的雙層視角〉〔註31〕一文，則闡釋了《臺灣京劇五十年》一書的寫作方法與切入角度，幫助本文援引資料。上列書目中所檢附的戲單與演出歷史記錄，爲本論文的重要參考文獻來源。

臺灣的京劇藝術發展漸受重視，演員個人劇藝與京劇參與史漸受矚目，除出版郭小莊等人的傳記，同時出版徐露、高蕙蘭等人圖文並茂的藝術記錄，內容以其京劇藝術爲主，少部分提起其崑曲參與。以京劇藝人爲題撰寫論文者如尹崇儒《復興京劇 永矢弗諼：論曹復永先生之藝術生涯》，〔註32〕寫京劇小生曹復永的藝術表現，惜未對其參與崑曲過程多加描述。同樣，以參與崑曲演出的當代京劇演員的參與心得，僅見於《戲曲研究通訊》創刊號的「本期專題之二：崑曲傳習計畫的迴響」單元〔註33〕及《戲曲研究通訊》第二、三期的「學習崑曲的心得及感想」單元，〔註34〕爲彌補此部份資料的不足，筆者以訪談的方式增進對於京劇演員參與崑曲演出的了解。

---

〔註28〕 呂訴上，《臺灣電影戲劇史》（臺北市：銀華出版部，1961 年 9 月）。

〔註29〕 溫秋菊，《臺灣平劇發展之研究》（臺北市：學藝出版社，1994 年 6 月）。

〔註30〕 王安祈，《臺灣京劇五十年》（宜蘭：國立傳統藝術中心，2002 年）。

〔註31〕 王安祈，《爲京劇體系發聲》（臺北市：國家出版社，2006 年 1 月），頁 305～349。

〔註32〕 尹崇儒，《復興京劇 永矢弗諼：論曹復永先生之藝術生涯》（淡江大學歷史學系碩士班碩士論文，2011 年）。

〔註33〕 見「本期專題之二：崑曲傳習計畫的迴響」（國立中央大學中國文學系：《戲曲研究通訊》創刊號，洪惟助主編，2002 年 12 月），頁 53～71。收錄郁昌慈、劉稀榮、陳美蘭、趙揚強的心得。

〔註34〕 見「學習崑曲的心得及感想」（國立中央大學中國文學系：《戲曲研究通訊》第二、三期，洪惟助主編，2004 年 8 月），頁 236～255。收錄郭勝芳、楊利娟、王鶯華的學習感想。

## 三、臺灣京劇演員參與崑劇相關研究

　　王安祈《尋路：臺北市京劇發展史（1990～2010）》，〔註35〕內容銜接《臺灣京劇五十年》（1949～1990），續寫臺北市的京劇發展，第五章「臺北市近二十年京劇發展值得注意現象」中專闢第五節寫「崑劇深度滲入京劇的狀況」，為京劇演員參與崑劇的現象進行闡述。

　　研究臺灣京劇劇隊（團）者，如高美瑜碩士論文《戰後初期來台上海京班研究——以「張家班」為論述對象》，〔註36〕內容提及張家班團員在臺活動狀況，整理出戰後十年內可考之京班和票房表、「張家班」在臺巡演戲路表及「張家班」在臺演出情形一覽表。劉先昌碩士論文《論軍中劇隊在台灣京劇史上的影響——以陸光國劇隊為析論範圍》，〔註37〕內容提到軍中劇隊的演出狀況，並附訪談參考。高小仙碩士論文《從三民主義文化建設論我國文藝發展——以一九五〇～一九九〇年我國國劇發展為實例》，〔註38〕附表收入大鵬、海光、陸光、大宛、龍吟、干城、明駝等劇隊及大鵬、復興、陸光、海光、國光等劇校的演員名單，為本論文的京劇演員名單來源。而溫秋菊《臺灣平劇發展之研究》〔註39〕一書，上編以侯佑宗的藝術為主、下編臺灣平劇之發展記錄了臺灣平劇演出活動、場所、劇目等詳細資料，為本文重要參考文獻。

　　研究劇校教育，如李樹良〈三十年來的國劇教育〉〔註40〕一文，文中略提臺灣京劇劇校的狀況；教育部編《劇藝學校國劇科課程標準》〔註41〕一書，在國劇科崑曲組中列出於高中部時應循序漸進學習《群仙上壽》、《富貴長

〔註35〕王安祈，《尋路：臺北市京劇發展史（1990～2010）》（臺北市：北市文化局，2012 年 4 月）。為王安祈在臺北市文化局「臺北市傳統藝術資源調查研究計畫——京劇」之成果報告書。

〔註36〕高美瑜，《戰後初期來台上海京班研究——以「張家班」為論述對象》（中國文化大學藝術研究所戲劇組碩士論文，2007 年）。

〔註37〕劉先昌，《論軍中劇隊在台灣京劇史上的影響——以陸光國劇隊為析論範圍》（中國文化大學藝術研究所碩士論文，1998 年）。

〔註38〕高小仙，《從三民主義文化建設論我國文藝發展——以一九五〇～一九九〇年我國國劇發展為實例》（政治作戰學校政治研究所碩士論文，1991 年）。

〔註39〕溫秋菊，《臺灣平劇發展之研究》（臺北市：學藝出版社，1994 年 6 月）。

〔註40〕李樹良：〈三十年來的國劇教育〉（臺北市國立臺灣戲曲專科學校：《藝術學報》第三十八期，1985 年 10 月），頁 13～31。

〔註41〕教育部社會教育司編印，《劇藝學校國劇科課程標準》，臺灣：教育部社會教育司，1989 年 6 月。

春》、《財源輻輳》、《義妖記・燒香、水鬥》、《乾元山》、《鍾馗嫁妹》、《鐵冠圖・刺虎》、《孽海記・思凡》、《牡丹亭・鬧學、遊園、驚夢》等崑曲戲；侯剛本碩士論文《台灣京劇教育與就業現況之研究 1949～1999》，〔註42〕附表列出崑曲佔每週學習時數；李蓮珠《走過半世紀——國立臺灣戲曲學院元年暨創校五十週年紀念專刊》〔註43〕一書，梳理復興劇校升格至戲曲學院的發展史，書後所附的復興劇校學生名單，為本論文的重要參考資料。

　　研究京劇行當的藝術，如趙延強碩士論文《京劇小生表演藝術研究》〔註44〕提及崑曲巾生藝術，訪談汪勝光關於京劇演員學崑曲的現象。王安祈〈崑劇表演傳承中京劇因子的滲入〉〔註45〕一文，提及崑亂不擋傳統，時代變遷下某些戲碼在崑曲傳承中失傳，反由崑劇演員向京劇演員學「回」這些戲。

　　前人研究以崑曲在臺灣的流播、曲友對崑曲傳承的貢獻、兩岸交流與崑曲傳習計畫對臺灣崑曲界的影響為主。本論文欲針對京劇演員跨劇種參與崑曲學習與演出的特殊現象，以參與史為縱軸，學習的劇目及演員、劇團為橫軸，進行以歷史發展為中心，兼及演員、劇目、劇團三者的交乘作用，對於臺灣戲曲界京劇演員跨劇種參與崑曲學習、演出與傳承的特殊現象，進行學術探討。

## 第三節　研究內容與範疇

　　1951 年大鵬國劇隊栽培徐露，為臺灣自行培養專業京劇演員之濫觴，緊接著復興、小陸光、小大宛、小海光等相繼成立並招生，隨後由國光藝校與國立臺灣戲曲學院接續培養京劇演員大任。劇校學習期間以京劇劇目學習為主，視情況兼習京劇中常演的崑曲劇目，並聘請曲友來校傳授崑曲，期培養出兼擅崑亂的演員。本時期的崑曲演出型式與崑曲傳承劇目為本論文第二章

---

〔註42〕侯剛本，《台灣京劇教育與就業現況之研究 1949～1999》（中國文化大學藝術研究所碩士論文，2001 年）。

〔註43〕李蓮珠，《走過半世紀——國立臺灣戲曲學院元年暨創校五十週年紀念專刊》，臺北市：國立臺灣戲曲學院，2007 年 4 月。

〔註44〕趙延強，《京劇小生表演藝術研究》（佛光大學藝術學研究所碩士班碩士論文，2008 年）。

〔註45〕王安祈：〈崑劇表演傳承中京劇因子的滲入〉，宣讀於第四屆國際漢學會議，發表於《戲劇研究》第十期，收錄於《崑劇論集——全本與折子》（臺北市：大安出版社，2012 年 12 月），頁 337～378。

孕育期 1951 年～1979 年欲探討之內容。

　　新象於 1980 年推出由徐露主演的《牡丹亭》，頗獲好評，因此，京劇界開始推出計畫性的崑曲公演。徐露身為臺灣首位本土培養的京劇演員，兼擅崑亂的演出能力，除證明臺灣京劇培養人才的成功，也引發了京劇界的崑曲演出氣氛，甚至間接促成曲友界成立臺灣第一個崑曲劇團——「水磨曲集」。本時期的崑曲演出型式與劇目，為本論文第三章奠基期 1980 年～1990 年欲探討之內容。

　　1987 年解嚴，1993 年兩岸開放藝術交流後，復興劇校於該年起聘請大陸京劇演員來臺授課，授課內容包含京劇中常演的崑曲劇目。同時，鑑於崑曲藝術的美好，曾永義與洪惟助聯合主持了長達十年的「崑曲傳習計畫」（1991年～2000 年），該計畫引薦大陸崑劇演員來臺教學，授課對象從曲友漸擴大至京劇演員，教授劇目以該演員的拿手劇目與崑曲的經典劇目為主，兼及南北派與生、旦、丑、老生等行當，為崑曲在臺灣的傳承，同時培養了專業的觀眾及演員。本時期的崑曲學習、演出劇碼，對於京劇演員的影響，及其所帶來的崑曲效應為本論文第四章茁壯期 1991 年～2000 年欲探討之內容。

　　隨著「崑曲傳習計畫」畫下句點，2000 年洪惟助集結藝生班成員組成「臺灣崑劇團」，為臺灣第一個專業崑劇團。隨後台北崑劇團、蘭庭崑劇團、二分之一 Q 劇場等應運而生，傳承傳統崑曲戲、製作新編崑劇，在新與舊間遊走，為臺灣的崑曲演出發展帶來繁榮的景象。戲曲學院京劇團與國光劇團也相繼邀約大陸崑劇演員來臺培訓兩團團員學習崑劇，形成臺灣京劇演員崑劇專業化的特殊現象。本時期的劇團公演劇目、京劇演員學習崑劇目的將於本論文第五章蓬勃期 2001 年～2013 年探討。

　　在臺灣京劇史的發展脈絡中，崑劇不曾缺席，京劇演員在演出京劇的同時也演出崑曲戲。因此，本文擬研究臺灣京劇演員參與崑劇演出的歷史現況，並把研究重點集中於臺灣自行培養之京劇演員——徐露為始，至 2013 年止，分四期探討各時期的崑曲戲傳播型態與發展，以作為未來臺灣繼續發展京劇演員參與崑劇的參考。

　　崑曲發展早於京劇，京班延續崑班以崑曲開蒙的傳統，並教授一些用於行軍等跑龍套時演唱的同場曲等，如《天官賜福》、《金山寺‧水鬥》及【五馬江兒水】等，京班在傳授此類崑曲時以「曲牌」稱之，臺灣京劇演員培訓

單位即承繼此傳統，在初入學時以曲牌開蒙，〔註46〕曲牌課的傳統自 1951 年三軍及復興劇校時代延續至今，戲曲學院依然承襲此傳統。同時，由於崑曲中的武戲能充分展現演員的唱、念、做、打功力，顯示出演員的全才表演能力，因此有不少崑曲武戲保留於京班中演出，如《挑滑車》、《白水灘》、《扈家莊》等，又為適應京班演出的武打需要，因此刪去部分唱段、將演出剪裁得更為精彩緊湊。又，許多戲以笛子伴奏，如崑腔戲《昭君出塞》、吹腔戲《奇雙會》（又名《販馬記》）等戲，同樣保留於京班的演出中。京劇演員或將以笛伴奏之戲視為崑曲戲，待大陸崑劇演員來臺傳習崑曲，方有「崑劇」一詞之說，過往則將此類戲以「崑曲」稱之。

曲牌戲及崑曲武戲為京班中綴演不輟的戲碼，而經改的崑曲武戲及崑腔、吹腔戲等，可視為廣義的崑曲，兩岸皆有京劇演員參與廣義的崑曲演出之現象。在曲友及前輩藝人指導下，兼習幾齣崑曲，但影響部分僅及於部分演員。而於崑曲傳習計畫將對象擴大至京劇演員後，大量招收復興、國光兩團演員受訓，臺灣京劇演員與大陸京劇演員的崑劇學習出現差異，臺灣京劇演員漸次接觸到傳統與經典的崑劇，從此兩岸的京劇演員參與崑曲演出的狀況，步上了不同的道路。

臺灣京劇演員在臺灣崑曲（劇）演出的歷史中，佔有無可抹煞的地位及影響，而頻繁參與崑劇演出的京劇演員，為兩岸戲曲演出中所獨有的臺灣現象，不論在兩岸的崑曲（劇）史、京劇史中都佔有獨樹一幟的地位，也為臺灣崑曲史的特殊現象。本論文主要著眼的京劇演員參與崑劇演出，年代以 1993 年後大陸崑劇演員來臺傳習崑劇後所演的崑劇為主，並輔以兩岸交流前由京劇演員主演的崑曲售票演出為輔，文中所記載之京劇演員所參與的崑曲（劇）演出；以營利性的大型製作、售票公演為主，以特殊的京劇演員參與崑曲演出為輔；期透過演出記載及演員訪談記錄臺灣崑曲演出史中的京劇演員參與現象。

臺灣未有專門培育崑劇演員的教育單位，崑曲在臺灣的演出有賴曲友與京劇演員共同努力。本論文欲探討京劇演員在自身團務與京劇表演藝術外，尚且投入學習與演出崑曲戲之現象。臺灣京劇演員的崑曲參與時期可

〔註46〕開蒙戲傳統可見本文附錄收錄之演員們的訪談，皆有提及在初入學時，以曲牌開蒙的慣例。

分爲四期：

    1. 孕育期（1951 年～1979 年）

    2. 奠基期（1980 年～1990 年）

    3. 茁壯期（1991 年～2000 年）

    4. 蓬勃期（2001 年～2013 年）

這四段分期的起始點以臺灣第一位培訓的京劇科班生徐露入小大鵬那一年1951 年爲第一時期，而以徐露成爲京劇演員後，首次參與崑曲售票公演的 1980年爲第二時期之轉捩點，並將爲期十年的崑曲傳習計畫（1991～2000 年）做爲第三時期，崑曲傳習計畫結束後至今爲第四時期。

第一時期孕育期（1951～1979 年）期間，大鵬劇校一共培育了十二期小大鵬生，而復興劇校培育了自復字輩至理字輩共十四期生，陸光劇校則培育了四期小陸光，海光招收了三期小海光，接著，三軍劇校合併爲國光藝校，〔註 47〕本時期栽培大量京劇演員，開蒙戲常習崑曲戲，因此將此時期稱爲「孕育期」。第二時期奠基期（1980～1990 年），徐露主演兩次由新象主辦的崑曲《牡丹亭》公演，爲京劇演員主演大型崑曲售票演出之濫觴。水磨創團演出，曲友、京劇演員各半，故稱此期爲「奠基期」。第三時期茁壯期（1991～2000 年）爲長達十年的崑曲傳習計畫，培訓無數京劇演員學習大量且密集的崑劇，爲下一時期的發展灌入能量，是故稱爲「茁壯期」。第四時期蓬勃期（2001～2013 年）展現了京劇演員經過傳習計畫的學習成果，不僅演出傳統崑曲戲，也能參與新編崑劇、崑劇小劇場等富創造性的演出，呈現京劇演員學習崑劇後，參與臺灣各式崑曲演出的蓬勃發展之狀，因此稱爲「蓬勃期」。

在這四段期間，京劇演員進行了不同樣貌的崑劇展演，崑曲與京劇雖是「京崑不分家」，從演出京劇中保留的崑曲到學習特定崑曲折子戲、學習劇目與演出劇碼的選擇、學習崑曲後成爲京劇劇藝的養份，皆爲本論文的關注範圍。本論文欲研究各時期的崑曲要事所涉及的京劇演員、劇團、劇目，及各時期崑曲環境對下個時期發展的影響，藉由上個時期的傳承與流播狀況，推論對於下個時期崑劇的演出與傳承的影響。

---

〔註47〕見附錄一：臺灣京劇劇校的字輩排行總表。

## 第四節　研究方法

　　本論文的研究方法以文獻分析法與田野調查法為主，搜集臺灣京劇演員參與崑曲演出的文字記錄與圖像、影音資料，並且訪談參與崑曲長久而深入的京劇演員與推動京劇演員學習崑曲的藝文界崑劇團團長。

　　文獻分析以搜集三軍劇隊、復興京劇團、國光劇團、水磨曲集崑劇團、絲竹京崑劇團、臺灣崑劇團、蘭庭崑劇團等團及各大學崑曲社團的演出資料，參考專書、論文、節目冊、節目單、新聞、網路資料檢索（blog、FB、資料庫）等，兼及電子書、圖片、錄音、錄像等，做為文獻資料來源，並將資料交叉比對以提高文獻的可靠性。文獻中引用之演員名以劇校排行為優先，以利論文閱讀時，可對演員出身劇校、字輩排行與年代關係在腦海中有完整架構。並將搜集到的演出歷史資訊整理成表格（見附錄），僅以公開售票或有明文記載之演出為收錄準則，分別為「附錄二：三軍與復興劇團崑劇演出年表」、「附錄三：國家劇團崑劇演出年表」、「附錄四：京劇演員參與崑曲社演出年表」、「附錄五：京劇演員參與民間團體演出年表」等表，除做為本論文的史實佐證，亦可供未來有志研究臺灣崑曲演出者參考。為發掘在文獻資料中所未知的演員個人參與心得與狀況，將透過田野調查做進一步的補充。

　　田野調查則針對臺灣京劇演員進行深度訪談，將其崑曲／劇參與經歷以口述歷史形式呈現，訪談後整理成文字稿並予以校訂，並將訪談稿摘錄於本論文後做為附錄；針對崑劇團團長深度訪談其推動京劇演員參與崑劇的歷程以口述歷史形式化為文字，摘錄校訂後之訪談稿，並列於後做為附錄；訪問資深曲友，將其提供的資料在論文中以文字校注的方式補充說明。為便於未來研究相關議題之人有相關文獻參考，將訪談稿文字化，。每一筆訪談的引用資料皆以12號字標楷體標示、向右縮排，以求與正文有所區隔，並以註腳的方式加註資料來源及日期，其格式為「受訪對象，地點，日期。」，例如：「朱勝麗訪談，木柵星巴克，2014年1月3日。」表示該筆資料出自西元2014年1月3日於木柵星巴克對朱勝麗進行的訪談，其中受訪對象之名優先使用其於劇校排行之字輩藝名，臺灣京劇劇校的字輩排行總表可見附錄一。

　　深度訪談針對具代表性且參與時間長、接觸深、與崑曲表演團體互動頻繁的京劇演員進行訪談，以京劇演員參與崑劇學習、演出、教學為軸心，設計十數個主要問題環繞此一軸心進行訪問，訪談問題可見附錄六。由於過去京劇演員有以崑曲開蒙的傳統，因此由開蒙戲切入，後以初次正式接觸崑曲

的緣由入手，繼續其崑劇學習期間，師承、學習劇目、學習心得、比較京崑
的異同，並詢問其演出心得及影響，冀由環環相叩的問題，重現京劇演員的
參與樣貌。也由於臺灣並無職業崑劇團，乃由民間崑劇團肩負不定期演出崑
曲的重責，因此訪談以京劇演員為主要班底的臺灣崑劇團及蘭庭崑劇團兩團
的團長，訪問其創團的目的與願景、成團至今的成就等，藉由劇團方的想法，
了解劇團集結京劇演員演出崑劇的來龍去脈。本論文期以訪談的形式，記錄
參與者的初衷與願景，並對其參與的歷程之心得、想法，以訪談稿的方式附
錄於後，欲將死板的演出歷史記錄與學習、演出的參與心得結合，為本論文
著力最深之處。

　　本論文計畫訪談 1951 至 2013 年間，長期參與崑劇演出的部份臺灣京劇
演員、曲友與崑劇演員，感其慷慨受訪、豐富本論文內容，今將訪談稿以附
錄形式附於本論文後。

　　本次受訪之演員除以長期而穩定參與崑劇學習、演出為主，並考慮：一、
為求各行當齊備，二、劇校與崑劇團的傳承、演出狀況能體現於論文中。受
限於時間與能力，本次選定訪談之京劇演員，以崑曲傳習計畫藝生班成員為
主，並訪談近年來積極參與臺灣崑劇團、蘭庭崑劇團、台北崑劇團等民間崑
劇團演出的演員為輔，期能呈現臺灣京劇演員學習崑曲的風貌。未能遍訪所
有曾參與崑劇學習、演出、教學之京劇演員，仍有遺珠之憾，僅訪談其中十
七位臺灣京劇演員、一位崑劇演員及兩位崑劇團團長，現將受訪者行當與劇
校對照表附於下。

## 受訪者之劇校及行當對照表

|  | 老生 | 小生 | 旦 | 淨 | 丑 |  |
|---|---|---|---|---|---|---|
| 大鵬 | 王鶯華 | 孫麗虹 | 陳美蘭 |  |  |  |
| 復興 |  | 曹復永<br>趙揚強 | 唐天瑞 | 閻倫瑋<br>吳山傑 | 丁中保<br>張化宇 |  |
| 陸光 |  | 朱陸豪 | 朱勝麗<br>郭勝芳<br>楊利娟 |  |  |  |
| 海光 | 鄒昌慈 |  |  |  |  |  |
| 國光藝校 |  |  | 陳長燕 |  | 陳元鴻 |  |
| 北崑 |  | 溫宇航 |  |  |  |  |
| 團長 |  |  | 王志萍 |  |  | 洪惟助 |

# 第二章　孕育期（1951～1979 年）

　　臺灣此時期的崑曲戲傳承有賴 1949 年前渡海來臺定居之曲友與京劇藝人：曲友為延續全福班後期藝人之崑曲戲，與傳字輩藝人於曲界與劇界各據一方，[註1] 教授「原汁原味的」崑曲；而京劇藝人則傳承京班中的崑曲戲，由大陸來臺京劇藝人（自富連成科班、中華戲曲專科學校等坐科期滿），據其於大陸學習的歷程與回憶，複製於臺灣京劇演員的培訓（復興與三軍劇校）中，內容或經藝人改動而與崑曲稍異，或適應京劇表演形式而京化為京劇。

　　臺灣劇校早期沿習大陸京劇科班傳統以《天官賜福》等劇目中的曲牌開蒙，但並未強調其為崑曲，雖京劇演員皆能朗朗上口，卻僅視為京劇，並非「有意識」地學習崑曲。這些保留在京劇中的曲牌，與一般認知的「唱崑曲」有段落差。本章將針對曲友與京劇藝人所傳之崑曲戲目在臺發展進行論述。

　　本時期（1951～1979 年間）劇校一共培育了十二期小大鵬生、十四期復興學生、四期小陸光、三期小海光，三軍劇校也於末期合併為國光藝校，[註2] 本時期內栽培大量京劇演員常以崑曲戲開蒙，因此將此時期稱為「孕育期」。

---

[註1] 林佳儀：〈娛樂、表演與傳承──徐炎之、張善薌崑曲活動研究〉，發表於中國文化大學戲劇學系於 2013 年 6 月 7 日主辦之「第二屆臺灣戲曲（曲）史青年學者學術研討會」會議論文，頁 27。
[註2] 見附錄一：臺灣京劇劇校的字輩排行總表。

## 第一節　清末、日治時期與國民政府時期（1783～1950 年）

　　京劇形成之初，結合多種腔調，將徽班、漢班、崑班甚至小戲等劇種融入皮黃班中，形成諸腔競演的情況，時有「崑腔鑼鼓弋腔戲，崑弋兼長才算藝。」之說。〔註3〕皮黃班演員以崑曲啓蒙最早可回溯至清道光年間程長庚的四箴堂科班，因程長庚出自著名崑曲和盛科班，具深厚崑曲功底，又精於皮黃，從個人學藝〔註4〕過程體會到：若要培養全能型演員，必先習崑曲戲再學皮黃，〔註5〕遂要求其坐科弟子以至龍套、衣箱、臺桌等務先學崑曲戲後學皮黃。〔註6〕而後陳德霖、錢金福等崑班藝人相繼投入皮黃演出及人才培育行列，演出劇目夾演崑曲折子戲，於是崑曲開蒙的教育模式遂成爲科班典範。因此，開蒙戲的選擇有其專業訴求：

> 當時學這個戲，第一，是出於藝術上追求，唱京劇的有這麼一句話，「不會崑曲戲，不是幹這個的」；第二，崑曲是打基礎很好的戲，一個戲曲演員，如果沒有崑曲打底子，以後演不好戲。〔註7〕

　　崑曲開蒙的慣例自富連成科班（原喜連成，1904～1948 年）、中華戲曲專

---

〔註3〕張聊公〈崑曲之發展〉：「惟天樂園之班底，本爲高腔班，而兼演崑曲者，故稱崑弋班，明其非純粹之崑班也，近因崑曲極受臺下歡迎，而高腔則常遭座客之厭惡，後臺揣摩社會心理，多排崑曲，而高腔戲，則有日漸減少之傾向，職是之故，該班營業，乃愈有起色，可見崑弋班之發達，完全爲崑曲之力量，弋腔絕不與焉，蓋弋腔（即高腔）將來雖恐不免於淘汰，然崑曲固有其獨立存在之眞價値也。」，《聽歌想影錄》（天津：天津書局，1941 年），頁 112。收入《民國京崑史料叢書》第二輯（北京：學苑出版社，2008 年 1 月），頁 122。

〔註4〕張肖傖〈燕塵菊影錄〉：「談皮簧者，靡不知四箴堂主人程長庚。長庚字玉，山徽人。憤徽伶之依人門戶，乃鎔崑弋聲容於皮簧中。匠心獨造，遂成大觀。其唱純屬中音，激壯爽朗、博大光昌、高低寬狹，一任其意，獨具腦後音。」，收入劉紹唐、沈葦窗主編《菊部叢譚》（1929 年 11 月上海大東書局再版，臺北市：傳記文學出版社，1974 年 4 月印行），頁 61～62。

〔註5〕由於崑劇對唱作打舞的嚴格要求，「此時的崑腔的舞臺藝術形式發展到相當完整的地步，已經有了一套體系。一腔一板、發音吐字、舉手投足，都有嚴格的法度，這使得崑腔藝人在眾多的戲曲藝人中最受尊重。各種地方戲藝人，多要從崑腔藝人學習、繼承戲曲表演藝術的深厚傳統。」馬少波主編，《中國京劇發展史》（一）（臺北市：商鼎文化出版社，1992 年 1 月），頁 14。

〔註6〕劉亮：〈論程長庚的育才藝術〉，金芝主編《長庚精神照後人——紀念程長庚誕辰 185 週年文集》（北京：中國戲劇出版社，1998 年 1 月），頁 250。

〔註7〕周萬江：〈我演《醉打山門》〉，收入陳均編《京劇崑曲往事》（臺北市：秀威資訊科技，2010 年 9 月），頁 191。

科學校（1930～1940 年）以來，代代相傳，時至今日，大陸的中國戲曲學院、臺灣戲曲學院仍延續此傳統。

　　民初時大陸戲校與科班仍保有崑弋班、徽黃班學習崑曲的傳統，〔註8〕如《富連成三十年史》中〈富連成創始以來之全體教授題名及授課目表〉所列，〔註9〕將數齣崑曲劇目列入「富連成社戲目」中，班中由曹心泉、李壽山、郭春山、喬蕙蘭、李慶喜、郭德順等教師專職崑曲教學，〔註10〕培養出于連泉、尚富霞、杜富隆等崑亂不擋藝人。〔註11〕中華戲曲專科學校爲北京正規體制下的京劇演員培訓劇校，培養的京劇演員除學戲，尚需選修文化課程，由曹心泉、汪子良、沈玉彬、沈福海、陳一齊、霍文元、馬寶明等教授崑曲由北京兩大京劇搖籃之教師編制可推測當時科班及戲校保留崑曲教學傳統，以此訓練演員以應觀眾需求外，且

　　　　崑曲的身段、表情、曲調非常嚴格。這種基本技術的底子打好了，
　　　　再學皮簧，就省事得多。因爲皮簧裡有許多玩藝，就是打崑曲裡吸
　　　　收過來的。〔註12〕

---

〔註 8〕 北京富連成科班和北平中華戲曲專科學校保留崑劇教學劇目，表中所列崑劇爲保留於京班的崑曲戲。李曉，《中國崑曲》（上海：百家出版社，2004 年 5 月），頁 199。

〔註 9〕 由喬慧蘭教崑劇旦小生、郭春山教花旦丑崑腔、李壽山及曹心泉教崑腔、郭德順及李慶喜教場面兼授曲、姚增祿教文武淨。劉紹唐、沈葦窗編，《富連成三十年史》（1933 年 2 月 1 日北平藝術出版社，臺北市：傳記文學出版社，1974 年 4 月影印），頁 109～110。

〔註10〕 陳均，《也有空花來幻夢：京都聆曲錄 II》（臺北市：秀威資訊科技，2013 年 6 月）：「民國時期的皮簧班中，猶留有京朝派崑曲之流脈，葉盛章在富連成坐科時，曾在清宮中演戲的崑曲名宿曹心泉即於此授藝，而且葉氏還向郭春善（按：應爲『山』）學了很多崑丑戲。翻看葉氏手書的擅長戲碼，即有葉氏的『十打五毒』，『五毒』戲裡如〈盜甲〉、〈下山〉、〈問探〉、〈羊肚〉皆爲崑腔，『小五毒』戲裡如〈活捉〉、〈教歌〉、〈訪鼠〉亦是崑腔，還有如〈借茶〉、〈掃秦〉、〈拾金〉、〈醉皂〉、〈借靴〉、〈狗洞〉、〈秋江〉……所以葉氏堪作『文武崑亂不擋』也。』，頁 189。

〔註11〕 朱復、沈世華、梁燕、鈕驃、傅雪漪、張曉晨合著，《中國崑曲藝術》（北京：北京燕山出版社，1996 年 10 月）：「盛慶玉（1857～1936），人稱盛三，入安慶班師劉祥茂，同治末即以〈嫁妹〉、〈火判〉、〈功宴〉等戲聞名。老年時，歷富連成、中華戲曲專科學校的崑淨教師，對京劇中崑淨戲的傳授和延續，有相當的功績。」，頁 14。

〔註12〕 耿余：〈京劇審美觀照中的「崑曲視野」──由梅蘭芳對崑曲的繼承與倡導談京劇與崑曲的關係〉（陳蝶、周秦主編，《中國崑曲論壇 2011》，蘇州：古吳軒出版社，2013 年 2 月），頁 63。

崑曲的學習與演出對京劇藝術發展的幫助，可見於此。臺灣京劇演員在兼習崑曲後，對於原來京劇藝術的提升或幫助，爲本論文欲探究之方向。

本論文研究期間以徐露入大鵬學習的 1951 年爲始，2013 年爲終，然臺灣在此之前仍有京劇演員演出崑曲，零星見於京班來臺演出劇目中，故特列此節表述。

## 一、清末：1783～1895 年

清蘇州梨園公所重修老郎廟，乾隆四十八年（1783 年）竣工，撰〈翼宿神祠碑記〉，碑文後附乾隆四十五年至五十二年間（1780～1787 年）的捐款名錄，文中記載最早崑曲傳入臺灣的歷史資料：「臺灣局」捐款「六十三錢三十一兩」，此碑原在茅州鎮撫司前梨園公所中，〔註13〕因此洪惟助推測當時臺灣應已有崑團。〔註14〕而後引發張啓豐、〔註15〕羅麗容〔註16〕等學者關注，惜未有其他更多演出資料得以參考，以利一窺其面貌。

乾嘉年間，皮黃與崑腔開始同班同臺合演，道光以降，崑班沒落、解散，因此，崑班演員轉往京、徽班發展，將此現象合稱「崑亂」，

> 京師自尚亂彈，崑部頓衰。惟三慶、四喜、春臺三部帶演，日只一
> 二齣，多至三齣，更蔑以加。曲高和寡，大抵然也。〔註17〕

由此可見皮黃藝人兼習崑曲的情況，「雛伶崑劇，惟四喜最多，三慶次之」，其中聲譽卓著的藝人爲「崑亂兼擅」的名伶，如「同光十三絕」的徐小香、梅

---

〔註13〕曾永義、施德玉，《地方戲曲概論》（下）（臺北市：三民書局，2011 年 11 月），頁 956。

〔註14〕洪惟助，〈臺灣的崑曲活動與海峽兩岸的崑曲交流〉（《千禧之交──兩岸戲曲回顧與展望研討會論文集》，宜蘭：國立傳統藝術中心，2000 年 1 月），頁 24～35。

〔註15〕張啓豐，《清代臺灣戲曲活動與發展研究》（國立成功大學中國文學系博士論文，2004 年）。

〔註16〕羅麗容：〈明清時期崑曲在臺閩間之流播〉、〈戲曲文物資料與臺灣戲曲之關係──以蘇州老郎廟暨梨園公所碑刻資料爲例〉，收入羅麗容《南戲‧崑劇與臺灣戲曲》（臺北市：新文豐出版股份有限公司，2012 年 12 月），頁 219～220、330～332。

〔註17〕《側帽餘譚》，共和二十三年八月雙肇樓校刊，收於《清代燕都梨園史料》（二）（臺北市：傳記文學出版社，1974 年 4 月印行），頁 1136～1137。

巧玲、時小福、朱蓮芬、余紫云、程長庚、楊鳴玉等，形成京派崑曲。〔註18〕
同治光緒間京班南下發展，漸稱「京崑」，光緒初年前，學戲先學崑腔，如何
桂山、諸桂芝、郭春山、李順亭、李壽峰、李壽山、譚鑫培、余紫云、時小
福、謝寶云、錢金福、陳德霖、陸吉林等皆爲崑腔開蒙再學皮黃；光緒中葉
前，每日演出仍含一兩齣崑腔，如〈火判〉、〈山門〉、〈嫁妹〉、《雅觀樓》、《蜈
蚣嶺》、《夜奔》、《探莊》、《寧武關》、《金山寺》、《出塞》、〈琴挑〉、《思凡》等
戲。〔註19〕此時期，由於崑曲於北方由京劇演員演出比例增加，京味滲入崑曲
演出中，北方的崑曲演出走上崑弋合流一路，也因此形成不同於蘇班的「京字
京韻」表演特色，與臺灣京劇演員參與崑曲的演出的效果具異曲同工之妙。

## 二、日治時期：1895～1945年

臺灣的日治時期，大陸歷經光緒末、宣統及民國等時期。光緒後崑劇藝
人或改唱二黃或漸漸凋零，直到民國崑曲仍附屬於京班中，演員及劇目可見
《京劇近百年瑣記》〔註20〕所載。徽班藝人尙習崑曲，〔註21〕崑劇藝人改搭
皮黃班，皮黃藝人藉由吸取崑曲扮相、臉譜、服裝道具、曲牌等養份，將皮

---

〔註18〕朱復、沈世華、梁燕、鈕驃、傅雪漪、張曉晨合著，《中國崑曲藝術》（北
　　　　京：北京燕山出版社，1996年10月）：「京派崑曲特點：一、文武不分班，
　　　　保持了戲曲綜合藝術的完整性。二、按照制定的曲律、韻律（中原音韻）、
　　　　樂律爲規範，經過幾代藝人在宮廷的演出，對崑曲唱、念、做、打各方面，
　　　　進行了細緻的訂正。三、通過與皮黃合班及兼演，逐漸薰陶感染，最後完
　　　　全融入皮黃班。不少崑曲劇目被皮黃移植，大量崑曲曲牌和優秀表演藝術
　　　　被皮黃所吸收，崑劇的演唱和表演也有所改進發展，形成一派風格。」，
　　　　頁12。

〔註19〕齊如山於《五十年來的國劇》，收入梁燕主編《齊如山文集》第四集（石家莊：
　　　　河北教育出版社，2010年12月），頁118。

〔註20〕周明泰，《京戲近百年瑣記》，原名《道咸以來梨園繫年小錄》，劉紹唐、沈葦
　　　　窗主編《平劇史料叢刊》（1929年11月上海大東書局再版，臺北市：傳記文
　　　　學出版社，1974年4月影印）。

〔註21〕陳彥衡、東莞張江裁次溪輯：《舊劇叢談》：「徽班老伶無不擅崑曲，長庚、
　　　　小湘無論矣，即譚鑫培、何桂山、王桂官、陳德霖亦無不能之。其舉止氣
　　　　象皆雍容大雅，較諸徽、漢兩派，判如天淵，此又由崑曲變化之確實證據。
　　　　然則北京之皮黃，固不可與徽、漢兩派之皮黃同日而語矣。」，收入《清代
　　　　燕都梨園史料》（三）（臺北市：傳記文學出版社，1974年4月印行），頁
　　　　1556。

黃發展茁壯為「國劇」京劇。因此清末皮黃藝人在學習皮黃之初，必習崑曲，「崑亂不擋」為當時皮黃班藝人的最高標準，〔註22〕崑腔與徽、漢調合流後，崑亂不擋為班中當家必要條件。

民初堂會演戲以楊（小樓）、余（叔岩）、梅（蘭芳）三人的戲齊備稱為「三大件」，三人並列菊壇一方，其成就與學演崑曲經歷不容忽視。武生泰斗楊小樓，一生學演無數崑曲，長靠短打兼擅，提倡「武戲文唱」，並以《挑滑車》、《麒麟閣》、《寧武關》、《武文華》、《林沖夜奔》等戲聞名。余叔岩曾學《石秀探莊》及譚派崑曲《寧武關》。「四大名旦」梅蘭芳，於 1915 年首創在京劇班社裡復排崑曲，演出全本《金山寺》，〔註23〕一生學過三四十齣崑曲，問教於喬蕙蘭、謝昆泉、俞振飛等崑曲名家及陳德霖、李壽山等京劇演員。〔註24〕由民初京劇大家崑亂不擋的學習與演出，體現出京劇藝人對於崑亂兩下鍋的藝術追求，透過兼擅崑曲，增進並展現個人藝術長才。

日治時期西皮二黃、崑腔等各劇種在臺流播，當時盛行自上海邀京班來臺演出，〔註25〕演出劇目以新編連台本戲、時事劇、宮闈戲、武打戲為主，

---

〔註22〕 宛平許九埜著、東莞張次溪校錄，《梨園軼聞》：「老伶工未有不習崑曲者，如長庚之〈釵釧大審〉，小湘之〈遊園驚夢〉、〈前後親〉，譚鑫培之〈別母亂箭〉，何九（即何桂山）之〈嫁妹〉、〈山門〉，未易更僕數。即後來之陳德霖、錢金福諸伶，皆係科班出身，於文武崑亂無不熟習。內行中謂必先學崑曲，後習二黃，自然字正腔圓，板槽結實，無荒腔走板之弊。亦如習字家之先學篆隸，再習真草，方得門徑也。」，收入〔清〕《清代燕都梨園史料》（三）（臺北市：傳記文學出版社，1974 年 4 月印行），頁 1541～1542。

〔註23〕 梅蘭芳，《舞台生活四十年》，收入梅紹武、屠珍等編撰，《梅蘭芳全集》（一）（石家莊：河北教育出版社，2000 年 12 月），頁 78。

〔註24〕 如《長生殿·鵲橋、密誓》、〈思凡〉、《西廂記·佳期、拷紅》、《風箏誤·驚醜、前親、逼婚、後親》、《牡丹亭·春香鬧學、遊園、驚夢》、《玉簪記·琴挑、問病、偷詩》、《金雀記·覓花、庵會、喬醋、醉圓》、《獅吼記·梳妝、遊春、跪池、三怕》、《雷峰塔·水鬥、斷橋》、《南柯記·瑤台》、《漁家樂·藏舟》、《鐵冠圖·刺虎》，也演吹腔《奇雙會·哭監、寫狀、三拉團圓》、《昭君出塞》。見宋培予記，姚寶璉、姚保瑄編〈梅蘭芳劇作編年〉，梅紹武、屠珍等編撰，《梅蘭芳全集》第四卷·我的電影生活·附錄二（石家莊：河北教育出版社，2000 年 12 月），頁 448～500。

〔註25〕 上海京班來臺可分三期：1908～1919 年計有上海宮音男女班、慶仙班、新詠霓班、老德勝班、天仙班、新福陞班、吉陞班、鴻福班、上天仙京班、群仙女班、天勝京班等班，1920～1927 年計有餘慶天勝合班、天升班、上海京津男女班與鴻福班之合班、復勝班、京都三慶班、如意女班、復勝復興合班、

---

影響了臺灣人對戲曲的欣賞與愛好，〔註26〕相繼成立本土京班與票房，促進了戲劇在臺發展。民間的亂彈演唱狀況可見《臺灣通史》：

> 臺灣之劇，一曰亂彈，傳自江南，故曰正音。其所唱者，大都二簧、
> 西皮，間有崑腔，今則日少，非獨演者無人，知音亦不易也。〔註27〕

為早期臺灣外江戲的記錄，商業劇場廣邀京班自對岸渡海來臺，除帶來連台本戲、機關布景與武打技藝等舞台藝術，同時為臺灣本土劇種挹注了養分，而衍生了職業與子弟京班、藝旦唱京調與劇種演出穿插京劇齣目等生態。

日治初期，臺北城內已有多座劇場建成，〔註28〕淡水戲館（臺灣新舞臺）、艋舺戲園（萬華戲園）、永樂座（臺北大舞台）的商業劇場競演活動中，即見京班演出「京班中保留的崑腔戲」，如1920年京都復勝班來臺曾演《挑華（滑）車》、〔註29〕1921年上海天升班演出《金山寺》、〔註30〕1923年京都德勝班演《白水灘》。〔註31〕而1935年的「日本始政四十週年紀念」舉辦臺灣博覽會，邀請上海京班小三麻子一行人來臺演出，來臺期間曾演《大賜福》一劇，〔註32〕即將戲曲的開蒙入門戲帶來臺灣演出，有討吉利之意。崑腔戲亦為京班中常

---

天勝京班、醒鐘安京班、京都德勝班、聯興京班、長春京班、聯合京班、樂勝京班、復盛京班、全合京班、復和京班、義福連京班、上海提線京班、四得陞京班、復順京班、慶昇京班、乾坤大京班等，1928～1936年計有慶興京班、永勝和京班、義和陞京班、臺灣演劇公司所招之上海班、丹桂京班、義興京班、合勝京班、鳳儀京班、天蟾大京班等。見徐亞湘《日治時期臺灣戲曲史論：現代化作用下的劇種與劇場》（臺北市：南天書局，2006年5月），頁68～69。

〔註26〕〈京曲崑腔 亂彈洋樂 音樂會發會〉，收入徐亞湘《史實與詮釋——日治時期台灣報刊戲曲資料選讀》（宜蘭：國立傳統藝術中心，2006年12月），頁467。

〔註27〕連雅堂，《臺灣通史（修定校正版）下冊》（台北市：國立編譯館中華叢書編審委員會，1985年1月）卷二十三〈風俗志・演劇〉，頁585。

〔註28〕連雅堂，《臺灣通史（修定校正版）下冊》（台北市：國立編譯館中華叢書編審委員會，1985年1月）卷二十三〈風俗志・演劇〉，頁585。

〔註29〕1920年11月16日～1921年2月初於新舞臺。呂訴上，《臺灣電影戲劇史》（臺北市：銀華出版部，1961年9月），頁202。

〔註30〕1921年1月初於艋舺戲園。呂訴上，《臺灣電影戲劇史》（臺北市：銀華出版部，1961年9月），頁203。

〔註31〕1923年2月16日起於新舞臺。呂訴上，《臺灣電影戲劇史》（臺北市：銀華出版部，1961年9月），頁205。

〔註32〕1935年11月12～17日間演出。《近代日本博覽會資料集成・植民地博覽會Ⅰ・台灣》第二卷《始政四十周年記念台灣博覽會協贊會誌》（東京都：國書刊行會，2012年10月15日），頁301。

演劇目，因此京班來臺演出保留過去戲班崑亂不擋的傳統，並非特意演出崑曲。

## 三、國民政府時期：1945～1950年

　　1949年前，京劇劇團與票房班社時常受邀來臺展演，如張翼鵬、〔註33〕顧正秋、戴綺霞、曹駿麟等人，來臺演出中便穿插演唱崑腔戲，如《販馬記》（吹腔）、《思凡》、《春香鬧學》、《探莊》、《夜奔》、《扈家莊》、《安天會》、《挑滑車》等戲。〔註34〕若戲臺主人見票房好，隨即與劇團續約，劇團為使在臺演出劇目層出不窮、豐富多元，以拉攏觀眾，並展現演員長才，因此，偶演崑曲戲，如顧劇團在臺灣永樂戲院演出期間（1948～1952年），在每日上演劇目中，夾雜演出幾齣崑曲戲，顯示該團演員崑亂不擋及劇目翻新能力。

　　崑曲在臺灣的發展最早由大陸來臺曲友自發組成，組織曲會及成立高中、大專院校崑曲社團，〔註35〕為崑曲在臺灣的流播產生了普及於大專院校的影響力。而後根植於這批臺灣培養之曲友心中的崑曲種子，成長茁壯為民間崑劇團創立之基礎，同時也帶動了京劇演員投入崑曲的學習、演出與教學行列，產生了臺灣京劇演員兼演崑曲戲的獨特現象。

　　「『張家班』在臺巡演戲路表」中羅列張家班來臺演出之劇目，張家班以武打聞名，來臺演出之劇目武戲必不可少，表中可見其曾搬演武戲《天官賜

---

〔註33〕1948年曾演《寧武關》，見王安祈，《臺灣京劇五十年》上冊（宜蘭：國立傳統藝術中心，2002年），頁30。

〔註34〕蔡欣欣：〈崑曲在臺灣發展之歷史景觀〉，收入《臺灣戲曲景觀》（臺北市：國家出版社，2011年1月），頁49～50。

〔註35〕臺北第一女中崑曲社（1949年，求證於已故社長張惠新夫婿王希一）、臺灣師範大學（1956年，見《曲韻蘭庭——崑曲藝術在台灣發展的軌跡、特色與現況》）、臺灣大學（1957年，見《曲韻蘭庭——崑曲藝術在台灣發展的軌跡、特色與現況》）、政治大學（1969年5月，求證於創社社長周蕙蘋）、中興大學（1969年，求證於第二任社長趙台仙）、銘傳商業專科學校（1971年，求證於創社成員詹媛）、中央大學（1973年）、東吳大學（1980年，求證於創社社長宋泮萍）、輔仁大學（1990年9月，求證於創社社長詹媛，見水磨曲集1991年節目冊）、光仁中學（1991年9月18日，見水磨曲集1991年節目冊）等先後成立。曾參考曾永義、施德玉《地方戲曲概論》（下），但與筆者所搜集之資料有出入，於此補充說明（臺北市：三民書局，2011年11月），頁956～957。

福》、〔註 36〕《鐵籠（龍）山》、〔註 37〕《挑華（滑）車》、〔註 38〕《界牌關》（《盤腸大戰》）〔註 39〕、《白水灘》〔註 40〕、《販馬記》〔註 41〕、《白蛇傳》〔註 42〕

---

〔註 36〕1948 年 11 月 11 日於台南大舞台演日戲、12 月 21 日於高雄大舞台演日戲，1949 年 3 月 5 日於台南全成戲院演日戲，1955 年 9 月 11 日於台北環球戲院演日戲。見高美瑜，《戰後初期來台上海京班研究——以「張家班」爲論述對象》（中國文化大學藝術研究所戲劇組碩士論文，2007 年），頁 277、278、279、292。

〔註 37〕1948 年 11 月 20 日於台南大舞台演日戲，1950 年 11 月 27 日於台南南台戲院演夜戲，1952 年 9 月 21 日於台北大有戲院演夜戲，1953 年 8 月 13 日於新高大戲院演夜戲、9 月 30 日於台北大有戲院演夜戲。見高美瑜，《戰後初期來台上海京班研究——以「張家班」爲論述對象》（中國文化大學藝術研究所戲劇組碩士論文，2007 年），頁 277、282、286、290、291。

〔註 38〕1948 年 11 月 24 日於台南大舞台演夜戲，1949 年 10 月 4 日於台南大舞台演夜戲，1950 年 11 月 25 日於台南南台戲院演夜戲，1952 年 5 月 26 日於基隆新樂戲院演夜戲、9 月 19 日於台北大有戲院演夜戲，1953 年 6 月 24 日於左營興隆大戲院演夜戲、10 月 25 日於台北環球戲院演夜戲，1954 年 5 月 12 日於台北環球戲院演夜戲，1955 年 9 月 17 日於台北環球戲院演夜戲、10 月 16 日於台北環球戲院演夜戲。見高美瑜，《戰後初期來台上海京班研究——以「張家班」爲論述對象》（中國文化大學藝術研究所戲劇組碩士論文，2007 年），頁 277、281、282、286、291、292、293。

〔註 39〕1948 年 12 月 29 日於高雄大舞台演日戲，1951 年 1 月 20 日於台南南台戲院演夜戲、10 月 28 日於基隆新樂戲院演夜戲，1953 年 4 月 23 日於台南南台戲院演日戲、5 月 4 日於嘉義中央戲院演日戲、5 月 23 日於高雄明星大戲院演日戲、9 月 8 日於嘉義安樂戲院演日戲。見高美瑜，《戰後初期來台上海京班研究——以「張家班」爲論述對象》（中國文化大學藝術研究所戲劇組碩士論文，2007 年），頁 278、284、288、289、291。

〔註 40〕1949 年 8 月 9 日於高雄大舞台演日戲，1950 年 11 月 25 日於台南南台戲院演日戲，1951 年 1 月 18 日於台南南台戲院演日戲，1952 年 5 月 31 日於基隆新樂戲院演夜戲，1953 年 4 月 5 日於左營興隆戲院演夜戲、5 月 31 日於高雄明星大戲院演夜戲 9 月 26 日於台北大有戲院演日戲，1954 年 5 月 13 日於台北環球戲院演日戲，1955 年 9 月 15 日於台南南台戲院演夜戲。見高美瑜，《戰後初期來台上海京班研究——以「張家班」爲論述對象》（中國文化大學藝術研究所戲劇組碩士論文，2007 年），頁 280、282、283、286、287、289、291、292、293。

〔註 41〕1952 年 5 月 2 日於基隆新樂戲院演夜戲。見高美瑜，《戰後初期來台上海京班研究——以「張家班」爲論述對象》（中國文化大學藝術研究所戲劇組碩士論文，2007 年），頁 284。

〔註 42〕1952 年 5 月 28～30 日於基隆新樂戲院演日夜戲，1953 年 6 月 15 日於左營興隆大戲院演日夜戲。見高美瑜，《戰後初期來台上海京班研究——以「張家班」爲論述對象》（中國文化大學藝術研究所戲劇組碩士論文，2007 年），頁 286、289。

等戲。除演出開蒙戲《天官賜福》外，也演出《鐵籠山》、《挑滑車》、《界牌關》、《白水灘》等武戲彰顯班中武生的功力，同時演出吹腔戲《販馬記》，展現班中人才濟濟、文武兼擅，並顯示大陸京班崑曲演出傳統。

　　在清末民初，京班在臺演出，前三齣演出崑曲劇目，展現京班崑亂不擋的一面。直到 1949 年顧劇團來臺後，京班在臺演出崑曲劇碼的頻率，相較於過去京崑並演的劇目排列，崑曲演出次數減少。直至 1993 年兩岸開放表演藝術工作者交流後，大陸崑劇演員來臺教學，因此促成臺灣京劇演員學習、演出的機會與能力大幅增加。

## 第二節　重要演出事件

　　1940 年代末期，不少名伶、戲班來臺演出，1949 年後滯臺定居，或改行、或加入軍中京劇隊繼續演藝生活、或擔任傳承工作，維持舞台演出、薪火相傳培育臺灣本土第一代京劇演員。〔註43〕表演與傳承劇目中，即包含崑曲戲，如顧劇團團長顧正秋（青衣），於上海戲劇學校學習期間曾從鄭傳鑑、朱傳茗習《販馬記》、《思凡》、《金山寺》、《春香鬧學》等；〔註 44〕隨空軍傘兵來臺的朱世友（小生），於富連成科班坐科期間曾從曹心泉習崑曲，後入大鵬國劇隊，雖以皮黃演出為主、偶唱崑曲，仍抽空指點小大鵬後起新秀學習崑曲，〔註45〕延續梨園行崑亂兼擅的傳統。

　　臺灣京劇人才培養單位有大鵬、復興、陸光、海光、國光藝校，先後設立，由大陸早期北京富連成科班、北平中華戲曲專科學校、上海戲劇學校等坐科期滿，離班參團來臺演出之滯臺京劇演員傳授劇藝。延續坐科時以崑曲

---

〔註43〕蔡欣欣，《臺灣戲曲研究成果述論（1945～2001）》（臺北市：國家出版社，2005 年 10 月），頁 315。

〔註44〕季季，《奇緣此生顧正秋》（臺北市：時報文化，2007 年 7 月 10 日），頁 124、154。

〔註45〕見孫麗虹訪談：「我們大鵬教崑曲的小生老師有朱世友朱叔，是富連成科班出來的，是唱角兒的，教的幾齣戲都是小生正工戲，像是教我《得意緣》（朱世友搭配徐露、趙玉這戲最好）、教楊丹麗《群英會》和〈遊園驚夢〉、教高蕙蘭〈寫狀〉，有時也教《轅門射戟》，…我們這一科是最後跟他有接觸的，他主要在舞台上唱戲，陪徐露、趙圓（花旦）、趙玉菁在臺上唱戲。朱叔主要是指點而不是教一齣戲，比如〈寫狀〉在我們不對的地方他會跟我們說不對、給我們改。」，木柵戲曲學院國光劇團中庭，2014 年 2 月 27 日、3 月 14 日。

開蒙傳統，〔註46〕於入學之初以曲牌開蒙，〔註47〕以群唱的同場戲教學爲主，
如《天官賜福》、《金山寺・水鬥》及單支曲牌等，這兩齣戲也爲京劇舞台常
演劇目，台視國劇後於「台視國劇・京華再現」重播時便包含《金山寺》一
劇，〔註48〕足見此戲在京劇演員養成過程中所佔的地位。分科後少部分行當
以崑曲開蒙，如武生以《石秀探莊》開蒙。臺灣早期劇校培養京劇演員，普
遍以崑曲做爲入學第一年的唱腔開蒙，不過並非特別明指爲崑曲課，而以「曲
牌課」通稱。劇校生學習京劇中常演的崑曲劇目時，也未特別意識到此舉爲
「學習崑曲」，僅認知其爲「唱曲牌」，認爲是京劇劇目之一，未特別區分。
以曲牌課做爲唱腔開蒙雖非有意、亦非無心，僅是早期京劇教師模仿其過去
坐科時的學習歷程，將過去以曲牌開蒙之法依樣畫葫蘆，套用於劇校的開蒙
教育之中，臺灣仍舊保留早期京劇科班的開蒙法。〔註49〕直至畢業，參與崑
曲傳習計畫或在劇團中接觸崑劇演員、教師，才開始眞正地進行有計畫、有
意識地崑曲學習。

　　於劇校畢業後，可升學就讀國立臺灣藝術專科學校（現爲國立臺灣藝術
大學）、〔註50〕私立中國文化學院（現爲私立中國文化大學）〔註51〕等校之國
劇系深入學習，系上開崑曲選修課，由徐炎之、〔註52〕楊傳英、林逢源等執

〔註46〕　富連成有專職教崑劇之師資，見《富連成三十年史》中〈富連成創始以來之
　　　　全體教授題名及授課目表〉所列：由喬慧蘭教崑劇旦小生、郭春山教花旦丑
　　　　崑腔、李壽山及曹心泉教崑腔、郭德順及李慶喜教場面兼授曲、姚增祿教文
　　　　武淨。劉紹唐、沈葦窗編，《富連成三十年史》（1933年2月1日北平藝術出
　　　　版社，臺北市：傳記文學出版社，1974年4月影印），頁109～110。
〔註47〕　蔡欣欣：〈臺灣京劇教育發展概述〉，收入《戲曲藝術》1999年2期（北京：
　　　　中國戲曲學院，1999年），頁39。
〔註48〕　見台視國劇・京華再現三：《遊湖借傘》、《金山寺》，台北：得利影視股份有
　　　　限公司，1978年。
〔註49〕　見鈕昌慈訪談：「現在大陸已經不會《天官賜福》了，當時破四舊時是不信神、
　　　　鬼、怪的，他們現在就要回頭找這些舊的，當時安雲武老師來臺灣時就很想
　　　　把《天官賜福》帶回大陸教。」，木柵戲曲學院國光劇團國光劇場後臺，2014
　　　　年3月14日。
〔註50〕　見朱陸豪、郭勝芳、楊利娟等人訪談稿。
〔註51〕　見閻倫瑋、唐天瑞、吳山傑等人訪談稿。
〔註52〕　徐炎之、張善薌夫婦同致力於崑曲在臺灣的傳承，除徐炎之教授唱曲，張善
　　　　薌指導崑劇演出，計有〈學堂〉、〈遊園〉、〈驚夢〉、〈小宴〉、〈佳期〉、〈拷紅〉、
　　　　〈琴挑〉、〈斷橋〉、〈刺虎〉、〈思凡〉等，俗稱「張十齣」，劇校邀請兩位曲友
　　　　進行崑劇教學。見林佳儀：〈娛樂、表演與傳承──徐炎之、張善薌崑曲活動
　　　　研究〉，發表於中國文化大學戲劇學系於2013年6月7日主辦之「第二屆臺
　　　　灣戲曲（曲）史青年學者學術研討會」會議論文，頁28。

教，以曲牌教學、崑曲戲欣賞爲主，雖啓發京劇演員對於崑曲戲的認識，但未能實踐於舞台之上。

　　臺灣劇校自行培養之京劇演員，爲呈現「崑亂兼擅」的能力及穩紮基礎，自入劇校起即接受崑曲教育，初入學的第一年便學同場曲，當時大鵬、復興、陸光、海光皆以崑曲開蒙，學完即可於隔年的節慶登臺演出。選擇《天官賜福》做爲開蒙戲教學，取其可團體曲唱開蒙之便，又可登台演出，再則吉祥戲討喜，因此早期臺灣培訓之京劇演員《天官賜福》能朗朗上口。侯剛本《台灣京劇教育與就業現況之研究 1949～1999》中，提及劇校的崑曲教學制度：國小部爲每週兩小時曲牌課、高中部爲每週一小時崑曲課，〔註 53〕高中部的崑曲課程內容可見《劇藝學校國劇科課程標準》之「國劇科崑曲組」條目，〔註 54〕顯現臺灣培養京劇演員時，把崑曲學習列入劇藝學習的內容之一，體現流傳於京劇界的崑曲開蒙傳統。

　　曲友們愛好崑曲，1949 年後來臺定居的曲友，自組了「台北同期曲會」及「蓬瀛曲集」兩曲會組織，〔註 55〕分別聚集了在臺喜好崑曲人士固定聚會。台北同期曲會於 1949 年 9 月 4 日由陳霆銳、徐炎之、周雞晨三人共同發起，早期以大陸來臺資深曲友爲主，1957 年起徐炎之輔導各大專院校的崑曲社成立後，各校崑曲社社員成爲曲會新血，因參與人數眾多，又稱「大同期」、「大曲會」。蓬瀛曲集於 1953 年 6 月由夏煥之、焦承允、王鴻磐、周雞晨等人發起，原名「崑曲清唱雅集」，1962 年元月因會員增加更名爲「蓬瀛曲集」，早期參加者以老曲友爲主，又稱「小同期」、「小曲會」。

　　小大鵬第一期生徐露，爲首位臺灣自行培養之京劇演員，於 1951 年入大鵬國劇隊隨隊學藝，入學之初即從朱琴心學崑曲，齊如山亦傳授春香身段，〔註 56〕後由大鵬安排隨徐炎之伉儷學戲，見徐露〈獨特又充實的學習生涯——紀念徐炎之老師百歲冥誕〉一文：

---

〔註 53〕侯剛本，《台灣京劇教育與就業現況之研究 1949～1999》（中國文化大學藝術研究所碩士論文，2001 年），頁 20、399（附 37 表格）。

〔註 54〕教育部社會教育司編印，《劇藝學校國劇科課程標準》（臺灣：教育部社會教育司，1989 年 6 月），頁 472～480。

〔註 55〕見《崑曲辭典》，頁 996～997。大同期現由周蕙蘋主持，小同期現由劉玉明主持。

〔註 56〕徐露：〈獨特又充實的學習生涯——紀念徐炎之老師百歲冥誕〉，收入李殿魁、劉慧芬編《露華凝香——徐露京劇藝術生命紀實》（宜蘭：國立傳統藝術中心，2006 年），頁 57。

在校方的安排下，我又跟隨徐炎之老師學習崑曲，那時我住在金門
街對面生計麵包店後面，徐老師家住在和平西路二段，徐老師騎著
腳踏車，像基督徒傳福音般的熱心，每週兩次，風雨無阻的到家裡
來給我上課。在這之前，我曾隨朱琴心老師學了兩三齣崑曲，已略
了解崑曲在中國傳統戲劇中的表演境界，體會崑曲高雅優美的內
涵，加上徐老師的殷殷教導，帶領我對崑曲有進一步的認識。…徐
老師先後為我擔任不少崑曲劇目的指導，如〈春香鬧學〉、〈遊園驚
夢〉、〈思凡〉、〈刺虎〉等。〔註57〕

1953 年演出《春香鬧學》，並能演唱《昭君出塞》、《扈家莊》與《白蛇傳・水
漫金山》等崑曲戲，可見大鵬對培養本土人才兼擅崑亂的安排。從臺灣第一
位本土培育的京劇演員學習歷程來看，可見京劇來臺後，演員養成依舊保持
大陸科班中的崑亂兩下鍋傳統。

　　徐露在大鵬中表現優異，於是 1954 年由空軍王叔銘將軍提議成立「大鵬
國劇訓練班（習稱小大鵬）」，〔註58〕附設於大鵬國劇隊，並追溯徐露為第一
期生。延請張永和、杜自然〔註59〕等教崑曲曲牌，〔註60〕由朱世友、蘇盛軾、
徐炎之等教崑曲戲，〔註61〕徐露有感於崑曲戲學習對京劇的助益，因此引薦
小大鵬後期學妹一同學習崑曲，

---

〔註57〕 李殿魁、劉慧芬編，《露華凝香——徐露京劇藝術生命紀實》（宜蘭：國立傳
統藝術中心，2006 年），頁 16、18。

〔註58〕 後於 1959 年改為「大鵬戲劇補習班」，1964 年改為「大鵬戲劇職業學校」，1979
年獲教育部立案為「大鵬戲劇實驗學校」，1985 年 7 月三軍劇校合併為國光劇
校，小大鵬共收十五期（後期併入國光藝校）學生。見《大戲臺》3 期（臺北
市：內湖戲曲學院，2007 年 1 月），7 版。

〔註59〕 見黃韋仁撰、蔡孟珍校閱〈卻顧所來徑——師大崑曲研究社簡史〉
（http://blog.yam.com/ntnukung/article/65501099，2013 年 7 月 2 日）：「杜自然
老師（1918～1997），字長脩，河北天津人。……。杜自然先生學養豐富，善
崑曲、京劇，兼文場、武場，通曉百戲，曾拜俞振飛為師。」，最後檢索時間
2014 年 4 月 12 日。

〔註60〕 見孫麗虹訪談：「我入大鵬時，由張永和張叔為我們上曲牌課，那是我們的崑
曲開蒙，不過那時候也不知道這就是崑曲。教我們崑曲的曲牌和群戲，像是
【五馬江兒水】和《大賜福》所有的唱，因為小時候也搞不清楚所以也不大
記得了。」，木柵戲曲學院國光劇團中庭，2014 年 2 月 27 日、3 月 14 日。另
見王鶯華、陳美蘭訪談稿。

〔註61〕 見孫麗虹訪談，木柵戲曲學院國光劇團中庭，2014 年 2 月 27 日、3 月 14 日。

> 除了自己學習之外，我也積極的幫助後期同學，如：古愛蓮、鈕方
> 雨、楊丹麗、郭小莊、王鳳雲、高蕙蘭、嚴蘭靜、孫麗虹、朱繼屏
> （李璇）、邵珮瑜…等學妹一起學習，共同陶醉在崑劇那深奧優美的
> 戲曲文學境界中。〔註62〕

二期生古愛蓮、鈕方雨、楊丹麗，三期生嚴蘭靜，四期生高蕙蘭、邵珮瑜，
五期生郭小莊、孫麗虹、李璇，七期生王鳳雲等相繼向徐炎之伉儷學習崑曲，
小大鵬的崑曲戲學習盛況也見新聞報導：

> 大軸嚴蘭靜、郭小莊等新秀名角的「遊園驚夢」，這兩位都是目前菊
> 壇炙手可熱的人物，而由郭小莊演「鬧學」的春香，嚴蘭靜演「遊
> 園驚夢」的杜麗娘，安排角色，非常對工恰當，崑曲戲文學氣息濃
> 郁，做工身段精緻細膩，是國劇演員的必修課程，有助於演員的變
> 化氣質，和舞臺上的演技表現，此劇由崑曲名家徐炎之先生夫婦親
> 授，名師名角，將必相得益彰。〔註63〕

其後大鵬國劇隊演出《牡丹亭‧春香鬧學、遊園驚夢》，便誕生「徐露、古愛
蓮、鈕方雨」、「嚴蘭靜、郭小莊、高蕙蘭」、「王鳳雲、井玉玲、高蕙蘭」三組
人馬。〔註64〕由於大鵬旦角雲集──「一窩旦」盛況，選擇《牡丹亭》做爲劇
校教學劇目除可同時培養青衣、花旦兩組學生，也可由此見大鵬培養本土京劇
演員崑亂兼擅的理念，然因其爲京劇演員培育單位，故崑曲授課比重不高。

　　國立藝術學校（現爲國立臺灣藝術大學）〔註65〕成立於1955年，於國劇
科開設崑曲課程，由徐炎之等相繼授課。京劇演員自劇校畢業後投考戲專，就
讀期間即曾接觸崑曲，如朱陸豪、魏海敏、郭勝芳、張化緯、楊利娟等，〔註66〕
惟因於國劇科接觸之崑曲以單支曲牌爲主，且教學內容並不一定爲演員個人
行當的戲碼，僅視爲小時候開蒙的曲牌課延伸。

---

〔註62〕 李殿魁、劉慧芬編，《露華凝香──徐露京劇藝術生命紀實》（宜蘭：國立傳
　　　　統藝術中心，2006年），頁16。

〔註63〕 菊如，〈「奇冤報」與「遊園驚夢」〉（《華報》，1970年1月18日）。

〔註64〕 王安祈，《臺灣京劇五十年》（宜蘭：國立傳統藝術中心，2002年），頁65。

〔註65〕 開辦七年，初設國劇、影劇、美印三科，國劇科共收四期學生，1959年因政
　　　　府的精簡政策而暫停招收國劇科，1960年改制爲「國立臺灣藝術專科學校」，
　　　　簡稱「國立藝專」，1980年藝術影劇科報部分爲電影科、戲劇科，又擬恢復設
　　　　置國劇科，同年核准設立電影與戲劇二科，於1982年五專夜間部恢復收學生，
　　　　1994年改制爲「國立臺灣藝術學院」，2001年改名爲「國立臺灣藝術大學」。

〔註66〕 見朱陸豪、郭勝芳、楊利娟等人訪談稿。

　　「中國國劇團」團長爲梅派名票、別號「嘯雲館主」的王振祖，於1957年在新北投創設「私立復興劇校」，〔註67〕依「復興中華傳統文化，發揚民族倫理道德，大漢天聲遠播寰宇，河山重光日月輝煌」排字輩，共招收三十二期生。入學之初即習崑曲，校內由張永和、杜自然、徐炎之、白其龍等教授崑曲，〔註68〕爲臺灣長年來穩定而持續培養京劇演員以崑曲開蒙的劇校。

　　台視國劇社於1962年～1988年間播放預錄戲曲片，從外包時期、草創期、早期、全盛期、全盛中期至全盛末期皆演崑曲戲，〔註69〕戲目爲《天官賜福》、《石秀探莊》、《奇雙會》、《費貞娥刺虎》、〈佳期〉、〈思凡〉、《林沖夜奔》、《牡丹亭‧春香鬧學、遊園驚夢》、《挑滑車》、《昭君出塞》、《扈家莊》等崑曲戲，可見崑曲戲在當時也爲京劇演員的演出劇目之一。

　　究各劇隊演出京劇中保留的《挑滑車》之因，乃因此劇爲武生吃工戲，一能展示腰、腿功夫，二來身段載歌載舞，三具挑車摔岔的高難度動作，四以大槍「清場花」和「下場花」展現功夫，五唱曲牌表現唱功，六注重人物

---

〔註67〕後於1968年7月1日起改制爲國立，遷校內湖，1982年改稱「國立復興劇藝實驗學校」，1999年與國光藝校合併爲1968年7月1日起改制爲國立，遷校內湖，1982年改稱「國立復興劇藝實驗學校」。

〔註68〕見曹復永訪談：「入學時每個人都要學《天官賜福》，是我們對外公演的第一齣戲，過年的開台戲，所以是每個人在啓蒙時都要學崑曲的。……杜自然老師教我們崑曲和曲牌，增加我們合唱的機會，節慶像元旦、雙十節的時候用，入學學了初一就演，大人看小朋友這麼小就會唱戲，又唱這種吉祥戲，就很討喜，所以我們入學都學《天官賜福》。」，內湖象園咖啡，2014年1月3日。見閻倫瑋訪談稿。

〔註69〕外包時期：1963年1月25日印九齡主演《天官賜福》、2月27日電視平劇社主演《石秀探莊》，草創期：1963年4月3日宋丹昂主演《奇雙會》、6月1日王鳳娟及大鵬劇隊主演《費貞娥刺虎》、8月3日鈕方雨主演《遊園驚夢》、1964年2月15日大鵬國劇隊主演《春香鬧學》、4月25日李環春主演《石秀探莊》、8月29日電視平劇社主演《奇雙會》，早期：1965年10月16日宋丹昂主演〈佳期、思凡、遊園〉、1966年6月8日明駝平劇隊主演《林沖夜奔》、1967年5月13日大鵬平劇隊主演《春香鬧學》、1968年10月16日大鵬平劇隊主演《牡丹亭》、1969年2月22日台視國劇社主演《奇雙會》，全盛期：1970年10月7日大鵬國劇隊主演〈遊園〉、1971年2月20日大鵬國劇隊主演《挑滑車》、2月27日大鵬國劇隊主演《昭君出塞》、12月17日台視國劇社主演《林沖夜奔》，全盛中期：1977年1月15日王鳳雲主演《昭君出塞》、12月嚴蘭靜、程燕齡、葉復潤主演《奇雙會》、1978年3月姜竹華、杜匡稷、趙振華主演《扈家莊》，全盛末期：1982年2月謝景莘、徐露、高蕙蘭主演《奇雙會》。見黃慧芬，《台視「國劇社」電視戲曲研究（1963～1988）》（中國文化大學戲劇學系碩士論文，2012年6月），頁97～146。

內心刻劃，〔註70〕考驗演員的唱念做表功力，展現文武崑亂兼擅的演出實力。此戲在臺灣京劇演員參與崑曲戲演出中，占繼往開來的地位，可回溯至國民政府接管臺灣後，1949 年張家班來臺演出時即演此戲，也為本時期孕育期（1951～1979 年間）及下個時期奠基期（1980～1990 年間）演出次數最多的崑腔武戲。由《挑滑車》的頻繁演出記錄，也可見證臺灣觀眾的觀賞喜好，不僅是開打精彩，也要在武打中見人物，對京劇武生演員來說也是齣要「拿起來」的戲，〔註71〕在習得此劇後演出，才算得上是「稱職」的武生。

1963 年陸軍於大直營區成立「陸光國劇訓練班（又名小陸光）」〔註72〕，共收陸、光、勝、利、建、國、成、功等字輩（後期併入國光藝校）。入學之初即習崑曲，校內由楊飛等教授崑曲曲牌。〔註73〕由於陸光國劇隊時常演出武戲，以武戲聞名於三軍劇隊，因此影響了陸光劇校的教學劇目，〔註74〕其武生培養必含崑腔武戲，除武生組兼習崑腔戲外，其餘行當以京劇劇藝學習、培養為主。

1963 年 1 月復興國劇團成立（現為國立臺灣戲曲學院附設京劇團），〔註75〕劇團演出包含京崑戲碼，以京班中保留的崑曲戲為主，維持過去京班於大陸

---

〔註70〕翁偶虹：〈楊小樓的做、表〉，收入《楊小樓藝術論評》（臺北市：商鼎文化出版社，1991 年 10 月 1 日），頁 86。

〔註71〕見吳山傑訪談：「像有些武生演員演《挑滑車》、《夜奔》，都是崑曲，我不認為他們是因為喜歡崑所以演崑，我個人認為像是『征服幾齣名劇』，你才是那個行當的角兒，而不是從崑曲的角度來學習與演唱。」，內湖戲曲學院復興京劇團演員休息室，2014 年 3 月 13 日。

〔註72〕後於 1979 年獲教育部立案為「陸光劇藝實驗學校」，1985 年 7 月三軍劇校合併為國光藝校。見《大戲臺》3 期（臺北市：內湖戲曲學院，2007 年 1 月），6 版。

〔註73〕見朱陸豪訪談：「初入校時，全部學生都要學崑曲《天官賜福》的同場曲，做為我們的開蒙，不分行當，要從頭至尾都會唱、身段都熟悉才行。等我們唱作都學完了，老師再安排我們角色，像神像、天官、虎子、魁星、牛郎、織女，每個人都有個角色，就可以登臺演了。」，林口金鑛咖啡，2013 年 12 月 20 日。另見朱勝麗訪談稿。

〔註74〕見朱陸豪訪談：「武生的戲許多都是崑曲，而陸光劇隊的生行強，尤其是武生，因此，在學校就安排學了不少武戲，當然包含了崑曲。」，林口金鑛咖啡，2013 年 12 月 20 日。

〔註75〕1999 年國光藝校、復興劇校合併，更名為「臺灣戲曲專科學校附設國劇團」，2006 年隨戲專升格學院更名為「國立臺灣戲曲學院附設京劇團」，2016 年 3 月更名為「臺灣京崑劇團」。文中所指「復興」，指劇校時以「復興劇校」稱之，指國劇隊時以「復興」簡稱之。

演出時京崑不擋的傳統，〔註76〕從〈富連成社戲目〉文中所列之崑曲劇目可看出富連成社所演之崑曲戲爲京班常演之崑曲劇目，又以曲牌群戲、武戲等爲主。

　　1967年私立中國文化學院成立國劇專修科，1979年改制爲文化大學後成立戲劇系國劇組，先後由林逢源、朱錦榮、謝俐瑩等開設崑曲課，〔註77〕惟其爲選修課，早期以曲牌教唱與崑曲戲欣賞爲主，近年除曲牌教唱外也進行崑曲戲表演教學。

　　臺灣大學崑曲社（簡稱「臺大崑曲社」）成立於1957年（民國四十六年），宋丹昂自國立臺灣藝術專科學校國劇科、淡江大學畢業後，考入臺灣大學中文研究所，在校期間曾演出《義妖記‧斷橋》白素貞、〔註78〕《鐵冠圖‧刺虎》費貞娥，〔註79〕爲目前所能查到最早的大專院校崑曲社有京劇演員參與的記錄。

　　1969年海軍於左營設立「海光國劇訓練班（又名小海光）」，〔註80〕共收海、青、昌、國、粹、忠、義、貫、華、夏等字輩（後期併入國光藝校）。入學之初即習崑曲，〔註81〕校內有李劍平老師教授崑曲曲牌，唯海光以歷史劇題材爲主，風格較爲陽剛豪邁，以京劇演出爲主。

---

〔註76〕可見〈富連成社戲目〉中所列：《天官賜福》、《富貴長春》、《財源輻輳》、《蘆花蕩》、《白水灘》、《雅觀樓》、〈刺虎〉、《金山寺》、《通天犀》、《蜈蚣嶺》、《鐵龍（籠）山》、《界牌關》、《武文華》、《安天會》、《寧武關》、〈掃花三醉〉、〈仙圓〉、〈嫁妹〉、〈勸農〉、〈鬧學〉、《挑滑車》、《昭君》、〈堆花〉、〈思凡〉、〈醉打山門〉、《繡襦計（記）》、〈出獵回獵〉、《雁翎甲》等戲，生旦淨丑各行當皆演崑劇。見劉紹唐、沈葦窗主編《富連成三十年史》（1933年2月1日北平藝術出版社，臺北市：傳記文學出版社，1974年4月影印），頁225～228。

〔註77〕見郁昌慈、閻倫瑋、唐天瑞、吳山傑等人訪談。

〔註78〕1967年5月20日於國立藝術館。據王希一回憶，本次演出爲校園社團首演〈斷橋〉，並且爲傳統的〈斷橋〉上法海（由王希一飾），法海唱第二支【山坡羊】前四句領許仙（張惠新飾）上。

〔註79〕1968年3月28日於台灣大學校總區體育館，由曲友李凱東飾一隻虎。據王希一回憶，早期張善薌師母演出〈刺虎〉由李桐春飾一隻虎，1962年起由李凱東擔任一隻虎，1971年後由范復之飾一隻虎。

〔註80〕後遷淡水，1979年獲教育部立案爲「海光劇藝實驗學校」，1985年7月三軍劇校合併爲國光劇校。

〔註81〕見郁昌慈訪談：「進入海光之初，我們都要上曲牌課，我們根本不知道是崑曲，只知道是京劇裡的群唱，也就是合唱，像歌隊的感覺。入門必學《天官賜福》，由海光的文武場笛師李劍平拍曲。」木柵戲曲學院國光劇團國光劇場後臺，2014年3月14日。

　　政治大學崑曲社（簡稱「政大崑曲社」）成立於 1969 年（民國五十八年），復興劇校畢業之范復之當時已就讀於政治大學中國文學系（民國五十六年入學），入社經徐炎之指導後，在校期間曾於 1970 年創社公演上演出〈山亭〉魯智深、[註82] 隔年演出〈刺虎〉一隻虎，[註83] 為大專院校的社團公演上僅見的淨角戲碼，[註84] 畢業後多次回社團與學妹合演〈刺虎〉。[註85] 創社公演〈驚夢〉一折的堆花，由大鵬蘇盛軾主排，[註86] 此為最早京劇演員為大專院校崑曲社團排演的痕跡。

　　1965 年第一屆國軍文藝大會後，三軍劇團於每季定期假借國軍文藝活動中心對外輪演，每檔七至十天。[註87] 於 1977 年國軍文藝中心的輪檔公演中，[註88] 復興推出《春香鬧學》、《雅觀樓》，[註89] 陸光推出《挑滑車》，[註90] 皆為京班中常演的崑腔戲碼，顯見在復興與陸光在演出劇目選擇上，不讓大鵬專美於前的努力。

　　於 1978 年國軍文藝中心的輪檔公演中，[註91] 復興推出《林沖夜奔》、《白水灘》、《天官賜福》，[註92] 陸光推出《雅觀樓》、《挑滑車》、《白水灘》、《鐵

---

[註82] 1970 年 5 月 13 日於政治大學四維堂。

[註83] 1971 年 5 月 15 日於實踐堂。

[註84] 由政治大學崑曲社首任社長周蕙蘋提供演出訊息。

[註85] 1973 年 5 月 23 日於台北市新生南路大專社團活動中心（與梁珠珠合演）、1975 年 5 月 21 日於實踐堂（與陳彬合演）、1977 年 5 月 15 日（地點不明，據前後幾年演出地點推測應為實踐堂，與劉小蘭合演）。

[註86] 洪惟助主編，《崑曲辭典》（宜蘭：國立傳統藝術中心，2002 年），頁 994。

[註87] 見臺灣大百科全書「國軍文藝活動中心」一條，http://taiwanpedia.culture.tw/web/content?ID=8132，最後檢索 2014 年 6 月 15 日。

[註88] 本段演出皆出自溫秋菊《臺灣平劇發展之研究》（臺北市：學藝出版社，1994 年 6 月）第七章中的表格，表格內僅列主演者、未載明全齣演員角色，頁 350～353。

[註89] 1977 年 3 月 19 日演出《春香鬧學》（周傳霈），11 月 15 日演出《雅觀樓》（朱化珍）。

[註90] 1977 年 5 月 15 日演出《挑滑車》（李環春、吳陸森），7 月 26 日～8 月 4 日演出《挑滑車》（汪勝光、李勝平）。

[註91] 本段演出皆出自溫秋菊《臺灣平劇發展之研究》（臺北市：學藝出版社，1994 年 6 月）第七章中的表格，頁 355～366。

[註92] 1978 年 1 月 13～25 日演出《林沖夜奔》（劉化秀）、《白水灘》（毛復海、李中堅），2 月 11 日新春公演演出《五路財神》、《招財進寶》、《加官進爵》、《天官賜福》。

籠山》、《販馬記》，〔註93〕海光推出《白水灘》，〔註94〕由本年（1978 年）演出的崑曲劇目，可看出陸光專擅武打，因此常推出武戲以饗觀眾的現象。

　　於 1979 年國軍文藝中心的輪檔公演中，〔註95〕陸光推出《林沖夜奔》、《昭君出塞》，〔註96〕海光推出《奇雙會》、《扈家莊》，〔註97〕復興推出《扈家莊》、《挑滑車》，〔註98〕陸光、海光、大鵬、明駝推出新秀合演《販馬記》、《金石盟》，〔註99〕中華國劇學會自強日愛國捐獻聯合義演由徐露與劉玉麟合演《販馬記》，〔註100〕大鵬推出《昭君出塞》。〔註101〕由本年（1979 年）演出的崑腔劇目，可看出各劇隊不僅只演出京班常演的崑腔武戲，也漸演吹腔戲。針對京班所演的《販馬記》，〔註102〕京崑兩下鍋的俞振飛曾於〈《奇雙會・寫狀》的表演格調〉一文中比較吹腔戲與崑曲間的異同：

　　　《奇雙會》是京劇的傳統劇目，全劇唱的都是【吹腔】。現在有的同
　　　志以為【吹腔】就是崑曲，其實這是一種誤解。【吹腔】雖然也是用
　　　笛子伴奏的，但它與崑曲的要求不盡相同。崑曲是有嚴格曲律的，
　　　每個曲牌有自己的腔調，唱腔之間沒有過門，曲詞都是格律固定的

---

〔註93〕　1978 年 3 月 28 日演出《雅觀樓》（劉陸嫻）、《挑滑車》（朱陸豪），3 月 31 日演出《白水灘》（汪勝光），6 月 30 日～7 月 9 日演出《鐵籠山》（朱陸豪）、《販馬記》（胡陸蕙），12 月 21 日《挑滑車》（汪勝光、李勝平）。

〔註94〕　1978 年 7 月 14 日演出《白水灘》（黃海田）。

〔註95〕　本段演出皆出自溫秋菊《臺灣平劇發展之研究》（臺北市：學藝出版社，1994 年 6 月）第七章中的表格，頁 368～374。

〔註96〕　1979 年 3 月 9 日演出《林沖夜奔》（汪勝光），11 月 17～23 日演出《昭君出塞》（胡陸蕙與吳劍虹）。

〔註97〕　1979 年 4 月 4～9 日演出《奇雙會》（程景祥）、6 月 20～29 日演出《扈家莊》（沈海蓉）。

〔註98〕　1979 年 5 月 16～29 日演出《扈家莊》（翁中芹）、《挑滑車》（瞿化信）。

〔註99〕　1979 年 10 月 28 日演出《販馬記》（徐露、劉玉麟、哈元章、周金福、呂海琴），10 月 30 日演出《金石盟》（《翠屏山》、《扈家莊》，程景祥、劉玉麟、徐露、高德松、杜匡謖）。

〔註100〕　1979 年 12 月 16～17 日演出《販馬記》（徐露、劉玉麟）。錄音可見 http://liy uan.xikao.com/play.php?name=%E5%A5%87%E5%8F%8C%E4%BC%9A#play _680，2014 年 4 月 16 日最後檢索。

〔註101〕　1979 年 12 月 19～25 日演出《昭君出塞》（嚴蘭靜）。

〔註102〕　宋鐵錚於《奇雙會》簡譜前短文說明：「俞振飛把此劇搬演到崑曲舞台，按崑曲習慣改名《販馬記》，並傳授給『崑劇傳習所』的顧傳玠、朱傳茗等人，使它成為一個通俗的崑曲劇目。」收入《中國京劇流派劇目集成》編委會編《中國京劇流派劇目集成・拾參》（北京：學苑出版社，2009 年 1 月），頁 3。

長短句；【吹腔】則沒有固定的曲牌，唱腔中間有過門，曲詞大致是用七言或十言的上下句方式構成的。【吹腔】流行於北方，京劇和崑曲都吸收了它的曲調，使之成為本劇種曲調的一個組成部分。〔註103〕

徐露於〈當年水袖傍妝台 曾經粉墨點絳唇——徐露說戲〉中曾言：

> 京崑舞臺流行劇目之一，《販馬記》又名《奇雙會》，係一齣沉冤昭雪的公案戲；全劇不用胡琴，只用曲笛；重在唱功，妙在做派，生旦並茂。…這齣戲的主要關目為：哭監、寫狀和三拉，傳授我這齣戲的是朱琴心老師。〔註104〕

據此可推測臺灣的國劇隊演出的《販馬記》，雖用笛子伴奏，然內容實質上應唱吹腔而非曲牌戲，應是京班中常演的吹腔戲。〔註105〕

由1977～1979年代間所演崑曲劇目，可見六○年代入大鵬、復興、陸光、海光四校的京劇演員，相繼畢業後入隊成為劇隊新血。藉由擔綱演出輪檔公演，顯示劇隊給予青年演員舞台演出機會並予以提攜，與劇校、劇隊寓京崑於一家的培育目標。

小大鵬第五期生郭小莊畢業後轉往電影圈發展，〔註106〕聲名大噪後重返梨園行，以「國劇的新生」為號召於1979年3月28日成立雅音小集，〔註107〕為京劇創新增添活水。於5月17、18日舉辦創團公演，兩天戲碼的安排可見於郭小莊〈我組織雅音小集的動機〉：

> 十七號這天所排出的劇碼是《白蛇傳》，由我飾演白蛇，這齣戲在朱少龍老師的指導下，唱腔和身段都有所改進，期望能使觀眾們耳目

---

〔註103〕王家熙、許寅等整理，《俞振飛藝術論集》（上海：上海文藝出版社，1985年），頁64～65。

〔註104〕李殿魁、劉慧芬編，《露華凝香——徐露京劇藝術生命紀實》（宜蘭：國立傳統藝術中心，2006年），頁71。

〔註105〕雖皆用笛伴奏，然一為梆笛一為曲笛，伴奏樂器音色上並不相同。可見李國俊〈從販馬記談吹腔〉，收入《民俗曲藝》第36期（臺北市：財團法人施合鄭民俗文化基金會，1985年7月），頁5。

〔註106〕1972年3月主演電影《秋瑾》，獲第二屆「武俠皇后」榮銜。1974年主演電影《猛漢狂徒》、《雙龍出海》，並主演電視連續劇等。1966年大鵬劇校畢業入大鵬國劇團，1977年7月1日辭大鵬，1978年3月宣布放棄影視，獻身振興國劇。參考「郭小莊的戲劇世界」網站中「郭小莊戲劇演出年表」，http://yayin329.com/surround/surround31.html，2014年4月14日最後檢索。

〔註107〕雅音小集成員來自軍中劇團，後於1993年停演，這期間每年編演新編京劇或改編戲，致力於京劇的劇本、表演、舞台美術的創新，轟動一時。

一新。十八號的演出是由我和田士林教授合演的崑曲〈思凡〉、〈下山〉，以及另外一齣〈林沖夜奔〉。〔註108〕

第一日爲「皮簧之夜」演《白蛇與許仙》，第二日爲「崑曲之夜」演〈思凡〉、〈夜奔〉，以「完全遵循傳統的崑曲演出形式」〔註109〕爲號召，郭小莊於〈汲飲傳統・奔向未來〉說明演出陣容：

> 由八十餘歲的「笛王」徐炎之撊笛，七十餘的「鼓王」侯佑宗司鼓，
> 名琴師朱少龍伴琴，由武生泰斗李環春演出「林沖夜奔」，郭小莊與
> 田士林教授合演「思凡下山」。〔註110〕

除可見演員陣容堅強，爲一時翹楚，崑曲在雅音的創團戲中雀屏中選，與京劇各佔鰲頭、同檔演出，這樣的演出安排，應爲郭小莊及其智囊團達成的共識。此次演出備受影迷期待，挾帶影界的高人氣提倡傳統戲曲，演出後廣受好評。〔註111〕選定傳統戲碼做爲重返戲曲舞台之處女作，用意爲展現傳統戲曲功底，而選定崑曲與京劇並列演出，可推測郭小莊認爲演出崑曲有助於其展現兼擅崑亂的實力，展現細膩的人物情感詮釋以及舞台上獨當一面的能力。

崑曲之夜的兩折崑曲，爲京崑演員常演之時劇，〔註112〕選擇〈思凡〉、〈下

---

〔註108〕郭小莊，《天涯相依》（台北市：九大文化股份有限公司，1987年10月初版），頁118。原載於1980年3月31日民生報〈我組織雅音小集的動機〉。王安祈《光照雅音──郭小莊開創台灣京劇新紀元》（臺北市：相映文化出版，2008年4月）一書中以雅音小集各年度的新編京戲及郭小莊個人京劇生涯中具代表性的傳統京戲爲主要討論對象，因此在創團戲的兩天演出中，以討論京劇《白蛇與許仙》爲主。

〔註109〕郭小莊，《天涯相依》（台北市：九大文化股份有限公司，1987年10月初版），頁131。原載於1980年3月12日中國時報〈汲飲傳統・奔向未來〉。

〔註110〕張福興：〈雅音小集十八日「崑曲之夜」 郭小莊排出最佳陣容〉（《民生報》，1979年5月12日）。

〔註111〕柳天依，《郭小莊雅音繚繞》（台北市：台視文化事業股份有限公司，1998年2月），頁87。

〔註112〕可分爲「弦索調時劇」及「崑平調」兩種，前者屬弋陽腔系統的「青陽腔」，原以琵琶伴奏，武俊達，《崑曲唱腔研究》（北京：人民音樂出版社，1987年3月）：「崑劇所用曲牌除南北曲外，還有一部分「時劇」所用曲牌頗爲混雜，就成書於乾隆末年葉堂編《納書楹曲譜》所收時劇十四齣及標名時劇實爲散曲的九部散套來看，所用曲牌近五十種，其中有些是從崑劇南、北曲變化而來，如【山坡羊】、【梧桐樹】、【新水令】、【點絳唇】等等：有些是從明清民歌發展而來，如【駐雲飛】、【鎖南枝】、【桂枝兒】、【寨兒令】等等，有些則是引用其他聲腔，如〈借靴〉所用【延索調】實爲【弦索調】的訛記，〈羅夢〉所用【弋陽調】引字【弋陽腔】。」，頁29～30。

山〉兩折戲可展現旦角與丑角演員的基本功底，是唱念作打舞的全面展現，也考驗演員對砌末的掌握。選擇〈思凡〉一劇，作爲京劇旦角演員「旦怕〈思凡〉」的自我挑戰，訪談時，朱勝麗分享對於〈思凡〉的體驗：

> 我覺得這戲是集體力、耐力於一身，沒有休息、一段接一段，獨角戲就難在你沒有喘氣的機會，要一鼓作氣。而且崑曲沒有過門的，只有念白的時候可以稍做休息，而且這戲沒有對手戲，下來都要昏倒了。〔註113〕

在舞台上唱念做打舞一刻不鬆懈，長達四十分鐘絲毫不能懈怠，充分顯示演員的文武（舞）崑亂兼擅的實力，除能夠吸引懂戲的觀眾進入劇場，加上〈思凡〉本身具可看性，藝術性高，情節內容平易近人，能夠勾起影迷購票觀賞的意願，增加對非京劇戲迷的吸引力。種種因素考量下，〈思凡〉適合做爲雅音小集的創團戲，透過考驗演員基本功底的獨角戲，讓觀眾在熟悉的大螢幕作品表現外，進而接觸戲曲表演藝術。

為紀念俞大綱逝世週年，雲門舞集於 1979 年 4 月策劃主辦國劇新秀演出，由朱陸豪、汪勝光主演《挑滑車》、《夜奔》等戲，〔註114〕之後此兩齣戲成爲藝專舞蹈系戲曲舞蹈的課綱，〔註115〕也爲雲門舞者注入了戲曲養分，爲由京劇演員長期而穩定教授崑曲戲的課程。

## 一、京劇演員常演的崑曲戲

從現有的國軍文藝中心輪檔公演的節目單中，可歸納出本時期（1951～1979 年間）京劇演員演出的崑曲戲以京班中保留的崑曲戲爲主，尤以武戲爲最大宗，如《挑滑車》、《白水灘》、《扈家莊》、《雅觀樓》、《昭君出塞》等，可見《國劇月刊》第二十九期〈國劇中的三齣「挑滑車」〉〔註116〕一文，記李

---

〔註113〕朱勝麗訪談，木柵星巴克，2014 年 1 月 3 日。

〔註114〕1979 年 4 月於國父紀念館演出，尚由胡陸蕙演出《新繡襦記》，王鳳雲、井玉玲、劉慧芬演出《白蛇傳》，劉傳華、徐中菲演出《乾坤圈》、《天女散花》。見雲門舞集年表 http://www.td-school.org.cn/itec/2010/gaozhong/web_yunmenwuji/page5_1.htm，2014 年 4 月 22 日最後檢索。

〔註115〕見朱陸豪訪談：「民國七十二年時，北藝大舞蹈系成立，林懷民老師找了我去教「武功」課，一直教到民國八十九年才放下教鞭。」，林口金鑛咖啡，2013 年 12 月 20 日。

〔註116〕貫孝全：〈國劇中的三齣「挑滑車」〉，《國劇月刊》29 期（台北市：國劇月刊雜誌社，1979 年 5 月 1 日），頁 56。

鳳翔曾演《大挑滑車》，徐露、姜竹華、劉復雯等演出《扈家莊》。京班中常演的吹腔戲《奇雙會》（或稱《販馬記》），也時常搬演於舞台上。本時期常演的崑曲戲也可見於戲曲相關報刊雜誌中，如《國劇月刊》第十五期所收〈「李七長亭」與「鍾馗嫁妹」〉〔註117〕一文，即指大鵬的孫元彬、夏元增、杜匡謖、陳玉俠、趙振華、鈕方雨組合所合演的《鍾馗嫁妹》堪稱一絕。

　　除此之外，根據京劇演員的個人訪談，〔註118〕得知本時期（1951～1979年間）演出不乏崑曲戲，如《天官賜福》、《金山寺・水鬥》（又名《水漫金山》）等戲，為京班中開蒙時的開蒙戲，在京班中習稱曲牌戲。臺灣京劇劇校自大鵬起，復興、陸光、海光、國光至戲曲學院等校，皆於學生初入學的第一年，以曲牌開蒙，學習《天官賜福》、《金山寺・水鬥》〔註119〕等群戲，以及其他京劇演出中常用的崑曲曲牌。《天官賜福》為吉祥曲文，是傳統戲班農曆開箱戲，「過去在京劇班常唱，正月初一及堂會戲開場必唱。」〔註120〕由於具祝福氣美意又場面熱鬧，因此頗受聽眾喜愛的喜慶戲。〔註121〕劇團受邀於喜慶場合演出時常搬演此戲，過去三軍劇團於逢年過節的邀演中即以此戲開臺，搬演此戲以博得好彩頭。《天官賜福》唱【醉花蔭】，角色眾多，〔註122〕能全體登臺演出。劇校於逢年過節時推出此戲，一使學生人人有登台機會，二顯示劇校人力充沛，三為此戲熱鬧討喜；劇團推出此戲之因，一是顯示劇團規模，二是節慶應景討吉利。因此選此戲作為劇校的唱曲開蒙，透過有板有眼的崑曲曲牌教唱，帶領未受戲曲唱念訓練的劇校生進入戲曲，逢年過節時演出，增加舞台經驗。

---

〔註117〕敖鳳翔：〈「李七長亭」與「鍾馗嫁妹」〉，《國劇月刊》15 期（台北市：國劇月刊雜誌社，1978 年 3 月 1 日）頁 35～36。

〔註118〕見曹復永、孫麗虹等人訪談稿。

〔註119〕見孫麗虹訪談：「蘇盛軾老師教全部崑的《金山寺・水門》的青蛇、白蛇、許仙、法海、水族，我們通通都站在邊上看，看久了也就薰會了，而且每個人每段唱都要會，今天缺什麼腳色，我們就要上去演。」，木柵戲曲學院國光劇團中庭，2014 年 2 月 27 日、3 月 14 日。

〔註120〕朱家溍：〈近代保留在京劇團體的崑劇〉，收入《崑曲紀事》（北京：語文出版社，歐陽啓名編，2010 年 7 月），頁 26～27。

〔註121〕國光劇團於 2009 年開箱戲是《天官賜福》、《八百八年》，2010 年開箱戲有《天官賜福》、《跳加官》、《八年八百》。

〔註122〕此劇上四雲童、四護從、四天將、天官、南極老人、牛郎、織女、張仙、財神、魁星及眾神，能隨編制增減無定例。

## 二、京劇演員常參與團體

此時期，京劇演員除在劇隊內演出崑曲戲，大小同期曲會所舉辦的崑曲演出，缺少曲友圈中較稀少的淨、丑二行當，因此特邀京劇演員一同登台演出，形成了臺灣戲曲界的特殊現象——京劇演員參與曲（票）友團體演出崑曲戲，為臺灣早期曲友的崑曲演出拓寬了行當的限制。

同時，臺灣大專院校崑曲社由曲友指導，劇目傳承中多以生旦行當為主，若遇合演角色是其他行當（如：淨、丑）卻未有條件相符可演出的情況時，便邀請京劇演員與崑曲社的同學合演，以協助學生演出崑曲戲中各種風貌的折子戲。

## 三、主要參與京劇演員

本時期孕育期（1951～1979 年間）參與崑曲戲的京劇演員，雖各劇隊的京劇演員皆曾演出崑曲戲，然就演出頻率與比例來說，以大鵬及陸光為主。

此時期（1951～1979 年間）間，大鵬由於校內旦角雲集，便時常授以《牡丹亭・春香鬧學、遊園驚夢》兩折子，除可同時培養青衣、花旦演員，如徐露、古愛蓮、鈕方雨、楊丹麗、嚴蘭靜、高蕙蘭、邵珮瑜、郭小莊、孫麗虹、李璇、王鳳雲、井玉玲等人，互有主戲與配戲，也能藉此訓練大鵬的演員兼擅京崑的能力。大鵬演出的崑曲戲劇目以文戲為主，兼及刀馬旦、武旦的戲，如《扈家莊》、《昭君出塞》。同時兼及其他行當戲碼，如杜匡謖、陳玉俠、趙振華曾演《夜奔》、《安天會》、《鍾馗嫁妹》等戲。

而陸光以演武戲聞名，京崑的武戲在表演的連貫性與精彩度上，崑腔武戲略勝一籌，因此在此時期（1951～1979 年間）間，陸光的隊員便常演「無聲不歌、無動不舞」的崑腔武戲，以顯示演員個人唱念做打舞俱佳的能力，劇隊推出崑腔武戲也能顯示自家演員能歌善舞（武）、展現戲曲表演藝術實力堅強的一面。

# 第三節　承先啟後

本時期孕育期（1951～1979 年間）的重要崑曲戲學習演出及團體，影響下個時期奠基期（1980～1990 年間）京劇演員參與崑曲戲的發展。

## 一、京劇演員常演的崑曲戲

在國軍文藝中心輪檔公演中，《白水灘》與《挑滑車》兩齣武戲各領風騷，於 1951～1979 年間海光、陸光、復興三劇隊皆演出《白水灘》，《挑滑車》則為陸光於 1977～1979 年間，至少演出五次，是本期間演出次數最多的崑曲戲。再綜觀 1980～1990 年間的演出，大鵬、海光、陸光、復興、明駝各隊與此期間上演《白水灘》與《挑滑車》，可由此看出此兩齣武戲為臺灣京劇武生演員的常演崑曲戲的代表性劇目。本時期孕育期（1951～1979 年間）《白水灘》與《挑滑車》佔重要份量，〔註123〕象徵著臺灣培養京劇武生演員長靠、短打皆有所擅的野心。本時期（1951～1979 年間）演出崑曲戲最為頻繁的陸光國劇隊，演出的八齣戲〔註124〕中有七齣為武戲，武戲的劇目數量與演出次數比大鵬、海光、復興三隊多，也可由此見出陸光演出劇目偏擅武打端倪，而與武戲合拍的崑腔戲，自是以武戲為特色的陸光所不可或缺的，較其他劇隊常演崑曲戲可視為陸光於下個時期奠基期（1980～1990 年間），演出的崑曲劇目遠多於其他各隊的前兆。

## 二、京劇演員常參與團體

由曲友組織的「台北同期曲會」、「蓬瀛曲集」及曲友扶植的大專院校崑曲社，不定期舉辦彩唱演出，由於曲友的崑曲戲行當以生、旦為主，少部分兼及武生、淨、丑等，因此在籌措演出時，若希望演出劇目行當生旦淨丑兼容，或預計演出考驗唱念做打舞功夫的戲，則多特邀京劇演員一同演出，豐富了崑曲戲在臺灣的演出增添更多可能與精彩。

## 三、帶動京劇演員參與

由於此時期孕育期（1951～1979 年間）劇校（隊）培育京劇演員學崑曲戲，如常演文戲的大鵬、常演武戲的陸光，而與大鵬（第二期生入學約為 1955 年）成立時間相仿的復興（復字輩入學約為 1957 年）也不惶多讓，皆有意識地培養學生學習崑曲戲。本時期各劇校計畫性的培養校內學生學習崑曲戲，因此成為崑曲戲在臺灣演出進入下一個階段的契機。

---

〔註123〕見朱陸豪訪談：「《挑滑車》這戲很精彩，我在劇隊也常演，很受觀眾喜愛。」，林口金鑛咖啡，2013 年 12 月 20 日。
〔註124〕共演出《扈家莊》、《白水灘》、《挑滑車》、《雅觀樓》、《林沖夜奔》、《鐵籠山》、《昭君出塞》、《販馬記》。

　　1980 年由徐露演出《牡丹亭》堪稱為臺灣戲曲界一大盛事，主要原因與主演演員有關——徐露為臺灣本土培養京劇演員第一人——其京劇舞台成就與表現深受矚目。徐露不僅在京劇演出中有亮眼的表現，尚能跨足演出崑曲戲，從京劇跨劇種演出崑曲戲顯示臺灣培育京劇演員，依循過去兼擅崑亂的傳統，象徵著臺灣京劇演員養成教育的全面性。同時，新象於 1980 年所推出的《牡丹亭》，與之前的曲友公演不同，為臺灣崑曲史上第一次的大型崑曲製作售票公演，為崑曲界一大盛事。由第一位在臺培養京劇演員擔綱演出臺灣首次的大型崑曲製作，不但讓引頸期盼崑曲演出的戲迷一飽眼福，同時成為民間團體與京劇演員合作推出崑曲表演的濫觴，本時期培養京劇演員學習並演出崑曲戲的經驗，為下個時期崑曲戲演出的繁盛種下了契機。

## 小　結

　　本時期孕育期（1951～1979 年間）京劇演員延續京劇草創時期演員兼擅崑亂的傳統，以崑曲戲學習打底，在崑曲的基礎上，學習更多、更廣的京劇，並在以學習京劇為主的脈絡中，兼及崑曲的學習與演出。在劇校與劇團的培訓及演出外，京劇演員也參與民間的崑曲團體，因此京劇演員在臺灣崑曲演出史中，有其獨特而不可取代的地位。

# 第三章　奠基期（1980～1990 年）

　　小大鵬首位畢業生徐露，自 1951 年入小大鵬隨隊就讀，於劇隊坐科期間即習崑曲並公開演出。1980 年新象活動中心主辦《牡丹亭》大型公演，邀請已富盛名的徐露擔任女主角杜麗娘，並由優秀青年演員協力演出。演出頗獲好評，1984 年新象再邀徐露演《牡丹亭》，帶動原有的京戲迷觀看崑曲戲。1990 年水磨曲集初創時期邀劉玉麟、徐中菲、陳美蘭等演出《長生殿》、《還魂記》，為民間崑劇團策劃、由京劇演員主演的年度公演。本時期（1980～1990 年間）崑曲演出多次搬演《牡丹亭》，可由此推見京劇演員對此戲應不陌生，在劇校就讀期間即已接觸崑曲經典《牡丹亭》。本章以徐露演出《牡丹亭》為始，至水磨舉辦以京劇演員為主角的年度公演，探討臺灣京劇演員參與崑曲演出的現象。

　　本時期奠基期（1980～1990 年）由徐露主演由新象主辦的兩次崑曲《牡丹亭》售票演出，為京劇演員主演大型崑曲售票演出奠定基礎，後水磨創團演出曲友、京劇演員各半，故稱此期為「奠基期」。

## 第一節　重要演出事件

　　「新象活動中心」（新象文教基金會前身）成立於 1978 年，由許博允、樊曼儂伉儷攜手推出各項表演藝術活動。1980 年 3 月 17 日於國父紀念館舉辦

《牡丹亭》公演，〔註1〕演出《春香鬧學》〔註2〕及〈遊園驚夢〉〔註3〕兩折，
邀請徐露、劉玉麟、鈕方雨、王銀麗演出，徐露與劉玉麟為國內常演崑曲的
京劇演員，〔註4〕又請王鶯華、吳劍虹、馬元亮、杜匡謖及大鵬劇校學生一同
演出。〔註5〕由徐炎之、李芳桂、蘇盛軾、夏元增等共同排戲，徐露本次演出
也參考張善薌（徐炎之夫人）版加入臥魚身段，〔註6〕保留早期崑曲風貌，〔註
7〕與現今大陸崑劇團內所傳之〈遊園驚夢〉的路子不相同。此次陣容為一時
之選，為京劇演員首次在臺演出大製作崑曲公演，故以本事件做為京劇演員
參與崑曲演出新時期之始。

　　《春香鬧學》與〈遊園驚夢〉常是京劇演員最先接觸及最常演出的折子
戲，由於該二劇中杜麗娘（由青衣飾）與春香（由花旦飾）份量相當、相輔
相成，且可輪流主演磨練旦角演出實力，劇中杜麗娘展現對愛情的嚮往與渴
望、春香浪漫天真又調皮可愛，皆是正值青春年華的劇校生能感同身受的，

---

〔註1〕見新象活動推展中心主編，《國際藝術節：中國戲劇特刊——中國古典文學與
戲劇》（臺北市：新象活動推展中心，1980年）。

〔註2〕源自《牡丹亭還魂記》第六齣〈閨塾〉，現崑曲舞台上習稱〈學堂〉，由花旦
主演，為京劇演員演出全本《牡丹亭》時必演折子，如大鵬徐露演出時一趕
二——前春香（《春香鬧學》）、後杜麗娘（〈遊園驚夢〉），藉此展示其京、崑
與青衣、花旦兼擅的能力。

〔註3〕徐露之〈遊園驚夢〉習自朱琴心、白玉薇、徐炎之等，見徐露：〈我與戲劇〉，
收入新象活動推展中心主編《國際藝術節：中國戲劇特刊——中國古典文學
與戲劇》（臺北市：新象活動推展中心，1980年），頁27。

〔註4〕陳彬：〈姹紫嫣紅開遍寶島——台灣最熱門的崑曲名劇〈遊園驚夢〉〉，原載《中
國時報》，1992年10月3日。收入陳彬《我愛唱戲：優遊戲曲三十年》（台北
市：陳彬自費出版，1999年11月17日），頁248。

〔註5〕記載當時僅大鵬國劇隊能勝任演出〈驚夢〉中十二花神堆花橋段，過去由蘇
盛軾主排。申光常：〈看徐露主演「牡丹亭」感言——推展傳統國劇，向青年
觀樂進軍〉，《國劇月刊》40期（台北市：國劇月刊雜誌社，1980年4月1日），
頁26～28。

〔註6〕在〈遊園〉【皂羅袍】的「原來姹紫嫣紅開遍」一句，「紅」字蹲下、「開遍」
二字臥魚，唱完方起身；在【好姐姐】的「那牡丹雖好他春歸怎占的先，閒
凝眄生生燕語明如剪」二句，「先」字蹲下、「閒」字臥魚。在〈驚夢〉【山坡
羊】的「俺的睡情難見」一句，「睡情」二字蹲下、「難見」二字臥魚。見徐
露《牡丹亭》（下）演出錄影：14分30秒、18分、26分處。

〔註7〕見王志萍訪談：「徐老師主要教生旦戲，師母就教身段，師母教的身段非常繁
複，像〈遊園〉裡的杜麗娘還要『臥魚』！兩岸開放跟大陸老師交流後，發
現師母教的身段比傳字輩學的還早，是原汁原味的崑曲。」，台北蘭庭崑劇團
藝饗空間，2014年1月24日、2月7日。

較能體悟劇中人物心得，因此也適合芳齡十初頭的劇校生學習。而《牡丹亭·遊園驚夢》爲小生及旦行演員必學之崑曲經典，本折亦爲高蕙蘭一生中演出次數最多的崑曲，徐露、嚴蘭靜、王鳳雲、陳美蘭、楊春霞、華文漪等合作，其中與徐露、華文漪的合作堪稱經典。由於大鵬劇校旦角雲集，〈遊園〉爲雙旦戲，提供青衣、花旦學生良好的演練機會，小大鵬如徐露、鈕方雨、古愛蓮、嚴蘭靜、郭小莊、廖苑芬、王鳳雲等皆習此二劇，爲大鵬常演的崑曲折子戲。王鳳雲的〈遊園〉劇照也成爲《國劇月刊》第 103 期的封面，〔註8〕足見大鵬的〈遊園驚夢〉的經典代表性。

　　由於徐露演出《牡丹亭》，帶動了小大鵬學習〈驚夢〉一折花神的同場曲【鮑老催】與新增的「堆花」【畫眉序】、【滴溜子】、【五般宜】。花神扮相有一或十二花神之扮法，亦有十二月份花神版，〔註9〕男、女花神各半，生、旦、淨、丑各扮相兼備，後衍生出人數可自由增減的全旦角扮相版，〔註 10〕以隊形變換爲主，在穿梭來往之中，展現出花團錦簇的視覺效果。動作一致，透過人數眾多的場面顯出氣勢，藉此給予缺乏舞台經驗的學生上台機會，加強走台、群舞等基本功，帶有傳承、提攜的意味，也讓該劇主要演員能休息片刻。由於徐露隸屬於大鵬國劇隊，徐露參與新象演出《牡丹亭》時，便由小大鵬配演，因此此劇演出僅見於小大鵬。〔註 11〕不論是民間曲社或大專院校崑曲社排演〈驚夢〉花神，都曾延請蘇盛軾、夏元增、周陸麟主排，〔註 12〕爲京劇演員參與崑曲界表演的幕後角色，京劇演員能排崑曲龍套大場面，顯示出此劇在京班中並不陌生，應爲常演之戲。

　　於 1980 年國軍文藝中心的輪檔公演中，〔註13〕陸光推出《扈家莊》、《挑

---

〔註8〕許汶琪，《陳小潭《國劇月刊》研究》（國立中央大學中國文學系碩士論文，2013 年），頁 39。

〔註9〕劉淑麗，《《牡丹亭》接受史研究》（濟南：齊魯書社，2013 年 10 月），頁 242。

〔註10〕菊如：〈「奇冤報」與「遊園驚夢」〉（《華報》，1970 年 1 月 18 日）：「此劇大鵬演過多次，上花神時，計大花神一，十二月及閏月花神合爲十四人，再加八小花神春、夏、秋、冬、竹、蘭、梅、菊，共計廿二人，可稱波瀾壯闊，多采多姿。」。

〔註11〕見王鶯華、陳美蘭等人訪談。

〔註12〕陳彬：〈姹紫嫣紅開遍寶島──台灣最熱門的崑曲名劇〈遊園驚夢〉〉，原載《中國時報》，1992 年 10 月 3 日。收入陳彬《我愛唱戲：優遊戲曲三十年》（台北市：陳彬自費出版，1999 年 11 月 17 日），頁 249。

〔註13〕本段演出皆出自溫秋菊《臺灣平劇發展之研究》（臺北市：學藝出版社，1994 年 6 月）第七章中的表格，頁 235～386。

滑車》、《貞娥刺虎》，〔註14〕大鵬推出《牡丹亭》、《昭君出塞》、《武文華》，〔註15〕本年（1980 年）陸光跳脫以往（指 1977～1979 年間）演出京班中常演崑曲戲（武戲、吹腔、崑腔）的傳統，推出有別於以往、京班也常演的經典崑曲戲——《貞娥刺虎》，爲劇隊中少見的崑曲淨角戲演出之濫觴。

《青塚記‧出塞》又名《昭君出塞》，〔註16〕此戲有「唱死昭君，累（做）死王龍，翻死馬童。」之說。尚小雲在崑曲基礎上，欲一改往日青衣「捂著肚子傻唱」的印象，將此戲「文戲武唱」，〔註17〕融合了旦行的步法與武生的身段動作、重視腳步及圓場的運用，〔註18〕經過編排後成爲尚派代表劇目，也是京劇演員常演的崑腔戲。此劇不僅要求體能、武功，又需在繁忙的唱做中展現出人物形象，爲此戲的難處所在。戲曲舞台上，以昭君與關公的馬伕最見功夫，由武生或武丑應工，講究其翻騰跳躍的「翻」的表演及陪襯主角，如明駝的徐露、朱克榮組合，〔註19〕即爲此劇的絕佳組合。同時，戲中昭君、王龍、馬童三人的舞蹈動作畫面美也不容忽視，如陸光的《昭君出塞》組合：

> 《昭君出塞》由「張家班」出身的張義鵬演馬夫，三人組合載歌載舞，身段繁複令人目不暇給，張正芬文武兼擅的功夫全然展現，吳劍虹所飾的御弟王龍在悲喜之間做表轉換得宜，因而一股悲涼沉重的氣氛從熱鬧的表演中隱隱透出。〔註20〕

昭君於此劇中「無聲不歌、無動不舞」的唱作功力，王龍與馬夫同場襯托的配戲做打份量也不輕，此戲可突顯劇隊演出人才濟濟，生旦武功皆所當行，因此爲劇隊常演劇目。於國軍文藝中心的輪檔公演中，劇隊聯合推出此戲，

---

〔註14〕 1980 年 1 月 14 日演出《扈家莊》（李陸齡、朱陸豪），8 月 26～31 日演出《挑滑車》（朱陸豪）、《貞娥刺虎》（胡陸蕙）。

〔註15〕 1980 年 6 月 22 日～7 月 2 日演出〈遊園驚夢〉（廖苑芬），7 月 30 日演出《昭君出塞》（王鳳雲、杜匡稷、趙振華），12 月 29 日演出《武文華》（陳玉俠、朱錦榮），12 月 31 日演出《牡丹亭》（王齡蘭、朱芳慧、王鳳雲）。

〔註16〕 見林佳儀：〈《綴白裘》之〈昭君出塞〉劇作淵源與流播〉，收入《臺灣音樂研究》第三期（臺北：中華民國民族音樂學會，2006 年 4 月），頁 143～165。

〔註17〕 李伶伶，《尚小雲全傳》（北京：中國青年出版社，2009 年 6 月），頁 104。

〔註18〕 孫藝嘉：〈尚小雲在《昭君出塞》中表演藝術淺析〉，《北方文學》（中旬刊）2013 年 6 期（黑龍江：黑龍江省作家協會，2013 年 10 月），頁 121。

〔註19〕 李殿魁、劉慧芬編，《露華凝香——徐露京劇藝術生命紀實》（宜蘭：國立傳統藝術中心，2006 年），頁 38。

〔註20〕 王安祈，《臺灣京劇五十年》（宜蘭：國立傳統藝術中心，2002 年），頁 69。

藉由武行演員的合作演出，彰顯各劇隊人才豐富。同時，《昭君出塞》也爲陸光、海光於 1982 年第十八屆的三軍競賽戲劇目，陸光於 1984 年第二十屆三軍競賽戲再推《昭君出塞》，可見此戲唱作表演精彩，極具代表性，故能雀屏中選爲競賽戲與其他劇隊一較高下。而梁秀娟、吳劍虹《昭君出塞》的劇照，分爲《國劇月刊》第 126、128 期的封面，〔註21〕兩劇隊於輪檔公演中《昭君出塞》的演出次數也不相上下，可見復興與陸光兩劇隊同擅演此劇。

新象活動推展中心於 1980 年 10 月主辦第一屆「國際藝術節」，由徐露、高蕙蘭、王鳳雲主演《牡丹亭》，地點是國父紀念館，由小大鵬擔任〈驚夢〉花神，〔註22〕爲臺灣首位本土培養京劇演員擔綱大製作崑曲戲主演的重要戲曲史事件。後以相同人馬於 1982 年再度獻演。

1980 年徐露與高蕙蘭於國父紀念館演出新編崑劇《釵頭鳳》，此次合演開啓了高蕙蘭與崑曲的緣份，並於 1997 年與華文漪再度合演本劇。〔註23〕

於 1981 年國軍文藝中心的輪檔公演中，〔註24〕明駝推出《挑滑車》、《扈家莊》、《販馬記》，〔註25〕劇隊聯演《白水灘》、《挑滑車》，〔註26〕復興推出《昭君出塞》、《春香鬧學》、〈刺虎〉、《挑滑車》、〈夜奔〉、《獅吼記》、《大賜福》（即《天仙賜福》）、《風箏誤》，〔註27〕陸光推出《白水灘》、《思凡下山》、

---

〔註21〕 許汶琪《陳小潭《國劇月刊》研究》（國立中央大學中國文學系碩士論文，2013年），頁 40。

〔註22〕 見王鶯華訪談：「就讀大鵬劇校時，徐露徐姐演《牡丹亭》時，通通都是我們的小花神，我們都會唱，那些通通都是曲牌課教的、學的。」，內湖愛買肯德基，2014 年 2 月 28 日。

〔註23〕 〈京劇名角高蕙蘭肺癌病逝夏威夷〉（《大紀元》，2001 年 9 月 20 日），http://www.epochtimes.com/b5/1/9/20/c6091.htm，2014 年 4 月 12 日最後檢索。

〔註24〕 本段演出皆出自溫秋菊《臺灣平劇發展之研究》（臺北市：學藝出版社，1994年 6 月）第七章中的表格，頁 387～404。

〔註25〕 1981 年 1 月 7 日演出《挑滑車》（張遠亭），4 月 10～16 日演出《扈家莊》（翁中芹），6 月 8 日演出《販馬記》（趙復芬、孫麗虹）。

〔註26〕 1981 年 1 月 20 日演出《白水灘》（陸光、海光、大鵬、明駝、復興各隊隊員），10 月 27 日演出《挑滑車》（李環春、趙振華、陳玉俠、朱國平、楊文法）。

〔註27〕 1981 年 3 月 5 日演出《昭君出塞》（徐中菲、毛復奎），7 月 5 日演出《春香鬧學》（陳復彬、周傳霈）、〈刺虎〉（徐中菲、齊復強），8 月 18 日演出《昭君出塞》（徐中菲、丁中保、毛復奎），8 月 23 日演出《挑滑車》（翟化信、章復年），8 月 25 日崑曲之夜演出〈夜奔〉（林族興、藍族瀚）、《獅吼記·梳妝、跪池》（程景祥、曹復永、葉復潤），11 月 13 日演出《大賜福》（那族克、朱倫芳、陳族琦）、《風箏誤》（白傳鶯、周傳霈、丁中保等）。

《金山寺》、《販馬記》、《扈家莊》、〈夜奔〉，〔註28〕大鵬推出《蜈蚣嶺》，〔註29〕海光推出《金山寺》、《挑滑車》、《販馬記》。〔註30〕本年（1981年）海光與陸光前後演出《金山寺》，頗有互相較勁意味，且《金山寺》中需大隊龍套，給予年輕學子舞台實踐機會。〔註31〕復興的〈刺虎〉由王振祖親傳，〔註32〕並演出《獅吼記》、《風箏誤》兩齣別開生面的崑曲劇目，演出別隊所未演的戲碼吸引上座，為上座考量又以劇情親民的「戲保人」崑曲戲為演出劇目。

　　臺大崑曲社於1983年的公演中，邀請周陸麟、李光玉演出《孽海記‧下山》，〔註33〕為少數大專院校崑曲社團邀請京劇演員參與的公演。

　　臺灣師範大學崑曲社（簡稱「師大崑曲社」）成立於1956年8月，〔註34〕由「小同期」曲友夏煥新指導，因此師大崑曲社同學在學期間與畢業後，參與小曲會的清唱與公演活動，成為「蓬瀛曲集」的成員。師大崑曲社（蓬瀛曲集支援演出）不定期舉辦國劇欣賞會，邀請京劇演員一同演出，如1981年第三〇七次演出〈三星獻瑞〉、〔註35〕1983年第三四〇次演出《義妖記‧斷橋》、〔註36〕1984年第三五四次演出《奇雙會》、〔註37〕1985年夏煥新教授八秩華誕慶祝晚會演出〈瑞壽呈祥〉、《扈家莊》、〔註38〕1987年師大四十一週年

---

〔註28〕1981年3月21日演出《白水灘》（張光禧、朱陸豪、劉光桐、林陸霞）、《思凡下山》（李光玉、周陸麟），5月15日演出《金山寺‧水鬥、斷橋、祭塔》（李陸齡、胡陸蕙、吳陸君），7月10日演出《思凡下山》（李光玉、周陸麟），7月13日演出《販馬記》（胡陸蕙、劉陸嫻），8月30日演出《扈家莊》（李陸齡、汪勝光），12月6～15日演出〈夜奔〉（陳勝瑞）、《白水灘》（朱陸豪）。

〔註29〕1981年4月1日演出《昭君出塞》（孫元彬、鍾福仁）。

〔註30〕1981年6月15日演出《金山寺》（沈海蓉、葉海芳、魏海敏），6月23日演出《挑滑車》（李環春、魏海敏），12月17～25日演出《販馬記》（魏海敏、劉玉麟）。

〔註31〕見朱勝麗訪談：「秦慧芬老師也教崑曲《金山寺》，有【喜遷鶯】、【水仙子】等。」，木柵星巴克，2014年1月3日。

〔註32〕王安祈，《臺灣京劇五十年》下冊（宜蘭：國立傳統藝術中心，2002年），頁418。

〔註33〕1983年5月9日於台灣大學校總區活動中心大禮堂。

〔註34〕本段之演出皆引用自台灣師大崑曲社部落格 http://blog.yam.com/ntnukung/category/2102352，2014年4月21日最後檢索。

〔註35〕1981年11月16日於實踐堂，漢鐘離、張果老、李鐵拐、大靈官由復興劇校演員演出。

〔註36〕1983年12月28日於實踐堂，何興義飾船伕。

〔註37〕1984年11月6日於實踐堂，何興義飾禁卒與胡巡捕官。

〔註38〕1985年4月27日於實踐堂，何興義飾李鐵拐、杜道誠飾王英。

校慶演出《販馬記》﹝註 39﹞等，為本時期（1980～1990 年間）與京劇演員頻繁接觸的大學崑曲社團。

　　1981 年復興劇校校長劉伯祺籌劃「復興國劇團附屬崑曲傳習社」，由鍾傳幸擔任社長，﹝註 40﹞延請徐炎之、許聞珮、夏煥新、田士林等拍曲，由張惠新、﹝註 41﹞宋泮萍﹝註 42﹞指導身段，程景祥、嚴蘭靜、曹復永等曾參與演出。復興國劇團及復興劇校於輪檔公演中推出崑曲之夜，7 月 5 日首度推出，﹝註 43﹞由陳復彬、周傳霈演出《春香鬧學》，徐中菲、齊復強演出〈刺虎〉；8 月 25 日二度推出崑曲之夜，﹝註 44﹞由李族興、藍族瀚演出《夜奔》，程景祥、曹復永、葉復潤演出《獅吼記‧梳妝、跪池》；又於 11 月 13 日演出《風箏誤‧驚醜、前親、後親》；﹝註 45﹞隔年 3 月 26 日再度推出崑曲之夜，﹝註 46﹞由翁中芹演出《扈家莊》，周傳霈、陳復彬演出《春香鬧學》，趙復芬、周傳霈、曹復永演出《遊園驚夢》。崑曲研習社的社團學習、演出活動雖未及一載，致力於增進復興國劇團團員的崑曲戲演出經歷，展現保留於京班的崑曲戲樣貌，為臺灣難得可見由京劇演員發起的崑曲演出。

　　於 1982 年國軍文藝中心的輪檔公演中，﹝註 47﹞大鵬推出〈遊園驚夢〉、《扈家莊》、《夜奔》、《安天會》、《蜈蚣嶺》，﹝註 48﹞陸光推出《挑滑車》、《白水灘》、

---

﹝註 39﹞ 1987 年 5 月 29 日於國立台灣師範大學大禮堂，何興義飾禁卒、胡老爺。

﹝註 40﹞ 鍾傳幸謙稱此舉為當年為所當為之事，未受訪。

﹝註 41﹞ 張惠新夫婿王希一表示當年張惠新為此研習班的助理，張惠新、朱惠良、曹志連曾於第二次崑曲之夜合演〈佳期〉。

﹝註 42﹞ 宋泮萍指當年所舉謹為遵從徐炎之老師之指示，在徐炎之拍曲後，指導鍾傳幸、鄭黛瓊《長生殿‧小宴》及李光玉《思凡》的身段。

﹝註 43﹞ 1981 年 7 月 5 日於國軍文藝中心。

﹝註 44﹞ 1981 年 8 月 25 日於國軍文藝中心。見江秋：〈看「復興」第二次崑曲之夜〉，《國劇月刊》60 期（台北市：國劇月刊雜誌社，1981 年 12 月 5 日），頁 46～49。

﹝註 45﹞ 1981 年 11 月 13 日於國軍文藝中心，徐炎之與許聞珮指導，那族克、朱倫芳、陳族琦、白傳鶯、周傳霈、丁中保、朱化珍、萬興民同演。見江秋〈看「崑曲之夜」談「風箏誤」〉《國劇月刊》62 期，台北市：國劇月刊雜誌社，1982年 2 月 5 日），頁 27～31。見丁中保訪談，內湖戲曲學院圖書館，2014 年 5月 14 日。

﹝註 46﹞ 1982 年 3 月 26 日於國軍文藝中心。

﹝註 47﹞ 本段演出皆出自溫秋菊《臺灣平劇發展之研究》（臺北市：學藝出版社，1994年 6 月）第七章中的表格，頁 406～418。

﹝註 48﹞ 1982 年 1 月 23 日演出〈遊園驚夢〉（嚴蘭靜、王鳳雲、高蕙蘭），5 月 16 日演出《扈家莊》（楊蓮英、張富椿、趙振華、楊連雄），6 月 23 日《夜奔》（陳玉俠、鍾福仁），8 月 8 日演出《安天會》（孫元彬）、《蜈蚣嶺》（陳玉俠）。

《扈家莊》、《昭君出塞》，〔註 49〕海光推出《挑滑車》，〔註 50〕復興推出《扈家莊》、《春香鬧學》、〈遊園驚夢〉，〔註 51〕劇隊聯演《昭君出塞》。〔註 52〕本（1982）年四劇隊的崑曲戲演出皆為京班中常演劇目，惟大鵬的《安天會》一劇為猴戲演出，不同於重視做打表現的武戲，重視演員的做表，唯妙唯肖的猴樣考驗演員演技精湛的程度。

1982 年大鵬推出由徐露、高蕙蘭、謝景莘、王鳴兆合演的《奇雙會》，〔註 53〕此次與 1979 年同樣由徐露主演，然趙寵已由劉玉麟改為新銳小生演員高蕙蘭，可見大鵬欲培養新秀交接，接連由小大鵬入隊的新隊員主演，大鵬中生代提攜新生代之美意可見於此。

軍中競賽戲，各隊為求表現，在眾多劇目中，各有考量，既展現各隊演員優勢，又能獲好評為優先。1982 年大鵬推出《通天犀》、海光與陸光推出《昭君出塞》一較高下，1983 年大鵬推出《鍾馗嫁妹》，1984 年海光推出《白水灘》、陸光推出《界牌關》、《昭君出塞》。〔註 54〕與前後幾屆軍中競賽戲相比，這三年間競賽劇目較多，以往為一年兩戲、以後為一年一戲，而 1982～1984 年間的戲碼三軍皆有四齣戲，因此戲碼的選擇上彈性較以往為高。從戲單能看出三軍在推出競賽戲競演時，對於奪獎的野心，因此推出京班常演的崑腔武戲做為競賽劇目「應戰」，藉由能夠歌舞（武）合一的曲牌以連貫表演，動作和唱腔嚴絲合縫，舞打得越熱烈、唱得也越激烈，無絲毫懈怠，崑曲武戲具展現全方位唱念做打舞功力的特色，想是各隊欲於競賽戲中展露頭角、展現演員能耐故而推出。

---

〔註 49〕1982 年 2 月 9～18 日演出《挑滑車》（朱陸豪），4 月 25 日演出《白水灘》（汪勝光、李勝平），7 月 10 日演出《挑滑車》（汪勝光、陳勝瑞、王勝賢、李勝平），7 月 14 日《扈家莊》（朱勝麗、李勝平），10 月 3 日演出《昭君出塞》（朱勝麗、楊勝成、林勝發）。

〔註 50〕1982 年 8 月 20 日演出《挑滑車》（李環春）。

〔註 51〕1982 年 3 月 26 日演出《扈家莊》（翁中芹）、《春香鬧學》（周傳霈、陳復彬）、〈遊園驚夢〉（趙復芬、周傳霈、曹復永）。

〔註 52〕1982 年 4 月陸光、海光、大鵬、明駝國劇隊、復興劇團聯合演出《昭君出塞》。

〔註 53〕1982 年 2 月 27 日，本場演出錄影可見 http://www.youtube.com/watch?v=0D2Q2dYWr-Q、http://www.youtube.com/watch?v=B1f8XvPMbeY，2014 年 4 月 16 日最後檢索。

〔註 54〕韓仁先《台灣當代新編京劇劇作藝術之研究（1949～2005）》（中國文化大學中國文學系博士論文，2006 年 5 月），頁 95。

於 1983 年國軍文藝中心的輪檔公演中，〔註55〕大鵬推出〈遊園驚夢〉、《挑滑車》，〔註56〕復興推出《挑滑車》、《昭君出塞》、《安天會》、《白水灘》、《石秀探莊》、《扈家莊》，〔註57〕明駝推出《挑滑車》、《小賜福》（即《天官賜福》）、《白水灘》、《蜈蚣嶺》，〔註58〕陸光推出《挑滑車》、《安天會》、《鐵籠山》、《昭君出塞》、《白水灘》，〔註59〕海光推出《挑滑車》、《販馬記》。〔註60〕本（1983）年復興與陸光不讓大鵬專美於前，接連推出《安天會》以顯示各劇隊的武生本色。

於 1984 年國軍文藝中心的輪檔公演中，〔註61〕聯隊推出《天官賜福》，〔註62〕陸光推出《昭君出塞》、《白水灘》、《思凡下山》、《挑滑車》、《界牌關》，〔註63〕

---

〔註55〕 本段演出皆出自溫秋菊《臺灣平劇發展之研究》（臺北市：學藝出版社，1994年 6 月）第七章中的表格，頁 424～451。

〔註56〕 1983 年 1 月 9～19 日演出〈遊園驚夢〉（王鳳雲），11 月 15 日演出《挑滑車》（趙振華、張富椿）。

〔註57〕 1983 年 2 月 4～10 日演出《挑滑車》（張復建、毛復海、齊復強、李中堅）、《昭君出塞》（張發珍、張化宇）、《安天會》（毛復海、馬維勝、齊復強）、《白水灘》（翁中芹），4 月 16 日演出《石秀探莊》（周民琦）、《扈家莊》（官揚晶），6 月 9 日演出《挑滑車》（丁揚國、趙揚強），12 月 10～16 日演出《扈家莊》（翁中芹、齊復強、章復年、瞿化信）。

〔註58〕 1983 年 4 月 4 日演出《挑滑車》（馬寶山、張學武、王少洲），4 月 5 日演出《小賜福》（張素琴），5 月 23、25 日演出《小賜福》（張素琴），5 月 28 日演出《白水灘》（馬寶山、王冠強），7 月 20 日演出《蜈蚣嶺》（王冠強、馬寶山），7 月 23 日演出《挑滑車》（馬寶山、王少洲、張義本、張學武、焦茂如）。

〔註59〕 1983 年 5 月 2 日演出《挑滑車》（朱陸豪、劉光桐），5 月 6 日演出《安天會》（朱陸豪、馬維勝），6 月 21 日演出《鐵籠山》（朱陸豪、劉光桐），6 月 22日演出《昭君出塞》（朱勝麗、吳劍虹），8 月 19 日演出《白水灘》（朱陸豪、李勝平、閔光興、徐志文），11 月 4 日演出《挑滑車》（朱陸豪、劉陸勳）。

〔註60〕 1983 年 7 月 17 日演出《挑滑車》（李環春、劉小地、張慧川、李海雄）、《販馬記》（謝景莘、魏海敏、劉玉麟、陳青貞）。

〔註61〕 本段演出皆出自溫秋菊《臺灣平劇發展之研究》（臺北市：學藝出版社，1994年 6 月）第七章中的表格，頁 453～467。

〔註62〕 1984 年 2 月 16 日演出《天官賜福》（張義奎、楊傳英、劉光桐、郭勝媛、孫勝琦、張光鳴、錢陸正、李勝平、汪勝光等），3 月 4 日演出《天官賜福》（葉復潤、李憶平、張鴻福、張大鵬、孫麗虹、高德松）。

〔註63〕 1984 年 2 月 19 日演出《昭君出塞》（吳劍虹、朱勝麗、張光禧），3 月 21 日演出《白水灘》（張光禧、林陸霞、朱陸豪、劉光桐）、《思凡下山》（李光玉、周陸麟），7 月 3 日演出《挑滑車》（汪勝光、張光鳴、張義奎），10 月 7 日演出《昭君出塞》（未註明）、《界牌關》（程利仁、黃利國）。

海光推出《挑滑車》、《白水灘》，〔註64〕大鵬推出《白水灘》、《扈家莊》、《牡丹亭》，〔註65〕復興推出《雅觀樓》、《扈家莊》。〔註66〕本（1984）年陸光首演武戲《界牌關》，與往年（1977～1983年）各劇隊所推出的崑曲有所不同，與《挑滑車》同為長靠武生戲，卻因角色帶傷批掛上陣，有許多精彩武功做打的展現。劇隊聯演則首次於新春開箱戲聯合推出《天官賜福》。

　　1984年9月16、17日於國父紀念館推出新象由白先勇製作的《牡丹亭》，〔註67〕由徐炎之指導，徐露、高蕙蘭、馬元亮領銜演出，徐露一趕二分飾〈春香鬧學〉春香（王銀麗飾杜麗娘、馬元亮飾陳最良）與〈遊園驚夢〉杜麗娘（王鳳雲飾春香、高蕙蘭飾柳夢梅、杜匡稷飾睡魔神、朱錦榮等飾花神）。〔註68〕這樣的角色安排比較接近京劇由角兒挑樑的演法。由小大鵬擔任〈驚夢〉的花神，花團錦簇、熱鬧非凡，小大鵬畢業的陳美蘭回憶〈驚夢〉演出：

> 我們來花神，代表每個月不同的花以生旦淨丑不同扮相的角色，在國父紀念館演出、場面浩大，覺得很不得了，而且花神是男女老少、各種角色都有。〔註69〕

以十二月份扮像、手持代表各月份的花束，由於大鵬國劇隊旦角雲集，不乏優秀小生、旦角演員，因此常演崑曲戲，演出時由隊員擔任主角、小大鵬配演龍套，大鵬包辦了一臺戲的各角，因此為當時常演崑曲戲之國劇隊。

　　原隸屬於藝工總隊的國光綜藝訓練班，隸屬國防部，1981年獲准立案，代辦由中華文化復興運動推行委員會（簡稱「文復會」）主持的國劇文武場訓練班。1985年7月小陸光、小大鵬、小海光三校整併合一後始設國劇組，共

---

〔註64〕1984年2月26日～3月6日演出《挑滑車》（李環春），10月3日演出《白水灘》（張慧川、劉慶昇、吳國志）。

〔註65〕1984年3月7日演出《白水灘》（趙振華），11月29日～12月7日《扈家莊》（王秋娟）、《牡丹亭》（王鳳雲、廖苑芬）。

〔註66〕1984年6月18日演出《雅觀樓》（陳民君、黃族發）、《扈家莊》（李民蘭），12月8～16日演出《雅觀樓》（張倫南）。

〔註67〕見徐露演出年表。李殿魁、劉慧芬編，《露華凝香——徐露京劇藝術生命紀實》（宜蘭：國立傳統藝術中心，2006年）。

〔註68〕徐露：〈再續牡丹情〉，原載於《聯合報》1984年9月8日副刊，收入李殿魁、劉慧芬編，《露華凝香——徐露京劇藝術生命紀實》（宜蘭：國立傳統藝術中心，2006年），頁174。

〔註69〕陳美蘭訪談，木柵戲曲學院國光劇團二樓演員休息室，2014年3月13日。

收七期（後併入國立臺灣戲曲專科學校），由張鳴福等教授曲牌課，〔註70〕延續自三軍及復興劇校的曲牌課傳統。

於1985年國軍文藝中心的輪檔公演中，〔註71〕大鵬推出〈彈詞〉，〔註72〕陸光推出《挑滑車》、《鐵籠山》、《天官賜福》，〔註73〕復興推出《昭君出塞》、《扈家莊》，〔註74〕聯隊推出《奇雙會》、《大賜福》，〔註75〕海光推出《天官賜福》，〔註76〕國光藝校推出《天官賜福》。〔註77〕本（1985）年大鵬推出老生為主角的〈彈詞〉，顯示出劇隊老生演員兼擅崑亂的能力。同時在甲子年歲末，劇隊聯合推出封箱戲《奇雙會》，此劇不側重某一角色，不論老生、小生、旦角皆為要角，無主從之分，適合劇隊聯演推出，以展現各隊演員旗鼓相當的唱作功力，也能顯示各劇隊實力不分軒輊。又因團圓收場，象徵告別過去一年的不愉快，共同展望新年新氣象。

於1986年國軍文藝中心的輪檔公演中，〔註78〕海光推出《挑滑車》、《林沖夜奔》，〔註79〕復興推出《挑滑車》、《林沖夜奔》，〔註80〕大鵬推出《雅觀樓》、《界牌關》，〔註81〕聯隊演出《天官賜福》、《販馬記》、《林沖夜奔》。

〔註70〕 見陳長燕訪談：「學過《天官賜福》，算開蒙戲，由張鳴福老師教，那時我演織女，詞兒很少，只是要唱很多曲牌。」，木柵戲曲學院國光劇團排練場，2014年1月20日。

〔註71〕 本段演出皆出自溫秋菊《臺灣平劇發展之研究》（臺北市：學藝出版社，1994年6月）第七章中的表格，頁468～472。

〔註72〕 1985年1月3～13日演出〈彈詞〉（崔富芝）。

〔註73〕 1985年1月16～25日演出《挑滑車》（朱陸豪、汪勝光）、《鐵籠山》（朱陸豪），3月7～14日演出《天官賜福》（未註明）。

〔註74〕 1985年1月26日～2月4日演出《昭君出塞》（李族顯、李族興）、《扈家莊》（秦理俊、喻族雄）。

〔註75〕 1985年2月12～17日演出《奇雙會》（高蕙蘭、孫麗虹、劉陸嫻、呂海琴、徐露、哈元章）、《大賜福》（楊傳英）。

〔註76〕 1985年3月24日演出《天官賜福》（未註明）。

〔註77〕 1985年10月23日演出《天官賜福》（張家麟、文聖成、梁天衛、王曉華），10月25日演出《天官賜福》（張家麟、文聖成、尹美瑜、金素娟）。

〔註78〕 本段演出皆出自溫秋菊《臺灣平劇發展之研究》（臺北市：學藝出版社，1994年6月）第七章中的表格，頁478～494。

〔註79〕 1986年3月11日演出《挑滑車》（李環春、張慧川、王冠強），11月25日演出《林沖夜奔》（李環春、張慧川）。

〔註80〕 1986年3月28日演出《挑滑車》（毛復海、章復年、章復強），8月27日演出《林沖夜奔》（毛復海、李中堅、譚傳興）。

〔註81〕 1986年6月15日演出《雅觀樓》（彭小仙、李郁儀、宋陵生、鍾福仁），12月3日《界牌關》（瞿化信、鍾福仁）。

〔註 82〕本（1986）年各隊的崑曲戲以武戲為主，陸光雖未演長靠武生戲，然往年（1980～1985 年）多次演出《挑滑車》，兼演長靠、短打與箭衣等武生戲，該劇隊武生全才已是昭然若揭的事實，因此可見其餘劇隊欲迎頭趕上的努力。

　　徐露於 1986 年自組徐露劇場，赴美國、加拿大演出，演出劇目中有京有崑，與高蕙蘭合演《牡丹亭‧遊園驚夢》，〔註 83〕頗有效仿當年梅蘭芳赴海外演出劇目含崑曲舊例之意，藉以顯示自身兼擅崑亂的靈活演出能力，彰顯出臺灣京劇演員在來臺後的劇藝訓練依舊循崑亂兼擅的路線培養京劇演員，不遜色於大陸京劇演員。

　　於 1987 年國軍文藝中心的輪檔公演中，〔註 84〕陸光推出《挑滑車》，〔註 85〕海光推出《挑滑車》、《奇雙會》。〔註 86〕

　　1987 年 6 月由徐炎之（1897～1989）在臺弟子為祝賀老師九十華誕，成立水磨曲集崑劇團（簡稱「水磨曲集」或「水磨」），為臺灣第一個崑曲劇團，團員由徐炎之在臺弟子組成，包含菊壇門生如劉玉麟、高蕙蘭、陳美蘭、徐中菲等，首任團長為曲友蕭本耀。延續徐炎之與張善薌共創的大同期定期曲會活動，並輔導各大專院校的崑曲社。8 月底於臺北國軍文藝中心舉行創團演出，〔註 87〕慶祝徐炎之九秩嵩壽，曲友與京劇演員聯合演出，由朱陸豪演

---

〔註 82〕1986 年 10 月 31 日演出《天官賜福》（高健國、文聖源、馮德惠、尹美瑜、金素娟、葉惟鈞），11 月 6 日演出《販馬記》（謝景莘、趙復芬、高蕙蘭、吳劍虹、朱化珍），11 月 8 日演出《林沖夜奔》（朱陸豪、劉光桐、張光鳴、李勝平、劉陸勳）。

〔註 83〕1985 年 11 月 19 日演出〈遊園驚夢〉、《生死恨》、《汾河灣》、《天女散花》，1987 年 1 月 9 日演出〈遊園驚夢〉、《坐宮》、《韓玉娘》、《汾河灣》。柳夢梅由高蕙蘭擔任，見溫秋菊《臺灣平劇發展之研究》（臺北市：學藝出版社，1994 年 6 月），頁 235、236。相關記載見〈徐露自組「徐露劇場」〉（《國劇月刊》109 期，1986 年 1 月 5 日），頁 30；林珊〈海外報導：觀徐露紐約演出〉（《國劇月刊》114 期，1986 年 6 月 5 日），頁 34～38。

〔註 84〕本段演出皆出自溫秋菊《臺灣平劇發展之研究》（臺北市：學藝出版社，1994 年 6 月）第七章中的表格，頁 496～501。

〔註 85〕1987 年 5 月 17 日演出《挑滑車》（汪勝光、劉光桐）。

〔註 86〕1987 年 3 月 2 日演出《挑滑車》（馬寶山、張慧川、劉玉麟、王冠強），3 月 7 日演出《奇雙會》（謝景莘、魏海敏、馬玉琪、劉復學、呂海琴、王正廉）。

〔註 87〕1987 年 8 月 30 日演出〈上壽〉、《水滸記‧借茶》、《牡丹亭‧遊園、驚夢、拾畫》、《寶劍記‧夜奔》，8 月 31 日演出《雷峰塔‧斷橋》、《琵琶記‧掃松》、〈思凡〉、〈下山〉、《鐵冠圖‧刺虎》，除〈夜奔〉、〈下山〉與〈刺虎〉外皆由曲友演出。

出《寶劍記・夜奔》、周陸麟演出〈下山〉、徐中菲與齊復強演出《鐵冠圖・刺虎》。在臺灣成立的第一個崑劇團的首次公演中，由京劇演員與曲友共同推出經典折子戲，意義非凡，顯示出崑曲在臺灣的發展爲京劇界與曲界並行發展。

　　〈夜奔〉爲崑曲武生獨角戲，此戲列爲武生開蒙戲之因，爲可熟練唱念做打舞的綜合運用，也能掌握武生行當中的基本套式。雖是開蒙戲但不代表是輕鬆、易學的，做表繁複且需充分揣摩林沖的心情、刻劃人物，依演員個人嗓音腰腿條件及心境體悟而修改，〔註 88〕隨著閱歷的增加而有不同的體悟，實是演員一生都需揣摩、鑽研的重要戲碼。因此早期擅演武戲的陸光國劇隊以此做爲號召，如李環春演〈夜奔〉頗獲好評，〔註 89〕該戲可貴之處在於一能展現演員個人能耐，二能迎合觀眾觀賞喜好，因此劇隊也樂於推出。

　　於 1988 年國軍文藝中心的輪檔公演中，〔註 90〕陸光推出《扈家莊》、《挑滑車》，〔註 91〕大鵬推出《挑滑車》，〔註 92〕復興推出《白水灘》，〔註 93〕國光藝校推出《挑滑車》、《白水灘》、《昭君出塞》。〔註 94〕本（1988）年大鵬、陸光、復興三劇隊的崑曲演出文武戲兼備，展現各劇隊青年演員的文武崑亂兼擅的演出實力。同時，國光藝校繼 1985 年《天官賜福》後，繼續推出京班其餘常演的崑腔武戲，呈現三軍劇校整併後，仍繼承過去兼擅崑亂的京劇教學傳統。

---

〔註 88〕見朱陸豪訪談：「從美國普林斯頓大學到臺大客座的高友工教授，給我從頭到尾每一段、每個典故都給我說了，跟說我每段唱的風景和人物心情間的關係，我才慢慢地懂得了林沖的心情，才不只是演唱崑曲和展現武功而已，之後愈演愈有感觸，對林沖那種悲劇人物的性格有更多的欣賞。」，林口金鑛咖啡，2013 年 12 月 20 日。

〔註 89〕王安祈，《臺灣京劇五十年》（宜蘭：國立傳統藝術中心，2002 年），頁 69。

〔註 90〕本段演出皆出自溫秋菊《臺灣平劇發展之研究》（臺北市：學藝出版社，1994年 6 月）第七章中的表格，頁 502～592。

〔註 91〕1988 年 5 月 21 日演出《扈家莊》（劉嘉玉、王勝全、林勝發），5 月 22 日演出《挑滑車》（朱陸豪、劉光桐、張光鳴、李勝平、張義奎）。

〔註 92〕1988 年 8 月 29 日演出《挑滑車》（張富椿、汪勝光、趙振華、胡昌橋）。

〔註 93〕1988 年 10 月 30 日演出《白水灘》（杜大源、魏聲忠）。

〔註 94〕1988 年 6 月 17 日演出《挑滑車》（胡衛民、黃志生、周良偉、李清輝、趙裕賢），6 月 20 日演出《白水灘》（李慧珠、丁俊豪、蔡忠紋、董秀玲、孫元成），6 月 23 日演出《昭君出塞》（周麗兒、陳嘉麗、謝冠生、黃志生、鄔昌慈）。

　　於 1989 年國軍文藝中心的輪檔公演中，〔註95〕海光推出《奇雙會》，〔註96〕本年度劇隊的崑曲戲演出記錄較少。

　　1989 年 8 月水磨推出第二次公演，〔註97〕演出人員為兩岸曲友與京劇演員，由海光劉玉麟飾演〈哭像〉的唐明皇。

　　於 1990 年國軍文藝中心的輪檔公演中，〔註98〕陸光推出《天官賜福》、《界牌關》、《挑華車》（即《挑滑車》）、《白水灘》，〔註99〕國光藝校推出《扈家莊》，〔註100〕大鵬推出《大賜福》、《昭君出塞》，〔註101〕盛蘭推出《醉打山門》、《奇雙會》。〔註102〕本（1990）年陸光國劇隊推出京班中常演的各種類型的崑曲戲。盛蘭國劇團則推出崑曲經典淨角戲《醉打山門》，〔註103〕在醉態中練拳，展現臺灣京劇淨角演員演出崑曲耗功戲的能力。

　　水磨曲集初期公演不乏京劇演員參與，如 1990 年獲文建會補助，邀請劉玉麟、徐中菲、邱海訓、莊青明、王冠強演出《長生殿》，〔註104〕高蕙蘭、陳美蘭、王菁、莊青明演出《還魂記》，〔註105〕此次演出為陳美蘭初次接觸崑曲

---

〔註95〕本段演出皆出自溫秋菊《臺灣平劇發展之研究》（臺北市：學藝出版社，1994年 6 月）第七章中的表格，頁 508～510。

〔註96〕1989 年 11 月 29 日演出《奇雙會》（劉復學、魏海敏、呂海琴、謝景莘）。

〔註97〕1989 年 8 月 30、31 日於臺北國軍文藝中心。見柳青：〈水磨曲集七十八年度崑曲公演〉（《國劇月刊》155 期，1989 年 11 月 5 日），頁 31。

〔註98〕本段演出皆出自溫秋菊《臺灣平劇發展之研究》（臺北市：學藝出版社，1994年 6 月）第七章中的表格，頁 511～568。

〔註99〕1990 年 2 月 7 日演出《天官賜福》（朱勝麗、孫麗虹、林陸霞、張光鳴、丁中保等），4 月 22 日演出《界牌關》（黃昌生、柳利虹），4 月 23 日演出《挑華車》（汪勝光、黃昌光、劉光桐、李勝平），4 月 24 日演出《白水灘》（殷建成、孫元成、李慧珠。

〔註100〕1990 年 2 月 9 日演出《扈家莊》（吳劍虹、孫麗虹、楊傳英、張大鵬、李憶平），11 月 30 日演出《扈家莊》（李志宏、董秀玲、呂金虎、盛利鑑、李慧珠）。

〔註101〕1990 年 5 月 2 日演出《大賜福》（全體隊員），5 月 3 日演出《昭君出塞》（王鳳雲、杜匡稷）。

〔註102〕1990 年 12 月 15、16 日演出《醉打山門》（羅戴爾）、《奇雙會》（馬玉琪、魏海敏）。

〔註103〕《虎囊彈・山門》一劇演至打壞半山亭結束稱〈山亭〉，演至打壞山門稱〈山門〉，又名《醉打山門》。

〔註104〕1990 年 12 月 3 日於臺北國軍文藝中心演出。見陳彬：〈我與《長生殿》的因緣〉（思想起網路平台，文化，2013 年 3 月 30 日），https://sites.google.com/site/susiangki/culture/wo-yu-zhang-sheng-dian-de-yin-yuan，2014 年 4 月 26 日最後檢索。

〔註105〕1990 年 12 月 4 日於臺北國軍文藝中心演出。見〈盛年早逝的一株蕙蘭〉（《大雅》雙月刊第 17 期，臺北市：大雅藝文雜誌社，2001 年 10 月號），頁 59。

的契機：

> 民國七十九年受水磨曲集崑劇團團長陳彬之邀，第一次演出《還魂
> 記》，也就是崑曲《牡丹亭》。…他們邀請的演員陣容是大鵬國劇隊
> 的演員，高蕙蘭飾柳夢梅、我飾杜麗娘、學妹王菁飾春香。〔註106〕

藉由拉攏臺灣京劇演員與民間崑劇團的緊密關係，延續臺灣早期曲界與京劇
界緊密的關係，推動曲界與京劇演員的互動。

　　1990 年 7 月曲友賈馨園集結資深曲友組「謫仙集」，號召「崑曲之旅」，
前往上海朝聖，開始了曲友與大陸崑劇演員的交流。〔註107〕賈馨園接著創辦
了《大雅》藝文雜誌，〔註108〕內容羅列中國傳統戲曲、繪畫、金石、書法、
文物、電影等藝文議題，雖僅發行三十八期即停刊，卻是當時的崑曲愛好者
重要讀物。一九八〇年代末期，兩岸交流漸次增加，為下個時期茁壯期的頻
繁交流埋下種子。

## 一、京劇演員常演的崑曲戲

　　本時期奠基期的國軍文藝中心輪檔公演的劇目，武戲佔最大宗，武戲中
又以武生戲為多。梨園武行中流傳「探莊、夜奔、蜈蚣嶺；神州、武當、白
水灘」一說，細觀此時期上演的武生戲劇碼，除《神州擂》、《武當山》未見
記載外，皆曾上演。又以《夜奔》與《白水灘》獲各隊青睞，多次推出。回
顧上個時期孕育期（1951～1979 年間）的武生開蒙戲，如陸光開蒙戲為《石
秀探莊》，〔註109〕復興以《白水灘》、《石秀探莊》開蒙，〔註110〕由此可見各
劇隊在武生的養成過程中，仍舊照梨園行的傳統，循規蹈矩地依序開蒙，並
以做表有嚴格規範的崑曲戲為演員打下良好的基礎。

---

〔註106〕陳美蘭訪談，木柵戲曲學院國光劇團二樓演員休息室，2014 年 3 月 13 日。

〔註107〕王志萍訪談，台北蘭庭崑劇團藝響空間，2014 年 1 月 24 日、2 月 7 日。記載
　　　　見王志萍編，《曲韻蘭庭──崑曲藝術在台灣發展的軌跡、特色與現況》（台
　　　　北市：蘭庭崑劇團，2011 年 5 月），頁 13～14。

〔註108〕臺北市大雅藝文雜誌社出版，第一期（1999 年 2 月）到第三十八期（2005
　　　　年 4 月），為雙月刊，現已停刊。

〔註109〕見朱陸豪訪談：「我被分科被派到武生組後，我分科的第一齣開蒙戲就是崑曲
　　　　《石秀探莊》。…在開蒙戲後，又跟北京來台的穆成桐老師學了《武文華》、《武
　　　　松打虎》和《挑滑車》。」，林口金鑛咖啡，2013 年 12 月 20 日。

〔註110〕見趙揚強訪談：「開蒙戲先後學了《白水灘》、《石秀探莊》。」，內湖戲曲學院
　　　　復興京劇團演員休息室，2014 年 1 月 2 日。

　　本時期奠基期（1980～1990 年間）的國軍文藝中心輪檔公演中演出崑曲戲，為 1951～1993 年間中崑劇演出最為繁盛的時期，不論大鵬、海光、陸光、復興、明駝、國光藝校皆推出崑曲戲，於劇隊的聯合演出中，也常選定崑曲戲。在各劇隊層出不窮的崑曲戲演出中，《天官賜福》、《挑滑車》、《白水灘》為各劇隊演出中的必演劇目。《扈家莊》與《昭君出塞》兩劇也為各劇隊的常演劇目，由各劇隊於本時期的常演劇目綜觀劇隊的崑曲演出，首先可見此五齣戲除是開蒙戲外也是武戲，武戲於京班中演出的頻繁程度，從臺灣劇隊演出的崑曲劇目中武戲所佔的份量可見一斑。除此之外，大鵬、海光、陸光、復興亦推出崑曲的文戲以饗觀眾，其中大鵬與復興皆有未見於其他劇隊的特有劇目，可由此推論崑腔武戲為各隊演員的「必修」劇目，而崑曲文戲則為各隊演員的「選修」劇碼。

## 二、京劇演員常參與團體

　　新象於 1980 年邀徐露主演《牡丹亭》，為臺灣京劇演員主演大製作崑曲串本戲之契機，後於 1984 年由白先勇為徐露製作《牡丹亭》，徐露兩次演出新象的《牡丹亭》，為本時期奠基期（1980～1990 年間）的崑曲大事。或許是 1984 年徐露與白先勇的合作引起廣大迴響，因此 1992 年兩廳院十週年慶演出，又請白先勇製作《牡丹亭》，由高蕙蘭與華文漪主演。在兩次製作《牡丹亭》後，白先勇於 2004 年與趨勢科技合作，推出青春版《牡丹亭》，藉著白先勇的知名度，帶動更多未曾接觸過戲曲的人，進入崑曲的世界。

## 三、主要參與京劇演員

　　本時期奠基期（1980～1990 年間）參與崑曲的京劇演員以大鵬、陸光、復興為主，經過前一時期孕育期（1951～1979 年間）的培育，1980 年第一位由本土培養的京劇演員徐露演出崑曲《牡丹亭》，開始了本時期京劇演員頻繁接受民間團體邀約，演出大型崑曲的盛事。如 1984 年新象二度推出《牡丹亭》及 1990 年水磨的創團戲演出，皆邀京劇演員擔綱主演，顯示出本時期的京劇演員的崑曲演出契機為民間團體策劃大型公演，而後邀約京劇演員參與演出為主。

# 第二節　承先啓後

　　本時期奠基期（1980～1990 年間）的重要崑曲學習演出及團體，影響下個時期茁壯期（1991～2000 年間）京劇演員參與崑曲戲的發展。

## 一、京劇演員常演的崑曲戲

　　某些崑曲戲於京班中綴演不輟，藉以展現京劇演員兼擅崑亂的能力，以及個人的表演藝術才華。如京劇武旦常演《扈家莊》，唱段動聽、身段繁重、作功複雜、難度高帶開打，結合唱做與把子功，如演唱【水仙子】時唱作並重，其「耍下場」不僅是武打程式，〔註111〕更起了烘托舞台氣氛的作用，也表現了扈三娘的內心情緒，

　　　　《扈家莊》有人物的不屑，在每一個動作中都透露出了「看不起你」，

　　　　在打的過程中，還要演戲，這才是最難的。〔註112〕

顯示出崑曲戲演出不僅僅是動作，還要表達情緒、塑造人物的特色，可視爲武旦演員的功夫戲。〔註113〕回顧上個時期孕育期（1951～1979 年間），此戲爲臺灣首位京劇演員徐露的成名作，〔註114〕郭小莊 1968 年演出此劇後亦聲名大譟。〔註115〕本時期奠基期（1980～1990 年間）《扈家莊》各隊多次演出，雖於表中未見海光演出此劇，由其他各隊皆演此戲的普遍情況，推論海光或於其他場合演出此劇。而在國立臺灣戲曲學院於 2012～2014 年間主辦的三屆京劇團青年劇藝競賽中，此劇最受武旦演員青睞，屢以此戲競演。此劇唱念做打各有所重，又兼及人物的情感表達，實是展現個人做表功力的不二選擇。由歷年演出資料來看，京劇演員常演此戲除因可有唱作俱佳的個人表現，也不排除觀眾喜愛此戲因此頻繁演出的可能。

〔註111〕見蘇稚〈淺談京劇武旦下場〉（《戲曲藝術》1989 年 1 期，上海：上海戲劇雜誌編輯部，1989 年），頁 18～22。

〔註112〕唐天瑞訪談，內湖戲曲學院復興京劇團排練場，2013 年 12 月 26 日。

〔註113〕見董維賢《京劇流派》（北京：中國戲劇出版社，2005 年 11 月）中討論旦行中的武旦，以扈三娘一角爲例，朱文英、朱桂芳、閻嵐秋、宋德珠等人飾演時，各有擅長的戲路、戲碼及人物風格與特色，頁 164～169。

〔註114〕李殿魁、劉慧芬編，《露華凝香──徐露京劇藝術生命紀實》（宜蘭：國立傳統藝術中心，2006 年），頁 82。

〔註115〕1968 年 6 月於國軍文藝中心。王安祈，《光照雅音──郭小莊開創台灣京劇新紀元》（臺北市：相映文化出版，2008 年 4 月），頁 42。

## 二、京劇演員常參與團體

由曲友自發組織之水磨曲集崑劇團，於本時期奠基期（1980～1990）末發起，前三次公演皆邀請京劇演員參與演出，可見其融曲友、京劇演員於一團的創見。透過結合臺灣的崑曲傳承與表演人才，推出傳承意味濃厚、表演專業性高的演出，京劇演員參與民間的崑劇團演出，與於京劇團演出崑曲戲意義不同：崑劇團的崑曲演出目的較為強烈，為「演出崑曲」而推出崑曲戲，演出劇目經主題設計，兼及折子戲及串本戲；京劇團的崑曲演出目的較為淺薄，為「京崑不擋」而演出崑曲，演出劇目以京班中保留的崑曲戲為主，兼演文戲。

## 三、帶動京劇演員參與

本時期奠基期（1980～1990 年間）的京劇演員參與崑曲演出情況，由過去孕育期（1951～1979 年間）的單折演出進展到小全本，從附屬於京劇隊的公演發展到民間團體的大型公演劇目，不只展現了臺灣本土京劇演員京崑兩下鍋的能力，還顯示出京劇演員參與崑曲演出在臺灣崑曲演出史上的重要性。本時期由徐露主演了兩次大型公開售票演出《牡丹亭》，也為下個時期茁壯期（1991～2000 年間）的「崑曲傳習計畫」計劃性地培養更多京劇演員學習崑曲展開序幕。

## 小　結

本時期奠基期（1980～1990 年間）由臺灣自行培養的京劇演員——徐露——進行了臺灣崑曲史上的第一場大型售票公演，在新象與徐露的聯手下，透過專業化的製作與行銷、專業京劇演員的演出，展現除臺灣崑曲傳承的特殊現象——曲友與京劇演員一同致力於臺灣崑曲傳承，本時期的大型公演也為臺灣崑曲史展開了新的一頁。

# 第四章　茁壯期（1991～2000年）

　　1992年上崑為第一個踏上臺灣的大陸傳統藝術劇團，隨後，大陸專業崑劇團及崑劇演員相繼來臺演出與傳承，興起「臺灣的崑劇效應」與「崑劇的臺灣效應」，〔註1〕對臺灣崑劇的發展產生強大影響力。

　　行政院陸委會於1993年5月通過「大陸地區傑出民族藝術及民俗技藝人士來台灣傳習許可辦法」草案，〔註2〕1993年6月起大陸崑劇藝術家始獲准來臺授課，因此復興劇校及崑曲傳習計畫等，得以延聘大陸專業演員來臺傳習戲曲，為臺灣的戲曲演出質量更添豐采。

　　京劇演員在跨劇種學演崑曲戲時，嘗試行當內各家門戲，跳脫過去京劇流派固有形象，演出較少甚至未曾碰觸過的角色，除是一大挑戰，也因此習得不同的人物塑造方法。挑戰自我是演員本性，學習崑劇中各家門戲，幫助京劇演員演出新編戲時，有更豐富的涵養來創造新角色。本章將論兩岸交流後對於臺灣崑曲發展的影響。

　　本時期（1991～2000年）為崑曲傳習計畫的執行期間，由於傳習計畫第四期起培訓無數京劇演員大量且密集的學習崑劇，為下一時期的發展注入養份，是故稱為「茁壯期」。

---

〔註1〕 王安祈：〈崑劇在臺灣的現代意義〉，收入《臺大中文學報》第十四期（臺灣臺北：臺灣大學中國文學系，2001年5月），頁5～37。

〔註2〕 可參考內政部入出國及移民署網站之「大陸地區專業人士來臺從事專業活動許可辦法」。http://www.immigration.gov.tw/ct.asp?xItem=1083479&ctNode=30082&mp=law，最後檢索日期民國103年4月4日。已於民國102年12月30日廢止。

## 第一節　重要崑曲培訓與演出

　　1991 年 3 月在「行政院文化建設委員會（簡稱文建會）」經費支持下，由中華民俗藝術基金會承辦，主持人曾永義〔註3〕與協同主持人洪惟助〔註4〕籌畫了「崑曲傳習計畫」，〔註5〕至 2000 年年底共六屆，前三屆主要培養觀眾，招收對象以曲友及一般大眾為主，開設推廣班（唱曲及崑笛班）培養崑曲欣賞觀眾，第一屆由臺灣資深曲友授課。

　　1991 年 6 月李寶春來臺，與陳元正合演《大鬧天宮》，〔註6〕包含〈水濂洞〉、〈御馬監〉、〈雲霄殿〉、〈花果山〉、〈瑤池宴〉、〈鬧丹房〉、〈聚靈臺〉、〈鬧天宮〉等場次，〔註7〕並非有意演出崑曲戲，而是藉由崑曲曲牌連貫特色，展現個人身段做表與開打實力。此次演出後，陸續與臺灣中青年京劇演員合作，在臺灣國內於 1995 年 4 月、1996 年 3 月、1997 年 3 月連年在中南部校園巡演，1997 年 10 月於「出將入相」兒童傳統戲劇節再演，可見國人對於場面熱鬧的傳統戲興致較高；國外演出如 1993 年 10 月於美國、〔註8〕1997 年 11 月於歐洲、〔註9〕1999 年 3 月於荷蘭〔註10〕等，可見京劇演員有意推出不必熟悉傳統戲曲，也能在劇場中看得津津有味，像《大鬧天宮》這樣劇情簡單、場面熱鬧、重做表的崑劇，因此獲選為海外巡演的劇目。

---

〔註3〕 在曾永義《戲曲經眼錄》（台北市：財團法人中華民俗藝術基金會，2002 年 9 月 1 日）崑曲篇及《從腔調說到崑劇》（臺北市：國家出版社，2002 年 12 月）第參章「崑腔曲劇在臺灣」中，收錄多篇刊登於報上的文章。

〔註4〕 洪惟助：〈崑曲傳習計畫與臺灣崑劇團〉（崑山文化研究發展中心：《崑山文化研究》，2011 年 7 月 14 日）。

〔註5〕 第一屆為 1991 年 3 月～1992 年 2 月，第二屆為 1992 年 7 月～1993 年 6 月，第三屆為 1994 年 4～1995 年 3 月，第四屆為 1996 年 9 月 15 日～1997 年 12 月 15 日，第五屆為 1997 年 12 月 15 日～1999 年 6 月 15 日，第六屆為 1999 年 10 月 15 日～2000 年 12 月 15 日。見《崑曲辭典》（宜蘭：國立傳統藝術中心，2002 年），頁 1016。

〔註6〕 1991 年 6 月於社教館。

〔註7〕 見吳桂李，《李寶春京劇藝術研究（1991～2006）》（中國文化大學藝術學研究所碩士論文，2006 年），頁 139。

〔註8〕 與陳元正、高蕙蘭聯演。

〔註9〕 與陳元正合演。

〔註10〕 與陳元正合演。

　　陸光國劇隊於 1991 年國軍文藝中心的輪檔公演中推出《擋馬》，〔註 11〕為京班中常演的崑曲戲，能展現班內武丑、武旦的身手，正是以武戲著名的陸光推出此戲的用意。

　　1992 年於國立臺灣藝術教育館的國劇定期欣賞活動中，〔註 12〕海光國劇隊演出《白水灘》、〔註 13〕國光劇校演出《昭君出塞》，〔註 14〕皆為京班中常演的崑曲戲，兩齣戲皆考驗演員的唱念做打功夫，藉由此載歌載舞的劇碼，展現一九七〇年代末期、一九八〇年代初期入學的劇校生，文武兼擅的長才。

　　解嚴（1987 年）後，兩岸交流頻仍，臺灣曲友開始接觸對岸崑劇團，觀賞專業崑劇演出。1992 年 10 月「國立中正文化中心」兩廳院邀白先勇製作年度大戲崑曲《牡丹亭》，〔註 15〕邀請上崑旅美演員華文漪、史潔華與大鵬國劇隊高蕙蘭擔綱演出，並邀葉復潤、朱民玲、章復年、齊復強等同台演出，為兩岸專業演員首度的崑劇合演，並由水磨曲集支援演出。為配合此次演出，兩廳院同時舉辦「崑曲之美講座」、〔註 16〕「湯顯祖與崑曲藝術研討會」、〔註 17〕

---

〔註 11〕 1991 年 12 月 14 日演出《擋馬》（朱勝麗、黃昌生）。溫秋菊《臺灣平劇發展之研究》（臺北市：學藝出版社，1994 年 6 月）第七章中的表格，頁 577。

〔註 12〕 溫秋菊《臺灣平劇發展之研究》（臺北市：學藝出版社，1994 年 6 月）第七章中的表格，頁 580～581。

〔註 13〕 1992 年 9 月 12 日演出《白水灘》（彭德綱、李慧珠）。

〔註 14〕 1992 年 10 月 24 日演出《昭君出塞》（趙朋惠、劉祐昌）。

〔註 15〕 1992 年 10 月 3～7 日於國家戲劇院演出。本次演出應非如洪惟助〈台灣的崑曲活動與海峽兩岸的崑曲交流〉（《千禧之交——兩岸戲曲回顧與展望研討會論文集》，宜蘭：國立傳統藝術中心，2000 年 1 月，頁 28）、蔡欣欣〈二十一世紀前崑曲在臺灣的發展史貌〉（《戲曲學報》第二期，臺北市：國立臺灣戲曲學院，2007 年 12 月，頁 188）、紀天惠《1992－2005 中國崑劇團體來臺演出之《牡丹亭》音樂研究》（國立臺灣師範大學民族音樂研究所碩士論文，2008 年，頁 5。）等人文中所述為國立中正文化中心之十週年慶演出，查兩廳院的大事紀可知兩廳院場地於 1987 年 10 月正式啟用，故因是 1997 年國光劇團推出的新編崑劇《釵頭鳳》為十週年慶之作。恐因本次（1992 年）演出《牡丹亭》女主角為華文漪首次來臺演出，兩次演出皆為崑曲界的盛事而誤記。見《國立中正文化中心——十週年慶紀念專刊》（台北市：國立中正文化中心，1997 年 10 月）大事紀，頁 25。

〔註 16〕 1992 年 9 月 5～6 日於中正文化中心演奏廳。參考洪惟助主持《台灣崑曲史調查研究》國科會研究成果報告（國立中央大學人文中心，2012 年 1 月 17 日）大事年表。

〔註 17〕 1992 年 10 月 4～5 日於中央圖書館國際會議廳。參考洪惟助主持《台灣崑曲史調查研究》國科會研究成果報告（國立中央大學人文中心，2012 年 1 月 17 日）大事年表。

「崑曲資料展」〔註18〕等活動，盛大舉行。由兩廳院選擇《牡丹亭》做為演出內容，可看出崑曲在臺灣藝文界的地位與所受到的重視；由兩廳院推出的卡司陣容，可看出臺灣自行培植演員、曲友的高水準，已能與專業崑劇演員合作而不遜色；本次演出也開啟了兩岸三地演員、曲友的演出交流，為臺灣接下來的兩岸專業演員合作演出展開序幕。崑曲傳習計畫也藉此次盛會邀請來臺演出演員擔任第二屆教師，〔註19〕為崑曲傳習計畫聘請專業崑劇演員授藝的濫觴。

由於高蕙蘭與華文漪合作演出《牡丹亭》〔註20〕，大鵬邀約華文漪於《牡丹亭》後合作吹腔《奇雙會》，〔註21〕王勝全（飾李奇）、杜匡稷（飾禁卒）、古中樑（飾李保童）、馬元亮（飾胡老爺），此時期的演員陣容又與大鵬前期演出不同，已由臺灣新生代演員主演，顯示出世代交替，臺灣本土培育演員已然成熟。

1992 年 10 月底上海崑劇團應國際新象文教基金會之邀來臺演出，於北中南演出全本《長生殿》、《爛柯山》及折子戲，崑曲傳習計畫也藉此次盛會邀請來臺演出演員擔任第二屆教師。〔註22〕

1993 年國光劇校於國立臺灣藝術教育館的國劇定期欣賞活動〔註23〕演出《天官賜福》，〔註24〕於國軍文藝中心的輪檔公演中，大鵬演出《林沖夜奔》和《奇雙會》、〔註25〕陸光推出《昭君出塞》。〔註26〕本（1993）年推出各式崑曲戲，劇校開蒙戲、京班中常演的崑曲戲（武戲、吹腔、崑腔）及經典崑曲皆有，顯示出在三軍劇隊末期，各隊演出劇目百花齊放、演員人才濟濟的榮景。

---

〔註18〕1992 年 6 月 6～7 日於中央大學大講堂三樓校史室，由中央大學戲曲室主辦。參考洪惟助主持《台灣崑曲史調查研究》國科會研究成果報告（國立中央大學人文中心，2012 年 1 月 17 日）大事年表。

〔註19〕請華文漪、史潔華二人。

〔註20〕1992 年 10 月 3～6 日於國家戲劇院演出《牡丹亭》（華文漪、史潔華、高蕙蘭）。

〔註21〕1992 年 10 月 21 日於大鵬劇團成果展示公演。公演錄影影片於華視播放，可見 http://www.youtube.com/watch?v=nXNz8w5wsYc，2014 年 4 月 16 日最後檢索。

〔註22〕請上崑計鎮華、梁谷音、張靜嫻、顧兆琪及北崑侯少奎等五人。

〔註23〕溫秋菊《臺灣平劇發展之研究》（臺北市：學藝出版社，1994 年 6 月）第七章中的表格，頁 522～622。

〔註24〕1993 年 2 月 6 日演出《天官賜福》（周志成）。

〔註25〕1993 年 7 月 24 日演出《林沖夜奔》（趙振華），10 月演出《奇雙會》（高蕙蘭、華文漪）。

〔註26〕1993 年 12 月 4 日演出《昭君出塞》（楊利娟、陳利昌、李佳麒）。

　　國立臺北藝術大學表演藝術中心於 1993 年 4 月落成啓用，開臺戲爲《天官賜福》、〈遊園〉、〈探莊〉、〈水漫金山〉四齣崑曲戲，由開設「國劇聲腔」課的楊傳英教《大賜福》曲牌、「崑曲」課的陳彬與「國劇動作」課的李柏君指導動作身段，由戲劇系與劇校學生支援演出，〔註 27〕顯示出崑曲演出於臺灣戲曲史大事件中並不缺席。

　　由於「大陸地區傑出民族藝術及民俗技藝人士來台灣傳習許可辦法」草案直至 1993 年 5 月行政院陸委會方才通過，迨 1993 年 6 月大陸崑劇藝術家始獲准來臺授課，因此第二屆起便延請大陸崑劇人才來臺授課，活絡臺灣曲界與對岸崑劇界的交流。

　　1987 年臺灣解嚴，1993 年起兩岸開放交流，臺灣劇校得以延聘對岸京劇教師來臺，藉以提升校內學生劇藝水準，於是復興劇校自 1993 年起聘請大陸京劇演員來校教學，從劇校學生中挑選各行當中具天份者進一步栽培，〔註 28〕傳承劇目除行當中的經典戲外，還包含京劇中常演的崑曲劇目，豐富了劇校生的劇目名單。來臺之京劇演員皆爲一時之選，劇團及劇校生皆有私下慕名問藝者。〔註 29〕藉由聘請大陸京劇教師來臺傳藝，爲培養臺灣京劇人才導入一股活水，也讓劇校生親身體驗兩岸演出與教學的異同，進而對京劇的博大精深有更多認識。

　　1993 年 11 月，辜公亮文教基金會年度大戲於國軍文藝中心上演，由李寶春演出《挑滑車》以饗觀眾。1996 年 5 月於和信卅週年慶暨新舞台落成試演及 2005 年 6 月辜公亮文教基金會老戲精演兩活動中，再演《挑滑車》。回顧

〔註 27〕見林國源《尚派武戲香火：李柏君傳藝錄》（臺北市：臺北藝術大學，2008年 8 月）：「民國八十二年的國劇聲腔課楊傳英老師就教《大賜福》中的四個曲牌──【醉花陰】、【喜遷鶯】、【利地風】、【水仙子】。…崑曲老師陳彬與國劇動作柏君老師則指導〈遊園〉、〈探莊〉、〈水漫金山〉，允文允武，載歌載舞，爲兩廳院（編按：北藝大表藝中心舞蹈廳與戲劇廳）的啓用莫下了吉祥如意一台崑的盛況。」，頁 62。

〔註 28〕第一批爲復興宇班，如楊宇敬等。第二批接受兩岸開放交流的爲復興山班，見吳山傑訪談：「民國八十三年我國一的時候，兩岸開放交流，於是復興請來了一批大陸老師來教戲，我和其餘四個同學被分發到跟夏韻龍老師學戲，半年內一共學了八齣戲，其中包括崑曲《蘆花蕩》。」，內湖戲曲學院復興京劇團演員休息室，2014 年 3 月 13 日。

〔註 29〕見唐天瑞訪談：「民國八十四年時，我跟北京戲曲學校的李喜鴻老師學過《戰金山》擂鼓這折，剛好那時復興開放兩岸師資交流，他是第二波來臺傳藝的老師。」，內湖戲曲學院復興京劇團排練場，2013 年 12 月 26 日。

過去（1951～1979 年間、1980～1990 年間）《挑滑車》爲演出最爲頻繁之崑腔武戲，由此可見該武生吃工戲對京劇演員舞台藝術表演的重要性。

師大崑曲社於 1994 年的公演演出《長生殿・小宴》﹝註30﹞及 1998 年的公演中演出《牡丹亭・離魂》，﹝註31﹞均邀請京劇演員協力演出。

1994 年起復興京劇團於碧湖劇場每週推出三場觀光戲，演出《白蛇傳・金山寺》、《水濂洞》、《鍾馗嫁妹》等戲，﹝註32﹞爲京劇中常演的崑曲戲碼，推出崑曲戲做爲觀光戲並非做爲「崑亂兼擅」的號召，也未演全本，應是爲適應觀光客「看熱鬧」的觀賞需求爲考量，刪繁就簡，載歌載舞的曲牌體表演形式、大陣仗的翻滾開打、劇情內容淺顯易懂，因此獲選爲觀光戲劇碼得以長期演出。

《金山寺》，又稱《雷峰塔》、《白蛇傳》，其中〈水鬥〉一場，白素貞、小青與法海鬥法，場上需要兩派人馬以壯聲勢、顯示勢均力敵的盛大場面，士兵需求者眾，劇隊演出時，習由戲校生扮眾兵唱【北二犯江兒水】、【北古水仙子】、念【南滴溜子】，對於以老生與旦角爲主要行當的京劇來說，演出此劇能讓成熟演員帶領劇校生演出，累積劇校生登台經驗，也可增加成熟演員的舞台演出歷練。且〈水鬥〉爲同場曲，劇校生可藉由同聲唱和掌握戲情與戲曲唱念韻律，適合尚做爲未分科開蒙的學生之京劇入門開蒙戲，﹝註33﹞也給予初分科開蒙的小生學生演出機會。﹝註34﹞戲曲教學講究心領神會，透過長期薰陶，日積月累下就能跟著吟唱，進而能登臺演出。因此 1994 年復興京劇團選擇此戲做爲觀光戲，一來場上熱鬧，二來由京劇主要行當主演，三來增加團內青年演員演出機會。戲曲學院京劇團於 2008 年時再推《水漫金山》做爲觀光戲，可推論再以此戲做爲觀光戲之因，爲其受觀眾喜愛且能給予團員舞台磨練良機。

﹝註30﹞ 1994 年 12 月 11 日於藝教館，由吳陸森飾唐明皇。

﹝註31﹞ 1998 年 5 月 27 日於幼獅藝文中心，由李來香飾杜母。

﹝註32﹞ 偶樹瓊，《國立臺灣戲曲專科學校「碧湖劇場」演出影響之研究》（國立台灣藝術大學應用媒體研究所碩士論文，1996 年 6 月），頁 44。

﹝註33﹞ 見郁昌慈訪談：「最常唱的是《金山寺・水鬥》的法海，那是我們最早學的崑曲戲，只是我們不知道那是崑曲，只覺得是曲牌組合成的一齣戲。」，木柵戲曲學院國光劇團國光劇場後臺，2014 年 3 月 14 日。

﹝註34﹞ 見孫麗虹訪談：「以前演這戲的許仙，就由剛開蒙的學生去演，因爲戲份不多，前面一段唱上山『江西畫柳橋東畔』是一定要會的，船夫送他上金山，有動作，後面就接兩句唱。」，木柵戲曲學院國光劇團中庭，2014 年 2 月 27 日、3 月 14 日。

　　高蕙蘭於 1994 年自組「蘭庭藝苑」，致力於崑曲戲專業演出。〔註 35〕文建會爲促進文化交流，「蘭庭藝苑」赴美國紐文中心及法國巴黎演出《牡丹亭》，〔註 36〕由高蕙蘭及華文漪、陳美蘭（飾春香）主演，與華文漪於法國巡演時灌錄《牡丹亭》CD，〔註 37〕並由水磨曲集支援演出。由「蘭庭藝苑」的演出陣容，可見不單是曲友劇團需要京劇演員的參與，京劇演員挑班的劇團，亦需曲友助陣錦上添花，由京劇演員與曲友的合作關係，可拼湊出臺灣崑曲史特殊的京演風貌。

　　吳陸森與尚德敏於 1995 年成立絲竹京崑劇團（簡稱「絲竹京崑」），〔註 38〕團員爲三軍劇校出身、曾服務於三軍劇隊，在三軍劇隊整併爲國光劇團後，轉投入其他行業的業餘演員及曾參與崑曲傳習計畫的京劇演員爲主。形制小而美，以推廣性質的講座與演出爲主要活動，推廣傳統戲曲，京崑兼演。1996 年 4 月 7 日於臺北縣立文化中心（現爲新北市藝文中心）舉辦創團演出，由團長吳陸森演出《牡丹亭‧拾叫》、劉祐昌演出《寶劍記‧夜奔》、林陸霞演出《孽海記‧思凡》、吳陸森與姜竹華合演《販馬記‧寫狀》，演出劇目爲三齣獨角戲與一齣吹腔戲，選擇獨角戲之因，推測爲因應劇團編制，獨角戲的演員需求數量較少，又能以「男怕〈夜奔〉，女怕〈思凡〉」爲號召，展現京劇演員演出崑曲戲時獨當一面的能力，並能顯示臺灣京劇演員延續崑亂兼擅的傳統。而最後的吹腔戲《販馬記‧寫狀》，是齣生旦並重的戲，由夫妻情趣出發刻寫傳統社會冤獄的不公，劇情曲折、不沉重，加以唱腔動聽，適合做爲最後一折戲，讓觀眾帶著希望離開劇場。

　　爲紀念致力於曲界與京劇界推廣崑曲的徐炎之逝世七週年暨其夫人張善薌逝世十六週年，水磨於 1996 年 4 月舉辦公演，邀約票伶兩界徐炎之學生演出，由劉嘉玉演出〈思凡〉。〔註 39〕

〔註 35〕 王安祈總編，《蕙風蘭生：高蕙蘭紀念特輯》（台北市：國光劇團，2004 年 9 月初版），頁 44。

〔註 36〕 1994 年 6 月 9～12 日於美國紐約台北劇場，11 月 8～13 日於法國圓環劇院。

〔註 37〕 高蕙蘭、華文漪，"LE PAVILLON AUX POVOINES 牡丹亭"（法國：NAIVE ASTREE / SILEX / VALOIS AUVIDIS，1990 年 9 月 30 日）。

〔註 38〕 參考絲竹京崑劇團於 2013 年 4 月 27 日於成功社區活動中心舉辦之《文昭關》節目單。

〔註 39〕 1996 年 4 月 11 日於國立台灣藝術教育館，連兩日演出。

　　由於崑曲傳習計畫前三屆迴響熱烈、佳評如潮，因此洪惟助與曾永義便籌劃京劇演員學習崑劇，第四屆〔註40〕起（1996年9月～1997年底）另成立「崑劇業餘劇團與師資培養小組」，招收對象為復興、國光兩團團員及曲友的小生與旦角，藉以培養優秀青年演員與崑劇教學師資。1997年10月舉辦第四屆崑曲傳習計畫成果展——「清秋崑劇展」，展現「崑劇業餘劇團與師資培養小組」的成果，三天共演出《玉簪記・琴挑》、《牡丹亭・遊園驚夢、尋夢、拾畫叫畫》、《鳳凰山・百花贈劍》、《爛柯山・逼休》、《琵琶記・南浦》等戲，〔註41〕為京劇演員初次參與崑曲傳習計畫的成果演出。

　　同時，復興、國光兩團在其他單位邀大陸崑劇演員來臺授課期間，也邀其來團授課，增進自團演員實力與劇目。如復興京劇團前團長鍾傳幸曾邀蔡正仁與蔡瑤銑教授《金雀記・喬醋》、〔註42〕國光劇團請蔡正仁與蔡瑤銑教授《長生殿・小宴驚變》、《金雀記・喬醋》，〔註43〕提供演員向大陸崑劇演員學習的機會、充實自我劇藝的在職進修，並在學習後各自於碧湖劇場、〔註44〕國光劇場（「崑劇饗宴」）〔註45〕展現成果，透過學習與演出，進而培養團內演員兼擅崑亂的表演實力。

---

〔註40〕本屆起改由文建會國立傳統藝術中心主辦、國立國光戲劇藝術學校承辦，1999年國光與復興合併改制為臺灣戲曲專科學校後，由臺灣戲專承辦。第四～六屆由洪惟助主持。參考曾永義、施德玉，《地方戲曲概論》（下）（臺北市：三民書局，2011年11月），頁957。

〔註41〕1997年10月18日於國立中興大學惠蓀堂演出《玉簪記・琴挑》、《牡丹亭・尋夢、拾畫叫畫》、《鳳凰山・百花贈劍》，10月21日於國立國光藝術戲劇學校演藝中心演出《玉簪記・琴挑》（孫麗虹、王學蘭）、《牡丹亭・尋夢》、《爛柯山・逼休》（趙揚強、鍾慧美、郭勝芳、韓昌雲）、《鳳凰山・百花贈劍》（李光玉、洪慧容、陳美蘭、唐天瑞等），10月22日於國立國光藝術戲劇學校演藝中心演出《牡丹亭・拾畫叫畫》、《琵琶記・南浦》、《鳳凰山・百花贈劍》（唐天瑞、趙揚強、郭勝芳、楊汗如等）、《牡丹亭・遊園驚夢》（張洵澎、李光玉、孫麗虹等）。

〔註42〕見趙揚強訪談：「民國八十五年的時候，我們復興京劇團鍾團長安排我們跟蔡正仁老師和蔡瑤銑老師學《金雀記・喬醋》，…成員有郭勝芳、朱民玲、趙聲歆等。」，內湖戲曲學院復興京劇團演員休息室，2014年1月2日。

〔註43〕見陳美蘭訪談：「國光請了蔡瑤銑和蔡正仁老師來教我們〈小宴驚變〉、〈喬醋〉。」，木柵戲曲學院國光劇團二樓演員休息室，2014年3月13日。

〔註44〕趙揚強訪談，內湖戲曲學院復興京劇團演員休息室，2014年1月2日。

〔註45〕王安祈：〈生態調整的關鍵〉，收入《中華民國八十四年表演藝術年鑑》（臺北市：國立中正文化中心，1996年7月1日），頁101。

　　國光劇團成立於 1995 年，於 1997 年由高蕙蘭、唐文華、陳美蘭、李光玉演出《河東獅吼》，〔註46〕因劇情簡單、表演平易近人，既能吸引崑曲戲迷也能拉攏更廣大的觀眾入場看戲。戲中夫妻閨房情趣爲其表演特色，藉看似平凡的家常瑣事展現出演員的表演功力。同年 5 月爲慶祝國立中正文化中心開幕十週年，〔註47〕國光推出由高蕙蘭與華文漪合演的新編崑劇《釵頭鳳》，〔註48〕唐文華、汪勝光、李光玉等也參與演出，此戲不但是國光劇團的第一部大戲，同時也是國家級的職業「京劇團」初次嘗試的崑劇製作，在在顯示出國光劇團京崑不擋的演出策略。〔註49〕

　　水磨曲集自 1987 年成立，於 1997 年 7 月舉辦十週年公演，邀請陳美蘭、古中樑演出《玉簪記・琴挑》；〔註50〕又於 1998 年舉辦的「紀念徐炎之先生百年──演出活動」中，邀請趙揚強、郭勝芳演出《爛柯山・逼休》〔註51〕、邱海訓演出《鐵冠圖・刺虎》〔註52〕及陳美蘭演出《牡丹亭・尋夢》〔註53〕兩折戲。由連兩年舉辦的年度公演，水磨皆延續創團時的宗旨，邀請京劇演員與曲友合演，展現票伶兩界同慶的臺灣崑曲界獨特現象。

　　崑曲傳習計畫第五屆（1997 年底～1999 年 6 月）將「崑劇業餘劇團與師資培養小組」改名爲「藝生班」，增收老生、丑角兩行當及文、武場人才，並首次招考唱曲組藝生，期能爲京劇科班的崑曲拍曲教學人才注入一股活水，

---

〔註46〕1997 年 1 月 19 日、8 月 19 日於國軍文藝中高蕙蘭、唐文華、陳美蘭（前〈梳妝〉）、李光玉（後〈跪池〉）合演。

〔註47〕1983 年 10 月，行政院函示教育部速成立「國家劇院及音樂廳營運管理籌備處」；1984 年 2 月，行政院核准成立「國家劇院及音樂廳營運管理籌備處」；1985 年 2 月，「國家劇院及音樂廳營運管理籌備處」正式成立；1997 年 10 月，兩廳院正式啓用及開幕。見《國立中正文化中心──十週年慶紀念專刊》（台北市：國立中正文化中心，1997 年 10 月）大事紀，頁 24～25。

〔註48〕1997 年 5 月 9～11 日於國家戲劇院，水磨曲集崑劇團支援演出，編劇鄭拾風。見《國立中正文化中心──十週年慶紀念專刊》（台北市：國立中正文化中心，1997 年 10 月）演出劇照，頁 53。

〔註49〕見王瓊玲〈承繼與開創──民國八十六年度台灣戲曲演出劇評解析〉：「國光劇團的年度大戲《釵頭鳳》，展現出該團吸納各劇種豐富元素的『多元化』企圖。」，收入《中華民國八十六年表演藝術年鑑》（臺北市：國立中正文化中心，1998 年 7 月 1 日），頁 111。

〔註50〕1997 年 7 月 24 日於國軍文藝活動中心，連兩日演出。

〔註51〕1998 年 8 月 24 日於社教館。

〔註52〕1998 年 8 月 24 日於社教館。

〔註53〕1998 年 8 月 25 日於社教館。

並建立臺灣專業崑曲演出能力。1998 年 6 月舉辦第五屆崑曲傳習計畫第一階段藝生班成果展，演出《爛柯山・前逼》、《孽海記・下山》、《浣紗記・寄子》等劇，〔註54〕展現臺灣京劇演員生旦丑行參與崑劇演出的現象。

　　崑曲傳習計畫第六屆（1999 年 10 月～2000 年底）則將「藝生班」轉為專業演員班，朝培養專業崑劇演員及文武場人才之路邁進。〔註55〕2000 年 7 月舉辦第六屆崑曲傳習計畫第二次成果發表會，演出內容為《驚鴻記・吟詩脫靴》（即〈太白醉寫〉）、《牡丹亭・寫眞、離魂》等，〔註56〕藉由上下半場兩組人馬分別演出，展現學習成果。崑曲傳習計畫推動臺灣京劇演員與優秀曲友系統化、大量學習崑曲戲，邀復興、國光兩團京劇演員參加計畫學習崑曲戲，並安排成果展進行匯報公演。洪惟助在〈論臺灣傳統戲曲的保存與發展〉提及藝生班的編制：

> 一九九六年十一月開始的「第四屆崑曲傳習計畫」增收藝生班，經過甄試和國光、復興兩劇團推薦，招收旦角和小生學員二十名。一九九七年一月「第五屆崑曲傳習計畫」開班，增收老生與丑角，減少旦角，目前共有二十名學員，來自國光劇團八名，復興劇團四名，優秀曲友八名。又增加文、武場班學員十六名。〔註57〕

---

〔註54〕1998 年 6 月 21 日於藝教館演出《爛柯山・前逼》（趙揚強、唐天瑞、謝建民）、《孽海記・下山》（劉稀榮、陳利昌、楊利娟）、《浣紗記・寄子》（王鶯華、黃麗萍、鄔昌慈、謝建民）、《雷峰塔・斷橋》。

〔註55〕前三屆由行政院文建會主辦、中華民俗藝術基金會承辦，第四到六屆改由文建會傳統藝術中心主辦、國光戲劇學校承辦、洪惟助主持。王若皓：〈論男兒狀懷須自吐——洪惟助教授 20 年戲曲之路及其親踐之「台灣崑曲模式」〉，收入中國藝術研究院戲曲研究所編《戲曲研究》第八十三輯（北京：文化藝術出版社，2011 年 4 月），頁 369。

〔註56〕2000 年 7 月 21 日於國立臺灣戲曲專科學校木柵校區演藝中心演出《繡襦記・打子》清唱（錢銘珠、楊孝榮、劉啓榮）、《牡丹亭・尋夢》（鍾艾蒨、張文玉、張玲瑜、宋泮萍、周蕙蘋、吳曉雯、謝俐瑩）、《牡丹亭・寫眞》（上半場唐天瑞下半場李光玉、楊利娟）、《牡丹亭・離魂》（上半場郭勝芳下半場陳美蘭、楊利娟、羅勝貞）、《驚鴻記・吟詩脫靴》（趙揚強、盛利鑑、劉啓榮、宋泮萍、吳曉雯、邢本寧、簡思寧、何艾橙、盛雅倫、張文玉、鍾艾蒨、張玲瑜、謝俐瑩、周蕙蘋）。

〔註57〕洪惟助：〈論臺灣傳統戲曲的保存與發展〉，收入《88 年傳統藝術研討會論文集：民間藝術——生態與脈絡》（宜蘭：國立傳統藝術中心，1999 年 6 月），頁 131～132。

透過有計畫地照行當開班授課與師資延攬，〔註 58〕先後聘請臺、港、大陸、
美國等地知名曲友、學者、崑劇演員、劇校教師、樂隊等來臺授課，〔註 59〕所
遴聘的授課演員皆為大陸各崑團各行當的上乘人選。邀請優秀崑劇演員來臺
並培訓臺灣青年京劇演員學習崑曲，經過五年的傳習計畫崑劇訓練，及未來
十多年的崑曲演出與再進修，當時的青年京劇演員如今已成為國光、復興兩
京劇團的中流砥柱。唐天瑞認為，當時崑曲傳習計畫提供了大量、密集而質
量高的學習機會，為輔自劇校畢業、初入劇團，正值年輕氣盛、精力充沛但
舞台經驗不足，十分需要學習更多劇目與登台演出機會，崑曲傳習計畫為當
時的青年演員提供了天時、地利與人和的良機，〔註 60〕此舉使當時兩團的年
輕團員能在最精華的時期學習到最多的戲，成為現在演出的無形資產。

　　1999 年於元宵節推出「元宵燈會：傳統心‧關懷情——崑曲《萬年歡》」，
〔註 61〕為台北燈會開場特別節目，也是國內首度在戶外演出的崑曲戲表演，
表演內容由《牡丹亭‧驚夢》中「堆花」十二花神、《鍾馗嫁妹》中「跳鍾馗」

〔註 58〕 見洪惟助：〈第四屆崑曲傳習計畫〉，收入《86 年傳統藝術研討會論文集：民
　　　　間技藝——鄉土教育部》（宜蘭：國立傳統藝術中心，1997 年 4 月 26～27 日），
　　　　頁 305～309。

〔註 59〕 洪惟助〈崑曲傳習計畫與台灣崑劇團〉：「前後六屆參與授課之國內外曲友與
　　　　學者包括：張充和、許聞佩、田士林、楊士彭、顧鐵華、何文基、李殿魁、
　　　　曾永義、洪惟助、游昌發、王安祈、賴橋本、朱昆槐、張金城、林逢源、蕭
　　　　本耀、朱惠良、陳芳英、陳彬、宋泮萍、周純一、劉南芳、張啓超、周蕙蘋、
　　　　呂榮華等人。第二屆以後陸續邀請上崑、北崑、浙崑、蘇崑之著名演員與笛
　　　　師、鼓師來台灣教學。演員有華文漪、史潔華、蔡青霖、侯少奎、蔡瑤銑、
　　　　蔡正仁、王芝泉、岳美緹、計鎮華、梁谷音、張靜嫻、汪世瑜、王奉梅、張
　　　　志紅、沈世華、顧兆琳、張洵澎、王英姿、王泰祺、成志雄、陸永昌、王世
　　　　瑤、張世錚、龔世葵、林為林、石小梅、黃小午、吳繼靜、范繼信、張繼青、
　　　　姚繼焜等三十餘位傑出演員和教師；文場笛師有顧兆琪、韓建林、王大元、
　　　　丁堯安、吳崇機、蔣曉地等，武場鼓師有李小平、周惠林、張金魁、王明強、
　　　　朱貴鈺等。」，收入國科會專題研究計畫《台灣崑曲史調查研究》研究成果報
　　　　告（國立中央大學人文中心，2012 年 1 月 17 日），頁 2。原載《崑山文化研
　　　　究》2011 年貳（崑山市：崑山文化研究中心，2011 年 6 月）。

〔註 60〕 見唐天瑞訪談：「鍾團長跟我們說有個跟大陸老師學崑曲的機會，剛好我那時
　　　　候剛入團，年輕，很希望多學一點。」，內湖戲曲學院復興京劇團排練場，2013
　　　　年 12 月 26 日。

〔註 61〕 1999 年 3 月 2 日於中正紀念堂。

的舞蹈變化而來，在〈驚夢〉【山桃紅】的載歌載舞迎新春中作結。〔註 62〕4
月「崑曲傳習計畫」與國立傳統藝術中心（簡稱「傳藝」）、國光劇校、新象、
國光劇團主辦「賞心樂事、遊園盛會──崑曲饗宴」，於新舞臺盛大演出，由
唐天瑞與趙揚強演出《鳳凰山‧百花贈劍》、孫麗虹與郭勝芳演出《販馬記‧
寫狀》。〔註63〕並於遊園會中展出崑曲相關文獻、劇照、行頭、道具、視聽資
料及當代崑劇藝人書畫等文物，舉辦崑劇講座與演出，〔註 64〕將崑曲藝術全
方位推廣、宣傳，冀由政府單位與民間組織共同推動崑曲普及化。

　　國光劇藝實驗學校、復興劇藝實驗學校兩劇校於 1999 年合併為「國立臺
灣戲曲專科學校」，〔註65〕由曹復永、李光玉、郭勝芳等在校教授崑曲劇目，
〔註 66〕透過折子戲的教學，循序漸進地在課綱中穿插崑曲教學，目的是透過
崑曲戲中的身段及砌末應用幫助學生基本功的訓練與活用，並藉機增進學生
的崑曲學習機會。

　　1999 年 6 月，洪惟助號召參與「崑曲傳習計畫」的藝生班學員，組成臺
灣第一個專業崑劇表演團體「臺灣崑劇團」（簡稱「臺崑」），〔註67〕並邀請未
曾參與崑曲傳習計畫的青年演員參加，目的為延續自 1991 年 3 月開辦而將面
臨計畫結束的「崑曲傳習計畫」。〔註 68〕所培訓的京劇演員繼續參與崑曲演

〔註62〕王瓊玲：〈世紀之交的回顧與省思──八十八年度大陸傳統劇種在台演出現象
　　　　評述〉（《中華民國八十八年表演藝術年鑑》，臺北市：國立中正文化中心，2000
　　　　年 7 月 1 日），頁88～111。由郭勝芳、孫麗虹演出。
〔註63〕1999 年 4 月 5 日，其他戲碼為《玉簪記‧琴挑》（石小梅、沈世華）、《連環記‧
　　　　小宴》（楊汗如、梁淑琴）、《琵琶記‧南浦》（黃麗萍、傅千玲）、《白羅衫‧
　　　　看狀》（石小梅、黃小午）。
〔註64〕王瓊玲：〈世紀之交的回顧與省思──八十八年度大陸傳統劇種在台演出現象
　　　　評述〉，收入《中華民國八十八年表演藝術年鑑》（臺北市：國立中正文化中
　　　　心，2000 年 7 月 1 日），頁95。
〔註65〕隸屬教育部，招收京劇科，2006 年改制升格為十二年一貫制「國立臺灣戲曲
　　　　學院」，先後共設京劇學系、歌仔戲學系、客家戲學系、戲曲音樂學系、民俗
　　　　技藝學系、劇場藝術學系六系。
〔註66〕見郭勝芳訪談：「教過〈遊園〉、〈驚夢〉、〈思凡〉、〈秋江〉（京版），現在在教
　　　　〈寫狀〉。教戲時我會看是否要演出，要演出，就教戲，不演出，就用以戲帶
　　　　功的方式教。」內湖戲曲學院復興京劇團演員休息室，2013 年 12 月 27 日。
〔註67〕在此之前，水磨曲集崑劇團於 1987 年由曲友們聯合成立，蘭庭藝苑於 1994
　　　　年成立兼演京、崑，絲竹京崑劇團於 1995 年成立兼演京、崑，賞樂坊於 1999
　　　　年成立兼演京、崑、歌仔戲等。此後，崑劇團如詠風劇坊於 2000 年成立，台
　　　　北崑劇團於 2003 年成立，台北崑曲研習社於 2009 年成立。
〔註68〕見林佩怡：〈台灣崑劇團簡介〉（國立中央大學中國文學系：《戲曲研究通訊》
　　　　第二、三期，洪惟助主編，2004 年 8 月），頁 189～193。

出，於 2000 年推出創團戲。〔註69〕臺崑致力於京劇演員參與崑曲演出，每年延請大陸老師來臺教學，〔註 70〕培訓李光玉、陳美蘭、郭勝芳、唐天瑞、王耀星、陳長燕、劉珈后、黃宇琳、張雪虹、彭湘時、陳秉蓁、羅勝貞、孫麗虹、趙揚強、馬寶山、王鶯華、張德天、鄒昌慈、謝復青、劉稀榮、張化宇、臧其亮等京劇演員，〔註 71〕並舉辦大型公演展現學習成果及邀請大陸崑劇團合演。同時舉辦演出、講座、推廣班（由楊利娟等授課），為臺灣第一個以京劇演員為班底組成的專業崑劇表演團體。

2000 年 3 月 24 日舉辦「千禧年傳統藝術之夜——千禧崑饗」的崑劇系列演出，推出《牡丹亭・學堂》、《紅梨記・亭會》、《風箏誤・前親》、《浣紗記・寄子》等戲，〔註72〕為千禧年的崑劇表演活動揭開序幕。

2000 年 3 月 25 日，曾永義與應平書等人發起成立「中華戲曲與文學推廣會」，除開設崑曲唱曲及身段學習相關課程，〔註73〕也曾舉辦崑曲演出及戲曲講座，並曾組團赴中國大陸進行崑曲交流。

2000 年 3 月，臺灣組織聯合崑劇團赴蘇州參與第一屆「中國崑劇藝術節」（3 月 31 日～4 月 6 日），演員為臺灣曲友與京劇演員共同組成，由趙揚強、郭勝芳、鄒昌慈演出《連環記・小宴》，孫麗虹、郭勝芳、鄒昌慈合演《獅吼記・跪池》，趙揚強、陳美蘭合演《紅梨記・亭會》，劉稀榮、楊利娟合演《孽海記・下山》，陳美蘭、孫麗虹、楊利娟及劉稀榮、鄒昌慈合演《牡丹亭・遊園驚夢》。〔註74〕當時參與演出的京劇演員自傳習計畫起直至今日，仍活躍於

---

〔註69〕2000 年 1 月 8 日於國光劇場獻演《牡丹亭・遊園》、《紅梨記・亭會》、《長生殿・酒樓》、《獅吼記・跪池》。

〔註70〕如請汪世瑜教〈亭會〉、〈驚夢〉，姚繼焜、林繼凡教《十五貫・訪鼠測字》，張繼青教《牡丹亭》上本，王維艱教《牡丹亭》之老旦，岳美緹教《玉簪記》，蔡正仁教《長生殿》，華文漪教《玉簪記》、《長生殿》。

〔註71〕見臺灣崑劇團 2007 年劇團簡介。

〔註72〕2000 年 3 月 24 日於臺灣藝術教育館演出《牡丹亭・學堂》（金素娟、鄒昌慈、劉嘉玉）、《紅梨記・亭會》（趙揚強、楊利娟）、《風箏誤・前親》（劉稀榮、李光玉、羅勝貞）、《浣紗記・寄子》（盛利鑑、王逸蛟）。

〔註73〕見孫麗虹訪談：「我也曾到應平書的中華日報自己進修學崑曲，記得是許聞佩老師教的，也是在那時候跟以前在藝生班就認識的周志剛老師學了〈迎像哭像〉。」，木柵戲曲學院國光劇團中庭，2014 年 2 月 27 日、3 月 14 日。

〔註74〕2000 年 4 月 4 日，其他為《玉簪記・琴挑》、《牡丹亭・拾畫叫畫》。見蔡欣欣：〈二十一世紀前崑曲在臺灣的發展史貌〉，收入《戲曲學報》第二期（臺北：國立臺灣戲曲學院，2007 年 12 月），頁 189。

臺灣的崑曲演出活動中，並帶動復興、國光兩團團員學習崑曲戲的風氣。

　　臺崑於第一屆「中國崑劇藝術節」演出後，頻繁參與兩岸崑劇聯演，邀約大陸崑劇團來臺演出，除增加臺灣崑劇觀眾的眼福，也提供了京劇演員與對岸崑劇演員同台飆戲的機會，同台切磋展現了臺灣京劇演員展演崑曲的實力。

　　新象於世紀之交的千禧年（2000 年）主辦「跨世紀千禧崑劇菁英大匯演」，〔註 75〕邀請大陸崑團（院）、紐約崑劇團等來臺，與臺灣崑劇團、水磨曲集崑劇團同臺競演。臺灣崑劇團推出專場演出《望湖樓・照鏡》、《驚鴻記・吟詩脫靴》、《連環記・小宴》、《漁家樂・藏舟》，〔註 76〕此次兩岸三地的匯演，爲廿一世紀崑劇在臺灣的榮景展開序幕。

## 一、京劇演員常演的崑曲戲

　　從 1991～1993 年間國軍文藝中心的輪檔公演與國立臺灣藝術教育館的國劇定期欣賞活動，可看出這四年間各劇隊的崑曲戲演出已比過去十年大幅減少，不論是演出的劇目數量與次數皆縮水。這或許是三軍劇隊走入末期，即將整併爲國光劇團的前兆，也或許是在民間團體如新象、雅韻製作多檔大陸崑劇團體來臺演出，〔註 77〕爲臺灣戲曲觀眾打造專業崑劇演出。

　　不過，陸光於此期間（1991～1993 年間）推出《擋馬》、復興推出《荊釵記》，皆未見於 1951～1990 年間的輪檔演出，別開生面。《擋馬》一劇爲京班中常演崑曲戲，或許先前已在別處曾演出（如勞軍戲），而未見記載，應非爲

〔註 75〕2000 年 12 月 11 日～2001 年 1 月 14 日於國家戲劇院、新舞臺。曾永義：〈跨世紀全球崑劇大展〉（《人間副刊》，2000 年 12 月 7 日）。而張啓豐〈臺灣戲曲——新時代的來臨！民國九十年臺灣戲曲現象與觀察〉一文於本次匯演僅提及浙江永嘉崑劇團、浙江省京崑藝術劇院、蘇州崑劇藝術團等大陸劇團的來臺演出狀況，未提及臺灣演員於此次匯演的崑劇演出，收入《中華民國九十年表演藝術年鑑》（台北市：國立中正文化中心，2002 年 7 月 1 日），頁 79～105。

〔註 76〕2000 年 12 月 20 日於國家戲劇院演出《望湖樓・照鏡》（劉稀榮、唐天瑞、謝冠生）、《驚鴻記・吟詩脫靴》（盛利鑑、古中樑、劉嘉玉、陳利昌）、《連環記・小宴》（趙揚強、楊利娟、王鶯華）、《漁家樂・藏舟》（孫麗虹、郭勝芳）。

〔註 77〕財團法人國際新象文教基金會邀約上海崑劇團（1992 年底、1994 年 11 月）、浙江崑劇團（1993 年 12 月、1999 年 4 月）、中國崑劇藝術團（1997 年 12 月）來臺；雅韻藝術傳播有限公司邀約——江蘇省崑劇院（1998 年 11 月、1999 年 11 月）來臺。

陸光首演此戲。《荊釵記》一劇非京班中常演崑曲戲，推論為新排之戲，為復興於此四年期間推出的唯一一齣崑曲，或可視為受三軍整併影響較小的復興，維持正常運作尚能整編新戲的證明。

## 二、京劇演員常參與團體

水磨曲集崑劇團由徐炎之、張善薌門生組織而成，於創團首演中演出班底即包含京劇演員，欲透過曲友與京劇演員通力合作，推展崑曲的不同表演風貌、加深曲友與京劇演員間的合作關係，為臺灣歷時最久、以曲友為主要核心的崑劇團。

絲竹京崑劇團由復興及前三軍劇團京劇演員組成，不定期演出京劇與崑曲戲，曾演出〈夜奔〉、〈思凡〉、〈琴挑〉、〈癡夢〉、〈遊園驚夢〉、〈拾畫〉、〈望鄉〉、《販馬記》、《風箏誤》等，〔註 78〕為由京劇演員主導、參與的劇團，在京劇演員的崑曲參與史中佔一席之地。

自 2000 年起蘇州每三年舉辦一次「中國崑劇藝術節」，至今（2013 年）已舉辦五屆。2000 年 4 月由國立國光劇團、水磨曲集崑劇團與臺灣崑劇團聯合組成「臺灣聯合崑劇團」，共赴蘇州參加首屆「中國崑劇藝術節」，相較經費充足的大陸劇團的華麗舞台，臺灣的崑劇團保留傳統崑劇一桌二椅的簡單樣貌，並呈現在大陸院團及觀眾眼前。〔註 79〕本次赴陸後，演出受肯定，因此於下個時期蓬勃期（2001～2013 年間），又二次赴陸參與崑劇藝術節，這三次的演出，傳為臺灣京劇演員兼擅崑亂的佳話。

## 三、主要參與京劇演員

本時期茁壯期（1991～2000 年間）參與崑劇最密切的京劇演員，以受選為「崑曲傳習計畫」第四至六屆藝生班（1996～2000 年間）學員為主，學員來自復興、國光兩團青年團員及曲友，培訓的行當又以旦角、小生為主，丑角、老生次之。本時期承繼了孕育期（1951～1979 年間）及奠基期（1980～1990 年間），大量培養兩團演員學習崑曲，青年京劇演員耳濡目染師長前輩京

〔註78〕 施德玉：〈崑劇在臺灣之概況及其當前之表演類型〉，收入《戲曲學報》第八期（國立臺灣戲曲學院，2010 年 12 月），頁 90。

〔註79〕 見胡芝風：〈臺灣崑劇《風箏誤》、《獅吼記》的有益啟示〉（國立中央大學中國文學系：《戲曲研究通訊》第六期，孫致文主編，2010 年 1 月）。

崑不擋示範中，為拓展舞台與戲路以增進個人表演養分，吸引了大批京劇演員參與崑曲傳習計畫的崑曲學習與演出之路。

## 第二節　承先啓後

十年的崑曲傳習計畫，培養了爲數不少的臺灣曲友及京劇演員專業崑曲戲表演能力，〔註80〕一方面拓展了崑曲的愛好者，提供他們近一步接觸崑曲的機會，另一方面爲自 1952 年即參與崑曲戲學習與演出的臺灣京劇演員，展開新的一頁。爲臺灣曲界注入一股穩定而豐沛的活水，推動臺灣崑曲邁向下階段的發展。王安祈曾於其著作《臺灣京劇五十年》中表示：「如果沒有顧正秋，台灣京劇無法奠基；如果沒有軍中劇團，台灣的京劇不可能延續至今。」〔註81〕若無崑曲傳習計畫，培養大量的崑曲觀眾，就無法促進臺灣崑曲戲演出欣賞的普及化；若未爲臺灣培養出具備大量崑曲劇目演出能力的京劇演員，就沒有現在的崑曲專業演出。

透過學術界主導的崑曲傳習計畫，培植崑曲觀眾，促使京劇演員崑曲參與普及化，臺灣的崑曲得以發展至現今枝開葉散之貌，影響遍及曲界、學界、京劇界的繁盛之景，也帶動了更多崑曲的學術研究風氣。形成了「崑劇的臺灣效應」與「臺灣的崑劇效應」，〔註82〕爲本時期茁壯期（1991～2000 年間）的臺灣崑曲史大事，也因此影響了下個時期蓬勃期（2001～2013 年間）的臺灣崑曲發展。

### 一、京劇演員常演的崑曲戲

本時期茁壯期（1991～2000 年間）開放大陸演員來臺傳承戲曲藝術，臺灣京劇演員接觸到 1949 年後經過「戲曲改革運動」的大陸戲曲演員，受史坦尼斯拉夫斯基「史氏體系」影響，講求「方法演技（Method Acting）」的表演理論：

---

〔註80〕王志萍編，《曲韻蘭庭——崑曲藝術在台灣發展的軌跡、特色與現況》（台北市：蘭庭崑劇團，2011 年 5 月），頁 15。

〔註81〕王安祈，《臺灣京劇五十年》（宜蘭：國立傳統藝術中心，2002 年），頁 44。

〔註82〕王安祈：〈崑劇在臺灣的現代意義〉，收入《臺大中文學報》第十四期（臺灣臺北：臺灣大學中國文學系，2001 年 5 月），頁 232。

> 當演員的内心及想像中出現了那個神奇的、有創造性的「如果」二
> 字時，他的創造力就出現了。…演員能夠非常真誠地相信那種想像
> 中的真實，並且要比他相信真正的事實還要熱情。〔註83〕

與過去學習京劇的經驗不同，演員詮釋角色時要從内心生發，透過「從自我
出發」進入「創作角色的性格與生活」狀態，成為角色。如此的詮釋方法開
啓了京劇演員演戲的新視角，對於演戲產生不同見解，增進其演戲與創作能
力。

　　當代新編戲重視人物性格刻劃，性情較複雜而多變，受邀參與二分之一 Q
劇場演出及擔任近年國光新編戲要角的陳美蘭提及對於新編戲人物塑造的看
法：

> 因參與崑曲實驗劇演出，將過去所學的經典優美身段放下，由内心
> 情境而生，將過去所學之基礎變化運用，加強我自身創作身段的能
> 力，又學習看簡譜學唱腔，這些演出創新戲的經驗使我回頭演傳統
> 戲時，便時常提醒自己不要把程式表演做為主要目標，而是發自内
> 心的表演，由裡而外的真情流露，如此的演出才能更感人！〔註84〕

新編戲的人物塑造若只沿襲過去的京劇模式則不能勝任，傳統京劇表演方式
在演員與觀眾間有「疏離」感，所有言行舉止皆為討「好」而做；此時期接
觸到的大陸崑曲受戲改影響，已非「原汁原味」，〔註85〕強調崑曲戲中的人物
塑造要藉由演員營造邀請觀眾進入，演員需吸引觀眾入戲、對角色有感，情
緒跟著角色起伏。鄒昌慈學習崑曲戲時，最深刻的印象為計老師的一句話：

> 計老師要我們「不論如何，都要去勾引臺下的觀眾」，你讓觀眾來看
> 戲的目的就是要勾引他。〔註86〕

新編戲角色内心世界較傳統戲更複雜、表演性更強，用京劇固有的程式已無
法完全勝任新編戲的要求，於是便需借助於其他元素以雕塑出更生動的人物
形象，需要借用其他藝術的長處以符合京劇新編戲多元化的要求。

---

〔註83〕 俄羅斯・斯坦尼拉夫斯基著、吳霜譯，《斯坦尼拉夫斯基自傳：我的藝術生活》
　　　　（北京：團結出版社，2006 年 1 月），頁 369。

〔註84〕 陳美蘭訪談，木柵戲曲學院國光劇團二樓演員休息室，2014 年 3 月 13 日。

〔註85〕 見王志萍訪談：「徐老師主要教生旦戲，師母就教身段，師母教的身段非常繁
　　　　複，像〈遊園〉裡的杜麗娘還要『臥魚』！兩岸開放跟大陸老師交流後，發
　　　　現師母教的身段比傳字輩學的還早，是原汁原味的崑曲。」，台北蘭庭崑劇團
　　　　藝響空間，2014 年 1 月 24 日、2 月 7 日。

〔註86〕 鄒昌慈訪談，木柵戲曲學院國光劇團國光劇場後臺，2014 年 3 月 14 日。

　　京劇新編戲人物塑造需汲取新的來源以持續發展，由於崑曲程式高度規範化，對於隨身配件的運用手法更多，並講究揣摩角色內心世界而推動整體舞台表演呈現，成為多元選擇中的上上之選。因此，習崑曲對於演員揣摩新編戲的角色人物有幫助，能從過去著重唱腔、人物較為空洞的傳統表演模式，朝唱作並重的現代劇場要求靠攏。演員的創作仰賴大量的輸入，豐富而多元的藝術修養有助於演員表現，進而發展與形成個人藝術風格。

　　學習崑曲不只影響京劇新編戲的創作，也影響了其第一劇種京劇的表演，過去京劇表演重視聽覺，唱得好即能滿足觀眾的耳福。隨著時代的步伐前進，現代戲劇影響了戲曲的表演，表演也講究人物塑造，如學習崑曲後深化原來京劇表演的王鶯華說道：

> 跟羅勝貞合演《四郎探母・見娘》那一場，這是京劇裡常演的戲、經典好戲，誰都會唱。我就跟他說我們兩個來弄點不一樣的吧，我就想說要怎麼把它加工，就增加了四郎的內心戲，加了一些情緒在裡面，配合的人也很重要！後來頗獲好評，這是我從崑曲中學來應用在京劇中的部分，是我學崑曲後的改變，從內心裡轉化出來的。京劇誰都能演、誰都能唱，戲都是好戲，但如果你加了點內心戲在裡頭，從心裡頭出來點東西，就豐富了角色。〔註87〕

透過活化所學，豐富原本的京劇劇藝，並非「拿來主義」，而是「精緻化」原有劇藝，不把來自其他劇種所學習的劇藝直接地運用，而是融會貫通後再運用於京劇表演中，使原本的戲更加豐富而動人。

　　在上個時期奠基期（1980～1990 年間）的《牡丹亭》（又名《還魂記》）、《釵頭鳳》、《長生殿》等大型崑劇公演後，本時期茁壯期（1991～2000 年間）再度重演，臺灣京劇演員演出大型崑劇公演表現可圈可點，因此開啟了新編崑劇的製作。新編崑劇《釵頭鳳》演出頗受好評，因此引發了下個時期蓬勃期（2001～2013 年間）由臺灣京劇演員主演的《梁山伯與祝英台》、《孟姜女》、《李香君》、《楊妃夢》、《范蠡與西施》等劇的創作與演出。

## 二、京劇演員常參與團體

　　崑曲傳習計畫藝生班中的京劇演員，在學習崑曲戲後，提供其京劇劇藝大量而高品質的養分，並能具體體現於京劇演出中。惟因以本業為重不宜耽

---

〔註87〕王鶯華訪談，內湖愛買肯德基，2014 年 2 月 28 日。

誤團務，因此未能以業餘的崑曲戲學習佔據「上班時間」，復興及國光兩團觀察到學習崑曲戲對京劇演員劇藝的正面影響，因此安排崑劇老師來臺授課，為兩團團員安排崑曲戲學習既可以充實劇團劇目，又可增加京劇演員舞台技藝。如何推廣崑曲、推動京劇演員學習崑曲、安排京劇演員演出崑曲，推動崑曲演出專業化不僅是民間崑劇團的目標，也是政府單位應重視與規劃的要務之一，透過國家的關注與支持，使崑曲在臺灣發展地更茁壯。

在參與崑曲傳習計畫後，復興、國光兩團京劇演員，除了原來常演的保留於京班中的崑曲戲外，如吉祥戲與觀光戲常選擇崑曲劇目演出。也開始在週末劇場演出中，由演員推出其於崑曲傳習計畫間所習得的戲，顯示兩團演員崑亂兩下鍋能力。

京劇演員在學習崑曲戲後，經由崑劇演員的口傳心授，發現兩劇種間本質的差異：在基本動作規範上的要求程度不同，〔註88〕為深化京劇劇藝，京劇演員做出許多努力。因崑曲的規範性高，由此反視自己的京劇劇藝，重新挖掘京劇中固有但過去未達成的部分，如朱勝麗認為：

> 像以前對行弦（過門）的地方不是太在意，不去了解為什麼要安排身段的過程，必定有他的道理，但以前就是不知所云，做就好了，現在就發現其實裡頭大有文章、有很多細節部分是有其必要的。我覺得學習崑曲開啟了我另一扇觀察力，以前對詞意也比較不會去太深入了解、追究、往裡頭挖，我們現在就比較知道為什麼話要這樣接，它裡頭有什麼潛台詞。以前我們叫「淺層表達」，現在叫「深度挖掘」。〔註89〕

經過解剖後的詮釋而更臻細膩，於是更能夠掌握劇種的神、韻、味，同時也感受到學習崑曲戲後，對於京劇劇藝的幫助。除在演出時能在舞台上應用外，在教學時也能以崑曲的高度規範要求學生，因此楊利娟把崑曲經驗化用到京劇教學中：

> 眼下我就是把我從崑曲所學的教給學生，尤其是身韻這塊面，我覺得這對演員來說太重要了。我自己也是走這條路過來的，所以我知

---

〔註88〕 見楊利娟訪談：「我學了崑曲學了十多年，最近跟雪雯老師學戲，跟老師說老師我不想學戲，你教我基本功、你教我手眼身法步，想從最初始的身段、身形學起，才能有崑的韻味。」，內湖戲曲學院圖書館，2013年12月26日。

〔註89〕 朱勝麗訪談，木柵星巴克，2014年1月3日。

道如果要當一個演員，哪些面向是重要、有幫助的，所以我希望我
能在這些方面給予學生們指導。〔註90〕

向戲校生講解動作要求其來有自，達到要求後能創造的美感經驗，並透過以
戲帶工的實踐讓學生確實掌握美感營造方法以及具體效應。京劇動作追求
「脆」，動作較硬，而崑曲動作在線性流動中，講究「圓」，突顯其柔和、協
調、勻稱的特質，郭勝芳在學生身上看到學習崑曲後的作用：

我覺得他們學了崑曲後，就比較柔、比較圓，包括走臺步、身形、
手形、動作、表情，都會比較豐富。〔註91〕

學習崑曲後，針對身形、表情、動作進行技巧修正，動作富韻律感與神采。
且崑曲戲身段動作，每個連續動作都注重停頓格的節奏掌握，「精彩、準確的
亮相，往往具有深遠的含意。」，〔註92〕每個畫面都得呈現特定視覺效果，張
化宇初接觸崑曲亮相的回憶：

崑丑的身段是舞蹈化，他著重的是「畫面」，成志雄老師、張銘榮老
師、張寄蝶老師都曾說過：「我們每個動作，出來都是一個拍照的
畫面。在念詞的時候，一定點，一定都是可以拍照的，隨時隨地拍
都不是難看的。」〔註93〕

有感於崑曲戲對基本動作的嚴格要求，崑劇演員訓練自基本功起便嚴格規範
手眼身法步，在身訓課中進行形體訓練，將授課教師的身段口訣拆解教學，
細節要求多、規範性高。鍾傳幸曾邀溫宇航至戲曲學院教中小學的小生組，〔註94〕參考坐科時的身段口訣自行編了套「基本身段組合訓練口訣」，將崑劇表演
中的身段組合，擇要編列其中，相似情境皆可運用，或是可自行變化使用，

---

〔註90〕楊利娟訪談，內湖戲曲學院圖書館，2013 年 12 月 26 日。

〔註91〕郭勝芳訪談，內湖戲曲學院復興京劇團演員休息室，2013 年 12 月 27 日。

〔註92〕田沔東：〈節奏：武戲的靈魂——談張世麟在《蜈蚣嶺》中節奏處理〉，收入
《人民戲劇》1980 年第 9 期（北京：中國戲劇協會，1980 年），頁 45。

〔註93〕張化宇訪談，內湖戲曲學院戲曲樓五樓教師辦公室，2013 年 12 月 26 日。

〔註94〕溫宇航曾於戲曲學院高中小學部的小生組授身訓課，基本身段組合訓練口訣
為：「你我兩相逢，恭敬來相請。擦鼻抒雅興，同來捻詩文。拍手得妙句，佳
作心中生。提筆細思忖，下筆似流星。倚門凝眼望，徘徊待知音，但聽金珮
響，疑是玉人來。仰身抬頭望，則見月光明。側耳辨琴音，且聽弦中情。闊
步穿花徑，攜手並肩行。新衣穿在身，得意喜洋洋。相思何其苦，離別送長
亭。悲痛腸欲斷，拭淚淚滾流。淚眼看分明，但怕成永訣。情誼感肺腑，撫
胸憶舊情。夕陽日西沉，回轉路欲迷。風沙彌漫起，寒風透衣襟。趕路離險
境，疾步跌一跤。抖盡身上土，逃命向前奔。」身訓課教學見溫宇航訪談稿。

雖規範性強但可塑性也高，是具萬千變化性的規範動作。

　　同時，由於崑曲戲中人物的情感表達較為細膩，時常借助砌末——如水袖、柳枝、扇子（團摺扇）、雲帚、腰巾（汗巾）、手巾等——表達內心抽象的情感，不單是功能性的造型道具，而是透過瑣細的動作表達內心情境。多元的學習有助於技藝的提升，唐天瑞分享學習崑曲對京劇表演的影響：

> 在京劇的表演中，有時會被要求比較講究，可是我覺得講究不是要
> 求就能達到的，必須要學了「一、二、三、四、五、六、七」，然後
> 等到要用的時候，再把「一、二、三、四、五、六、七」的經驗拿
> 出來，我有表演方式得選擇，這都是觀念。不管什麼領域都說「活
> 到老，學到老」，並沒有「我已經是成熟演員就可以不用學了」這種
> 事，所以會希望能多學一點以成為自己未來演出的功底，可以把崑
> 曲所學和京劇表演互相運用，讓我的表演風格和能力更全面。〔註95〕

因為學了新的玩意兒，演出時有了更多的表演方式可供選擇，演員就能夠更深刻的刻劃人物情感。崑曲身段要求具高度規範性，京劇演員將崑曲身段組合消化吸收後，成為自己的劇藝庫存，在京劇演出時可重新拆解應用，在最基礎處下功夫於運用時即能更加熟練，並且能幻化派生出更多樣貌。為臺灣京劇的傳承起影響，由受過崑曲訓練的京劇演員在劇校養成時期即嚴格要求，或形成「蝴蝶效應」影響未來出科後的表演成就。

　　於本時期茁壯期（1991～2000年間）末期成立的臺灣崑劇團，將本時期所培養的青年京劇演員集結為一團，承接崑曲傳習計畫第四～六屆間傳授的二十多齣崑劇折子戲及《牡丹亭》、《爛柯山》兩串本戲，以此為基礎，繼續發展擴充該團的串本戲。至下個時期蓬勃期（2001～2013年間），已能演出六十餘齣折子戲及《琵琶記》、《風箏誤》、《尋親記》、《獅吼記》等串本戲，〔註96〕為京劇演員提供了崑曲傳統戲演出的舞台。

　　臺灣於2000年組團參加蘇州第一屆中國崑劇藝術節，演出折子戲，與大陸崑團同臺競演，臺灣崑曲表演者雖非專業崑劇演員，然此次參與演出意義非凡，展現了臺灣的崑曲傳承歷史與現代意義。事隔六年，臺灣崑劇團與蘭庭崑劇團於2006年赴蘇州參加第三屆中國崑劇藝術節，演出兩齣串本戲《風

---

〔註95〕唐天瑞訪談，內湖戲曲學院復興京劇團排練場，2013年12月26日。
〔註96〕曾永義、施德玉，《地方戲曲概論》（下）（臺北市：三民書局，2011年11月），頁958。

筝誤》、《獅吼記》，展現臺灣京劇演員於崑曲戲演出的實力。再隔六年，臺灣崑劇團於 2012 年再登蘇州參加第五屆中國崑劇藝術節，演出兩齣串本戲《西廂記》與《奇雙會》，展現臺灣京劇演員崑亂兼擅的藝術表現。兩岸演員同於紅氍毹上同臺競演，對於臺灣京劇演員及臺灣戲曲界來說，意義不同於至大陸巡演或於臺灣舞台上聯合演出，演出表現代表了臺灣演員的實力。

## 三、帶動京劇演員參與

經歷了 1996～2000 年間的崑曲傳習計畫藝生班的培訓，京劇演員浸淫於崑曲的表演環境多年，對於崑曲表演的掌握漸入佳境，也在多年的培訓中漸見佳績，復興、國光兩團未參與崑曲傳習計畫的演員有目共睹， [註 97] 因此埋下了尚未參與的京劇演員欲學習與演出的動機與目的。

有別於前兩期京劇演員參與崑曲的情況，不論在行當與劇目的多樣性都呈現前所未有的盛況。而崑曲傳習計畫在褒貶聲浪中，2000 年後不再受政府單位的補助，嘎然而止。因此崑曲傳習計畫的主持人之一洪惟助便號召藝生班的學員共組臺灣崑劇團，為本時期茁壯期（1991～2000）的京劇演員崑劇培訓畫下休止符，並邁入京劇演員參與崑曲的下一階段。

## 第三節　學習崑劇對演出傳統京劇的影響

臺灣京劇演員經過十多年浸淫於崑劇的學習與演出後，將學習崑劇時的心得帶入京劇表演中，本節將探討學習崑劇後，對傳統京劇表演的影響，以京崑皆有的劇碼及京劇傳統戲為例。

## 一、京崑皆有的劇碼

京崑劇中皆有的劇碼如《連環記・小宴》（即《呂布與貂蟬》）、《雷峰塔・斷橋》（即《白蛇傳・斷橋》）、《玉簪記・秋江》（即《秋江》）等戲，京崑劇

---

〔註97〕 見楊利娟訪談：「那時候她們學完後，給她們辦了個成果發表，我去看，嚇了好大一跳，因為他們的表演技巧進步好大，才短短一屆，就讓我刮目相看，怎麼這三個人的表演讓我一下地眼睛就為之一亮，我就想說是學崑曲的關係嗎？所以我隔年就去參加第五屆，也學崑曲了。就參加了後兩期的崑曲傳習計畫。」，內湖戲曲學院圖書館，2013 年 12 月 26 日。

表演不同之處在於呈現方式及劇情人物，崑版因應「折子戲」發展，表演重
點著重於細膩的人物塑造。如鄒昌慈分析演出京、崑〈小宴〉王允一角時的
表演心得：

> 因為我覺得崑曲的〈小宴〉太經典了！所以我除了保留一些京劇裡
> 該有的東西外，其餘就拋掉改用崑曲的東西。因為崑的表演比較內
> 斂、人性，不像京劇很程式化，崑曲的表演講究互動、眼神，我加
> 了很多我自己的體會，若按以前的表演我可能就會假裝沒看到呂布
> 對貂蟬調情，現在我就會加一些情緒進去豐富邊配的人物。〔註98〕

崑劇講究內心戲，如郭勝芳比較京、崑版〈秋江〉表演的異同：

> 比如〈秋江〉，京版講究的是演員的技巧，跟艄翁的關係，有很多舞
> 台的技巧，像上船等等；崑版的著重在感情，跟小生內在細膩的交
> 流；風格完全是不同的。〔註99〕

「戲好學，神難描」，透過內在體驗與外在表現的結合，來自內心深沉的表演，
而不只是表象地用語言表達，拓寬了演員對角色人物塑造的視野。由於崑劇
重視人物的塑造，於是京劇演員在學習崑劇後，能把其中極細膩的作表，於
京版中發揮創造，兼擅做表，豐富原本已有的人物。

　　京崑的〈斷橋〉故事劇情內容相同、唱詞不同，京版唱出熾熱的愛情宣
言、崑版突顯綿密的夫妻情深，一外放、一內斂，京崑大師梅蘭芳曾言道崑
〈斷橋〉的文辭典雅較京〈斷橋〉難以親民，但其中的豐富表演可足以借鑒
於京劇表演中。〔註100〕同樣的劇情、人物，不同的表演呈現方式，陳長燕在
學習崑劇〈斷橋〉後比較京崑版間表演的不同：

> 像〈斷橋〉是京崑都有的，演出大綱是相同的，光唱和念白就差非
> 常多，身段、走位都不一樣，像重新來過、重背一齣戲一樣。情感
> 是一樣的，但詞不一樣，需要花時間練習，並不是十分容易上手的。
> 崑版走三插花，是每個人都走完整的 8 字，青蛇、白蛇都要唱，可
> 是京劇沒有，京版是一個過位後一扯兩扯，只有青蛇唱要殺許仙。
> 京劇的話它的節奏很快，青蛇很憤怒、唱的是流水；崑版是「有聲

---

〔註98〕鄒昌慈訪談，木柵戲曲學院國光劇團國光劇場後臺，2014 年 3 月 14 日。
〔註99〕郭勝芳訪談，內湖戲曲學院復興京劇團演員休息室，2013 年 12 月 27 日。
〔註100〕梅紹武、屠珍等編撰，《梅蘭芳全集》（一）舞台生活四十年（石家莊：河北
　　　　教育出版社，2000 年 12 月），頁 252。

皆歌、無動不舞」，邊跑、邊唱、邊舞，如果光在唱沒有身段就沒意思了。〔註101〕

崑曲重視舞台上的畫面美，相較於突出主角，更加重視一致性，〔註102〕三人的速度、動作形象皆須互相配合。此戲在京劇中小生常是邊配，如趙揚強在學習崑〈斷橋〉後對於許仙一角後的體悟：

> 比如京版的《斷橋》以白素貞爲主，小生是搭配的，也比較講究個人表現，我（指旦角）能唱多高就盡量唱多高；而崑版的〈斷橋〉，小生的份量就比較重，像【山坡羊】旦唱多少，小生上來就唱多少，它的比重是一樣的，表演機會多、比較好發揮。…崑劇的特色是定調門，跟京劇不一樣，京劇都依個人的調門，如果今天有三個白娘子，也許今天有兩個不一樣的調門，我就得記住、分別配合他們三個人的調門對唱，不像崑曲有一致性的調門，和諧性不如崑曲，這很辛苦的。〔註103〕

京劇演員認爲習此劇後，對個人行當的舞台地位有更多的自信與發揮，因此在學演過崑曲的相同劇碼後，演京劇時能對原本的角色有更多的發揮空間，豐富其個人舞台表演藝術。

## 二、京劇傳統戲

在學習崑劇後，京劇演員對於個人的手眼身法步等基本功〔註104〕及角色人物的形象塑造，有更多的自我要求。過去於劇校雖學得磁實的基本功然而不明究理，「我們要深一層領會這『登臺』二字的重要，才眞正領會了『毯子功』。」〔註105〕未經演出的細緻要求，未能領略最基本的要求之原委，透過學習崑劇，京劇演員反求諸己於既有的基本功，展現功法的紮實與美的確立。如陳長燕談初學崑曲時的衝擊：

〔註101〕陳長燕訪談，木柵戲曲學院國光劇團排練場，2014 年 1 月 20 日。

〔註102〕如崑曲中的唱是定調定腔，見楊利娟訪談：「京劇唱起來比較高昂，崑曲的唱較柔、較美，高低音階差別大，一開始時低音都唱不下去，對我們來說眞的很難，很想要求老師改個調門，但這樣就不是崑曲了，只能勤練。沒有不二法門。」，內湖戲曲學院圖書館，2013 年 12 月 26 日。

〔註103〕趙揚強訪談，內湖戲曲學院復興京劇團演員休息室，2014 年 1 月 2 日。

〔註104〕指腰腿功、架子功、毯子功、把子功。

〔註105〕蓋叫天口述，何慢、龔義江整理，《粉墨春秋：蓋叫天口述歷史》（北京：中國戲劇出版社，2012 年 1 月），頁 63。

> 一學崑曲的時候，老師就在掰，說「你的腰、你的身上、你的肩膀、
> 你的手、你的頭」，…一開始不太習慣被這麼要求，但習慣後，就化
> 成我自己的技藝，在某些時候對京劇的姿態和姿勢是有幫助的，比
> 如演京劇穿上古裝的時候，腰的身段就運用上了，觀眾就看得出來
> 線條的感覺不一樣，因為平常京劇紮大靠、穿蟒什麼的是看不到腰
> 的。〔註106〕

透過崑劇的學習，京劇演員將基本功重新爬梳，對身形更加有所要求。比如
戲曲表演中的基本水袖功，鄒昌慈明辨其中差異：

> 比如一個水袖的上袖，京劇可能就一個大敞門就上了，動作比較大；
> 崑曲就會要從手肘上過去，講求一個「雅」字。〔註107〕

崑曲表演裡每個畫面都得呈現特定視覺效果，「精彩、準確的亮相，往往具有
深遠的含意。」〔註108〕因此，崑劇身段動作注重停頓格的節奏掌握，張化宇
分享了學習時老師們共同的指導要點：

> 崑丑的身段是舞蹈化，他著重的是「畫面」，成志雄老師、張銘榮老
> 師、張寄蝶老師都曾說過：「我們每個動作，出來都是一個拍照的
> 畫面。在念詞的時候，一定點，一定都是可以拍照的，隨時隨地拍
> 都不是難看的。」〔註109〕

戲曲表演程式的運用，經過崑劇的細緻要求與藝術實踐，成為京劇演員創造
舞台形象時更有利的表現手段和技巧。讓過去著重於聽覺享受的京劇藝術，
朝視聽雙享受邁進。

透過活化所學，豐富原本的京劇劇藝，由此可見戲曲的學習待內化為演
員自身的一部分後才運用，並非「拿來主義」，而是「精緻化」原有劇藝，如
王鶯華談學習崑曲後豐富京劇《四郎探母》楊四郎一角，〔註110〕演員並非把
從其他劇種所學習的劇藝直接地運用，而是融會貫通後再運用於京劇表演
中，使原本的戲更加豐富而動人。學習崑曲後，演員對於傳統戲有了不同的
要求，如鄒昌慈談學習崑曲後，對於同樣的《武家坡》薛平貴一角的表演有

〔註106〕陳長燕訪談，木柵戲曲學院國光劇團排練場，2014 年 1 月 20 日。
〔註107〕鄒昌慈訪談，木柵戲曲學院國光劇團國光劇場後臺，2014 年 3 月 14 日。
〔註108〕田沔東：〈節奏：武戲的靈魂——談張世麟在《蜈蚣嶺》中節奏處理〉，收入
　　　　《人民戲劇》1980 年第 9 期（北京：中國戲劇協會，1980 年），頁 45。
〔註109〕張化宇訪談，內湖戲曲學院戲曲樓五樓教師辦公室，2013 年 12 月 26 日。
〔註110〕王鶯華訪談，內湖愛買肯德基，2014 年 2 月 28 日。

不同見解：

> 有一次我看大陸演員的《武家坡》，覺得很好笑！臺上明明就薛平貴
> 和王寶釧兩個人，爲什麼你一唱完是衝著外面（指觀衆）看呢？不
> 是只有兩個人嗎？薛平貴不是在挑逗王寶釧嗎？爲什麼會一直往外
> 看呢？如果是我的話，應該是在王寶釧唱的時候，我會上下打量她，
> 而不是像個沒事人一樣往遠方看，等她唱完該自己唱了才有作表。
> 但我們京劇老一輩就是這樣表演的。〔註111〕

透過學習崑劇後，對於過去乾唱、傻唱京劇而較無內心舖陳的表演方式，感
到不足與不滿足，於是將崑劇重視內心戲的表演方法帶回京劇表演，加以豐
富經典的京劇傳統老戲，拓展原本的表演藝術。

　　崑劇表演的審美爲外形結構、內涵意境的結合，歌舞的「虛與實」、角色
的「動與靜」，以外形結構爲內涵意境服務，將外在景物爲實用虛、內在情態
爲虛用實，化景物爲情思。動靜對立，統一在心，心動而情動。崑劇之美在
於意境，爲其表演藝術精華所在，京劇演員在學習崑曲後，便把人物塑造的
方法運用於京劇之上。

## 小　結

　　京劇演員在演出京劇時展現皮黃特色、演出崑曲戲時突出崑曲特點而不
混淆，乃京劇演員所需面對的首要挑戰。從第一劇種（京劇）過渡到第二劇
種（崑劇）的表演，並不是船過水無痕的，京劇出身的演員用京劇觀點演出
崑曲戲無可厚非，第一劇種的原生效應深刻地刻印在演員的表演之中。帶有
京味兒的崑曲或可帶來新面貌，〔註112〕成爲臺灣崑曲特色，而成爲「崑劇的
臺灣效應」之最佳見證亦未可知。

---

〔註111〕鄒昌慈訪談，木柵戲曲學院國光劇團國光劇場後臺，2014 年 3 月 14 日。
〔註112〕毛家華，《京劇二百年史話》（臺北市：文建會，1995 年 5 月）：「到了皮黃，
　　　　則以京音爲字音的準則，徐小香遂由崑曲的小生在皮簧戲中，把京音與蘇音
　　　　揉成一體，進行一個新行當的創造。」，頁 398。

# 第五章　蓬勃期（2001～2013 年）

在爲期十年的崑曲傳習計畫結束後，臺灣的崑曲史邁入下個階段，在質量並重的情況下，同時培養崑曲愛好者、參與崑曲的京劇演員，在此富饒的基礎上，崑曲表演次數日漸增多，京劇演員參與大型崑曲演出也更頻繁，並因此形成了「台灣的崑劇效應」與「崑劇的台灣效應」。〔註1〕

京劇演員跨劇種學習崑曲，爲臺灣傳承崑曲劇目不可或缺的專業人才，藉由公演展現學習成果，多次舞台實踐增進其崑曲實力，實乃臺灣崑曲傳承「以功保戲，以戲帶功，以教保演，以演促教」之最佳體現。

如何吸引、拉攏更多京劇演員參與崑曲的學習、演出，以延續臺灣本土的崑曲演出，是當今的崑劇團致力的目標，本章將探討京劇演員於本時期蓬勃期（2001～2013 年間）的崑曲參與狀況。

本時期（2001～2013 年）展現了京劇演員自上個時期茁壯期（1991～2000年間）經過傳習計畫的培訓成果，不僅演出傳統崑劇，也能演出新編崑劇、崑劇小劇場等，呈現京劇演員學習崑劇後在臺灣頻繁演出的蓬勃狀況，因此稱爲「蓬勃期」。

## 第一節　重要演出事件

曲友應平書於 2003 年成立台北崑劇團（簡稱「台北崑」），致力於曲友的崑曲傳承與推廣，邀上崑周志剛、朱曉瑜伉儷來臺授課，並邀復興、國光兩

---

〔註1〕 王安祈：〈台灣的崑曲戲效應與崑曲戲的台灣效應〉（《大雅》雙月刊第 22 期，臺北市：大雅藝文雜誌社，2002 年 8 月號），頁 34～38。

團演員一同學習，培訓孫麗虹、朱錦榮、劉稀榮、李光玉、郭勝芳、朱勝麗、鄒昌慈、唐天瑞、劉珈后等京劇演員學習崑曲，〔註2〕並不定期舉辦大型售票演出展現學習成果，傳承以傳統折子戲為主。

　　臺灣崑劇團於 2003 年推出串本戲成果展——《風箏誤》，〔註3〕為「戲保人」的崑曲，劇情內容詼諧有趣，適合對崑曲尚未熟悉的京劇演員學習演出。此戲原在傳習計畫中由吳繼靜教授〈驚醜〉、〈前親〉，後臺灣崑劇團邀請龔世葵來臺接續完成串本戲。後於台北市傳統藝術季〔註4〕及第三屆中國崑劇藝術節推出《風箏誤》，〔註5〕2010 年「千里風雲會」、〔註6〕2011 年（民國一百年）花博〔註7〕等大型公演再演，由臺崑頻繁於大型演出推出此劇，可知京劇演員學習「戲保人」的戲並演出易獲得好評，也能藉此拉攏非崑迷入場觀賞，增加普及度，因此為臺灣崑劇團常演的劇目。

　　二分之一 Q 劇場於 2006 年春由戴君芳、楊汗如〔註8〕共同創團，但早於2004 年即推出《柳‧夢‧梅》、〔註9〕2005 年推出《情書》〔註10〕兩齣實驗崑劇，邀請陳美蘭參與演出，又於 2009 年合作《掘夢人》，〔註11〕將傳統崑曲《牡丹亭》、《西樓記》藉由新編賦予新意義。小劇場改編崑劇演出，邀京劇演員擔任主角，顯示出臺灣京劇演員在崑曲上獨當一面的能力，藉由「換湯

---

〔註2〕　蔡欣欣：〈崑曲在臺灣發展之歷史景觀〉，收入《臺灣戲曲景觀》（臺北市：國家出版社，2011 年 1 月），頁 88。

〔註3〕　2003 年 12 月 19 日於國光劇場。

〔註4〕　2006 年 5 月 12 日於中山堂演出《風箏誤》（趙揚強、劉稀榮、李光玉、劉珈后、王鶯華、羅勝貞、郭勝芳）。

〔註5〕　2006 年 7 月 8 日於蘇州崑曲戲院蘭韻劇場演出《風箏誤》（趙揚強、劉稀榮、李光玉、劉珈后、王鶯華、羅勝貞、郭勝芳、彭湘時、臧其亮、陳秉蓁、謝復青）。

〔註6〕　2010 年 5 月 29 日於城市舞台《風箏誤》（葉復潤、莫中元、孫麗虹、劉稀榮、唐天瑞、郭勝芳、羅勝貞、劉珈后、錢宇珊、張耀仁、鄒子敏、黃詩雅、劉啟榮、廖苑純、劉珊如、朱思樺、章靖郇、張書宇、陳品旭、蕭志瑋、樓奕成）。

〔註7〕　2011 年 3 月 7 日於花博行動巨蛋。

〔註8〕　曾參加「崑曲傳習計畫」藝生班，後赴上海參加「岳美緹崑曲戲巾生藝術研修班」結業，為國立台北藝術大學劇場藝術研究所藝術碩士（MFA）。

〔註9〕　2004 年 4 月 2 日於台北皇冠小劇場，2004 十全十美女節，楊汗如、戴君芳劇本整編，戴君芳導演。

〔註10〕　2005 年 5 月 26～28 日於國家戲劇院實驗劇場首演，2005 新點子劇展，戴君芳、楊汗如、楊杏枝劇本整編，戴君芳導演。

〔註11〕　2009 年 12 月 18～20 日於國家戲劇院實驗劇場首演，2009 新點子劇展——湯顯祖在台北，施如芳編劇，戴君芳導演。

不換藥」的傳統折子與現代元素結合，考驗演員的自我創作能力。〔註 12〕《情書》一戲一再重演，2010 年赴法四度演出，〔註 13〕2013 年青年演員凌嘉臨加入，於台北、嘉義、新竹巡演，〔註 14〕由演出次數與國內外演出紀錄，可見此戲改編的成功與受到觀眾歡迎的程度。

　　2004 年 12 月 24～26 日於國家戲劇院由國光劇團、臺灣戲曲專科學校京劇團、臺灣崑劇團等團團員聯袂演出新編崑劇《梁山伯與祝英台》，〔註 15〕由曹復永、趙揚強、孫麗虹、楊汗如分飾梁山伯，由魏海敏、陳美蘭、郭勝芳分飾祝英台，為臺灣本土新編崑劇之濫觴，展現臺灣京劇演員演出新編崑劇的跨劇種能力。此次演出也促成曾永義與臺灣戲曲學院京劇團〔註 16〕於接下

---

〔註 12〕 見陳美蘭訪談：「參與二分之一 Q 劇場的戲，他們的戲有點『半創作』，這麼說的原因是他們的戲不是完全新編的，是老戲用新的元素呈現，唱、念、身段是傳統的，只是讓我在蹺蹺板上、轉盤上、載卡多的上面演，所以原來的身段就沒辦法用，要重新再創造一個，就逼得自己也要發揮創作力。比如像這種十指交扣抵下巴的動作，我是看著生活中的少女去揣想出來的，會有些比較接近生活、現實的動作，這些是在老師們教我的身段基礎上，看小女生、看電視劇，去揣摩出來的。再比如像是《柳·夢·梅》中有個轉盤，可能是想要詼諧、調皮地表現柳夢梅被鬼追的感覺吧，柳夢梅和杜麗娘是站在原地走腳步的，但看起來就很像跑了好多地方，也表現出柳夢梅的恐慌、驚嚇。那時就得把自己化為零，放棄所有現有的身段、不用它們，要從零開始想身段，要符合那樣的空間及調皮感。剛開始覺得很難，因為一切都要臨場發揮出來，必須要從內心出發、挖出內心的情感，而且是從無到有全由自己創造，當然沒辦法一次就發揮得很好，但在多次揣摩中，就漸漸能玩出心得，找出合適的身段、激發自己的潛力，發現自己也可以找出身段，如何在舊有的身段中玩出新的樣子，用玩的心情讓自己不要畫地自限、被框框束縛住。」，木柵戲曲學院國光劇團二樓演員休息室，2014 年 3 月 13 日。

〔註 13〕 2010 年 3 月 16～17 日於法國巴黎 Maison des Cultures du Monde，2010 法國巴黎第十四屆想像藝術節。

〔註 14〕 2013 年 10 月 18～20 日於台北華山文化創意產業園區果酒禮堂，10 月 26～27 日於嘉義縣表演藝術中心實驗劇場，11 月 23～24 日於交通大學學生活動中心二樓演藝廳。

〔註 15〕 2004 年 12 月 24～26 日於國家戲劇院演出《梁山伯與祝英台》（劉稀榮、楊利娟、陳利昌、張光鳴、羅勝貞、郤昌慈、尹來有、吳海倫、謝冠生、張家麟、王逸蛟、吳山傑、張麒華、劉嘉玉、王耀星、陳長燕、戴心怡），後出版 DVD（國光劇團，2004 年 12 月），編劇曾永義。見蔡欣欣，〈古典與時尚──崑曲戲在臺灣的薪傳與行銷〉，收入《戲文》2005 年 1 期（浙江：浙江省藝術研究所，2005 年），頁 10～12。

〔註 16〕 曹復永訪談：「在 2005 年參與曾永義為國光寫的《梁祝》後，我就把京劇演員要學崑曲的觀念帶回劇團，……我在當團長的時候，會安排一些新的劇目，就會有崑曲戲。」，內湖象園咖啡，西元 2014 年 1 月 3 日。

來幾年中合作推出年度新編崑劇大戲，如 2007 年《孟姜女》、〔註17〕2008 年
《李香君》、〔註18〕2011 年《楊妃夢》〔註19〕等，因京劇團在年度公演中推出
新編崑劇大戲，爲臺灣京劇史值得探討的現象。〔註20〕

　　蘭庭崑劇團（簡稱「蘭庭」）成立於 2005 年 5 月，在朱惠良、蕭本耀、
王志萍策劃中，爲延續高蕙蘭（1946～2001）之「蘭庭藝苑」而成立，2006
年推出創團公演《獅吼記》，〔註21〕現任團長王志萍談及創團戲的構想：

> 創團的劇目就十分重要，希望一炮能打響。找一齣可以讓大家在演
> 出上比較能發揮的，是戲保人的，要結合京崑演員、拉攏京崑觀眾，
> 很討喜的，因此選擇了《獅吼記》這齣戲。〔註22〕

邀請曹復永、朱勝麗、鄒昌慈、溫宇航等演出，角色人物貼近生活、夫妻閨
房樂尋常可愛，期透過此「戲保人」的崑曲吸引崑曲戲迷及對戲曲有興趣的
觀眾入場。創團宗旨爲結合國內外演員整理演出傳統折子戲、蘭庭版小全本，
邀請張世錚、周雪雯來臺指導崑曲，藉由以戲帶功的方式培訓本土演員，如
朱勝麗、陳美蘭、楊利娟、錢宇珊、陳長燕、劉珈后、溫宇航、鄒昌慈、盛
利鑑、張德楷、張化緯、羅勝貞、劉稀榮、陳利昌、謝冠生、陳元鴻，及近

---

〔註17〕2007 年 3 月 2～4 日於國家戲劇院演出《孟姜女》（朱民玲、趙揚強、曹復永、
　　　　葉復潤、曲復敏），曾永義編劇、沈斌導演、周秦編腔、周雪華音樂配器、周
　　　　雪雯身段指導。見王永健〈海峽兩岸文化交流的新篇章──新編崑曲戲《孟
　　　　姜女》觀感〉〉（《中國崑曲論壇 2008：漢、英》，蘇州：古吳軒出版社，2009
　　　　年 6 月），頁 255～257；曾永義〈千古長城邊塞恨──我編撰崑曲戲《孟姜
　　　　女》〉，《大戲臺》創刊號（臺北市：內湖戲曲學院，2007 年 1 月），5 版；沈
　　　　斌〈我導崑曲戲《孟姜女》〉，《大戲臺》2 期（臺北市：內湖戲曲學院，2007
　　　　年 1 月），5 版。

〔註18〕2008 年 11 月 13～15 日於城市舞台演出《李香君》（朱民玲、蒲族涓、趙揚強），
　　　　曾永義編劇、叢兆桓導演、周秦訂譜拍曲。

〔註19〕2011 年 9 月 23～25 日於城市舞台演出《楊妃夢》（朱民玲、葉復潤、趙揚
　　　　強、莫中元、臧其亮、丁揚中、楊宇敬、顏雅娟、張漢傑），曾永義編劇、
　　　　饒洪潮導演、齊復強副導演、周雪雯身段指導、周秦訂譜拍曲、周雪華音樂
　　　　配器。

〔註20〕見王安祈，《尋路：臺北市京劇發展史（1990～2010）》（臺北市：北市文化局，
　　　　2012 年 4 月），頁 63～64。

〔註21〕2006 年 2 月 24、25 日於新舞台演出《獅吼記》（溫宇航、曹復永、朱勝麗、
　　　　盛利鑑、陳利昌、陳元鴻）。出版《獅吼記》演出光碟（蘭庭崑曲戲團，2007
　　　　年 11 月 2 日）。

〔註22〕王志萍訪談，2014 年 1 月 24 日、2 月 7 日，台北蘭庭崑劇團藝響空間。

期培訓劉海苑、王耀星、蔣孟純、戴心怡、張珈羚、凌嘉臨、許立縈、黃若琳，〔註23〕希望透過提供崑曲學習的機會，帶動臺灣京劇演員學習崑曲的氣氛。期藉由臺灣在文化創意產業的優勢，對古老崑曲劇種進行再創作，藉此將臺灣崑曲推向世界的舞台。〔註24〕

《獅吼記》具「戲保人」特色，劇情討喜，因此為京劇演員挑戰崑曲戲時的常演劇目，常演〈梳妝、遊春、跪池、三怕〉等折子。角色人物貼近生活，夫妻閨房相處尋常可愛，藉由簡單易懂的劇情，帶領不熟悉崑曲戲的觀眾進入崑曲戲。因此，國光劇團公演、臺灣崑劇團創團戲和蘭庭崑劇團復團戲，皆選定此戲。戲中的夫妻閨房情趣為其表演特色，陳季常懼內之因是基於愛與包容，演出蘭庭崑劇團創團戲陳季常一角的曹復永認為：

> 〈跪池〉這齣戲不是很好演，陳季常不是在醜化自己，他是書生、不是小花臉，書生他就給你做那個害怕的樣子，但他心裡他自己知道，他也不跟你講，但他心裡很清楚、他認命，他不能醜化自己但又要保有書生的尊嚴，可你看他就看著他的太太他就沒辦法，她就很失控、他怕得不得了，滿有他的意思，我很喜歡。〔註25〕

陳季常的表演並非純粹的懼內，而是在敬愛妻子的前提下，包容柳氏的所做所為。柳氏亦非任性、嬌縱之人，舉動皆由愛而生貪嗔癡，演出國光劇團《河東獅吼》柳氏一角的陳美蘭認為：

> 柳氏並不是很單一的個性，她的情緒都是由愛而生的，是一直進退的，可以隨著劇情人物吼罵一下，體驗人物的不同心境。〔註26〕

柳氏的表演非一昧地潑辣以對，略有丈夫對自己感情以做的小小測試，及對丈夫濃烈愛情而生的小小任性。國光劇團雖為京劇團，歷年來也常推出此戲，一方面顯示京劇團京崑不擋的能力，另一方面此戲討喜，多年來不同的組合，歷演不輟。

臺灣京劇演員於 2006 年二度赴蘇州參加第三屆中國崑劇藝術節，臺崑演

---

〔註23〕王志萍訪談，台北蘭庭崑劇團藝響空間，2014 年 1 月 24 日、2 月 7 日。

〔註24〕見王志萍訪談：「蘭庭復團的企圖有三個：整理傳統折子戲、擁有自己的小全本、讓台灣在國際崑壇佔有一席地位。」，台北蘭庭崑劇團藝響空間，2014 年 1 月 24 日、2 月 7 日。

〔註25〕曹復永訪談，內湖象園咖啡，2014 年 1 月 3 日。

〔註26〕陳美蘭訪談，木柵戲曲學院國光劇團二樓演員休息室，2014 年 3 月 13 日。

出《風箏誤》、〔註 27〕蘭庭演出《獅吼記》，〔註 28〕由京劇演員主演。而後京劇演員於 2012 年三度前往蘇州參加第五屆中國崑劇藝術節，臺崑演出《西廂記》、〔註29〕《奇雙會》〔註30〕兩串本戲。三次赴陸與大陸崑團同台演出崑曲戲，對京劇演員來說是難得的盛事。

臺灣崑劇團於 2006 年 7 月赴陸參與中國崑劇藝術節前夕，赴溫州參與海峽兩岸戲曲文化節，演出《爛柯山》，〔註31〕為兩岸的演員崑曲戲交流增添機會。《爛柯山》戲劇張力強，常演〈前逼、雪樵、後逼、癡夢、潑水〉等折，其〈潑水〉一折與京劇《馬前潑水》表演截然不同，把小人物的悲歡離合、生活中的酸甜苦辣細膩刻劃，〔註 32〕郭勝芳在個人專場中推出《爛柯山‧癡夢》的原因為：

> 《爛柯山‧癡夢》這齣戲是和我個人特質反差性大的角色，崔氏很可憐，她的處境真的是身不由己，而且小時候曾經有段窮日子，所以我很能認同崔氏怕窮的心理，而且有很多內心戲，很能認同她的感受，能夠展現我的崑曲學習成果。京版的崔氏就是勢利、見錢眼開，我不喜歡她詮釋的演法。崑版有讓人可憐崔氏的那一面，這折是半瘋的狀態，能夠把情感放出來。〔註33〕

演出人性的深層與複雜性，崑曲崔氏的人物塑造較京劇更加豐富而立體，對演員來說發揮空間更大、挑戰更多。崔氏的丈夫朱買臣人物形象也相當動人，多次演出《爛柯山》的王鶯華認為：

---

〔註27〕 2006 年 7 月 8 日於蘇州崑曲戲院蘭韻劇場演出《風箏誤》（趙揚強、劉稀榮、李光玉、劉珈后、王鶯華、羅勝貞、郭勝芳、彭湘時、臧其亮、陳秉蓁、謝復青），見〈台崑曲戲團《風箏誤》首度獻演大陸 現場座無虛席〉（中國新聞網，2006 年 7 月 9 日）http://www.chinanews.com/taiwan/lajl/news/2006/07-09/755208.shtml，2014 年 4 月 13 日最後檢索。

〔註28〕 2006 年 7 月 9 日於蘇州崑曲戲院蘭韻劇場演出《獅吼記》（溫宇航、朱勝麗、鄔昌慈）。

〔註29〕 2012 年 6 月 30 日下午於公共文化劇場演出《西廂記》（溫宇航、陳長燕、楊利娟、羅勝貞、陳元鴻）。

〔註30〕 2012 年 6 月 30 日晚上於公共文化劇場演出《奇雙會》（郭勝芳、趙揚強、張德天、唐天瑞、周陸麟、謝復青、何思佑、楊利娟）。

〔註31〕 2006 年 7 月 4、5 日於溫州鹿城文化中心演出《爛柯山》（唐天瑞、郭勝芳、李光玉、趙揚強）。

〔註32〕 見鄔慧蘭：〈淺談崑曲戲《爛柯山》的藝術處理〉，收入《許姬傳藝壇漫錄》（北京：中華書局，1994 年 3 月），頁 468～470。

〔註33〕 郭勝芳訪談，內湖戲曲學院復興京劇團演員休息室，2013 年 12 月 27 日。

朱買臣這個角色一開始必須一副窮酸相，抱著一本書苦讀，還得面
對老婆的終日吵鬧不休、要把老婆哄上天，後來還被拋棄了，一開
始夫妻間的鬥嘴，他要逗老婆、哄老婆，後來老婆逼他寫休書，他
就一直苦苦哀求老婆不成，好不容易發狠簽了，但又捨不得老婆抓
著老婆哭，最後老婆還是把他甩了。之後得中功名又是另一種表現，
老婆回頭求和時心裡還是愛老婆想重圓、但旁人勸阻別復合的兩難
內心戲，又要表現出「我可了不起了」的樣子，反差很大、有很多
表現的地方，我認為這齣戲編的真好！他的情緒表現、表演性很強，
這幾場戲表演很豐富，有很多內心戲。〔註34〕

不論崔氏或朱買臣的人格個性，都並非單一不變的，考驗演員掌握角色人物
性情的能力。此劇自臺灣崑劇團創團以來，幾乎年年搬演，並曾於年度公演
演出全本戲，〔註35〕水磨曲集崑劇團也曾邀約京劇演員同演此劇，〔註36〕可
見此劇情節的動人與人物的豐富性及對觀眾的吸引力。

水磨曲集崑劇團於 2005～2008 年間推出「定時定點看崑曲」，每月於西
門紅樓劇場、國軍文藝中心固定演出。於 2006 年開設「崑劇表演藝術工作坊」，
以師母張善薌女士的「張十齣」為教授內容，〔註37〕由資深曲友引領新曲友
深入崑曲寶地，維持臺灣曲界的曲友教學傳承。因曲友所學行當以小生、旦
角為主，老生、淨、丑較少，如 2007 年於西門紅樓劇場舉辦的「歇腳‧喝茶‧
聽崑曲」系列活動三，邀約吳山傑演出《長生殿》楊國忠，〔註38〕延續了水
磨曲集自創團以來與京劇演員合作的傳統。因此，曲友若需演出非生旦戲碼，
多特邀京劇演員合演，如 2011 年 7 月於大稻埕戲苑九樓劇場的「榮華？富貴？
──崑劇小人物的悲歡離合」系列演出，〔註39〕邀王鶯華合演《爛柯山》。

自 1993 年 5 月「大陸地區傑出民族藝術及民俗技藝人士來台灣傳習許可
辦法」草案通過後，復興劇校便自大陸聘請優秀戲曲教師來臺傳藝，於 2007

〔註34〕 王鶯華訪談，內湖愛買肯德基，2014 年 2 月 28 日。
〔註35〕 2007 年 4 月 15 日於城市舞台「蝶夢蓬萊」、2010 年 5 月 25 日於中央大學大
　　　　 講堂「千里風雲會」。
〔註36〕 2011 年 7 月 10 日於大稻埕戲苑，王鶯華飾朱買臣。
〔註37〕 已教授〈遊園〉、〈思凡〉、〈佳期〉、〈斷橋〉等折子，今年教授〈琴挑〉。
〔註38〕 2007 年 8 月 5 日於西門紅樓劇場。吳山傑訪談：「曾支援水磨曲集崑劇團演出
　　　　 《長生殿‧驚變》的楊國忠，裡頭沒有唱、就是念。」，內湖戲曲學院復興京
　　　　 劇團演員休息室，2014 年 3 月 13 日。
〔註39〕 2011 年 7 月 10 日於大稻埕戲苑，王鶯華飾朱買臣。

年 4 月請張寄蝶到校講學，並於 6 月於中正堂舉行成果發表演出《義俠記‧遊街》，〔註40〕本戲學習重點著作於武松的矮子功與武大郎拳。

新劇團李寶春於 2001 年赴上海向倪傳鉞學〈陰罵曹〉，〔註41〕後將京劇《擊鼓罵曹》與崑曲〈陰罵曹〉結合，於 2007 年 9 月新老戲系列中演出《陰陽擊鼓罵曹》，〔註42〕顯見臺灣舞台對於京崑結合的包容度與演員的自由創作能力得以發揮。

臺灣崑劇團於 2007 年「蝶夢蓬萊」、〔註43〕2010 年「千里風雲會」〔註44〕演出全本戲《爛柯山》，細膩刻劃小人物的悲歡離合、生活中的酸甜苦辣，演出人性的深層與複雜性，對演員來說發揮空間更大、挑戰更多。自創團以來，幾乎年年搬演《爛柯山》，可見此劇情節動人、人物形象豐富及對觀眾的吸引力。

臺灣積體電路製造公司（簡稱「臺積電」）於 1998 年成立臺積電文教基金會，透過「臺積心築藝術季」營造社區總體與推廣文化藝術，於 2007 年贊助蘭庭崑劇團《尋找遊園驚夢（古蹟版）》演出，〔註45〕陸續合作「經典崑劇《長生殿》——明皇幸蜀圖」〔註46〕及「崑旦的千種風情」。〔註47〕後贊助臺

---

〔註40〕 2007 年 6 月 14 日於戲曲學院內湖校區中正堂，三組〈遊街〉。《大戲臺》4 期（臺北市：內湖戲曲學院，2007 年 7 月），4 版。

〔註41〕 賈馨園：〈《罵曹》親炙記——李寶春學崑曲戲〉《大雅》雙月刊第 4 期，臺北市：大雅藝文雜誌社，1999 年 8 月號），頁 22～23。

〔註42〕 2007 年 9 月 29 日於新舞台。

〔註43〕 2007 年 4 月 15 日於城市舞台演出《爛柯山》（計鎮華、梁谷音、劉異龍、臧其亮、陳元鴻、王逸蛟、戴心怡、羅勝貞、張光鳴、謝冠生、吳山傑）。

〔註44〕 2010 年 5 月 25 日於中央大學大講堂演出《爛柯山》（鄔昌慈、郭勝芳、許孝存、陳元鴻、劉啓榮、李郁珊、鄭農正、林明翰、羅弘證、張家麟）。

〔註45〕 2007 年 2 月 11、12 日於新竹公園空軍 11 村 B 棟，溫宇航、楊汗如飾柳夢梅，孔愛萍、朱勝麗飾杜麗娘。見王志萍訪談：「《尋找遊園驚夢》的案子獲得台積心築藝術季的青睞，除了新竹場外，我們在台北華山推出了台北主場。」，台北蘭庭崑劇團藝響空間，2014 年 1 月 24 日、2 月 7 日。出版《尋找遊園驚夢》演出光碟（蘭庭崑劇團，2007 年 11 月 2 日）。

〔註46〕 2010 年 5 月 15 日於交通大學藝文中心演藝廳演出「經典崑劇《長生殿》——明皇幸蜀圖」（溫宇航、陳美蘭）。

〔註47〕 2012 年 6 月 2 日於交通大學藝文中心演藝廳，演出《牡丹亭‧學堂》（錢宇珊、鄔昌慈、陳長燕）、《爛柯山‧癡夢》（劉海苑、鄔昌慈、羅勝貞）、《義妖記‧斷橋》（溫宇航、劉珈后、陳長燕）、《蝴蝶夢‧說親回話》（陳美蘭、劉稀榮）、《琵琶記‧描容別墳》（郭勝芳、鄔昌慈）、《鳳凰山‧百花贈劍》（溫宇航、楊利娟、蔣孟純）。

灣崑劇團《爛柯山》〔註 48〕及《尋親記》〔註 49〕兩檔演出，提供製作經費供崑劇團規劃臺灣京劇演員投入崑曲演出。

國立臺灣戲曲學院京劇團於 2008 年碧湖劇場的觀光戲，推出復興版《水漫金山》（即《金山寺》），〔註 50〕以其「無聲不歌、無動不舞」的演出特色，場上水族眾多、場面熱鬧非凡，用以吸引不諳普通話、不懂京劇的外國觀眾注意力，滿足其初接觸中國戲曲時「外行看熱鬧」的心。

二分之一Q劇場2008年為台北國際藝術村駐村藝術家，推出實驗崑劇《半世英雄・李陵》，〔註 51〕與黃宇琳合作，由臺灣京劇演員多次參與崑劇小劇場活動，可見小劇場與京劇演員對崑曲有更多創新想法，欲共同體現於戲的編演之中。也由於從戲曲界跨足到劇場界，表演方式有不同的呈現，編劇、導演有不同的要求，因此促使京劇演員的表演內涵更加豐富，而能在回到京劇演出時，更臻卓越。

蘭庭崑劇團於 2008 年推出「蘭庭六記」，由駐團藝術家溫宇航領銜演出《紅梨記・亭會》、《繡襦記・打子》、《白兔記・產子、出獵回獵》、《連環記・小宴》、《獅吼記・跪池》、《還魂記・寫真、拾畫叫畫、硬拷》等戲，〔註 52〕推出以小生戲為主軸的折子戲，合演的演員以國光、復興兩團演員為主。

國光劇團於 2009 年 5 月於城市舞台推出年度公演「鬼・瘋」，劇目囊括

〔註48〕2010 年 5 月 25 日於國立中央大學大講堂演出《爛柯山》（鄔昌慈、郭勝芳、許孝存、陳元鴻、劉啓榮、李郁珊、鄭農正、林明翰、羅弘證、張家麟）。

〔註49〕2011 年 4 月 27 日於國立中央大學大講堂演出《尋親記》（鄔昌慈、袁國良、王耀星、翁佳慧、劉稀榮、繆斌、楊汗如、張咏亮、陳元鴻、劉啓榮、吳雙、樓奕成、楊傑宇、陳意超、李昀珈、孫婷婷、洪佩伶、洪嘉伶）。

〔註50〕見戲曲學院京劇團演出記錄 http://b010.tcpa.edu.tw/files/15-1010-4407,c752-1.php，2013 年 4 月 12 日最後檢索。劇本見偶樹瓊《國立臺灣戲曲專科學校「碧湖劇場」演出影響之研究》（國立台灣藝術大學應用媒體研究所碩士論文，1996 年 6 月），頁 136～147。

〔註51〕2008 年 12 月 5 日～2009 年 1 月 18 日於台北國際藝術村，二分之一Q樂園，沈惠如、邢本寧、戴君芳劇本整編，戴君芳導演。

〔註52〕2008 年 8 月 8 日於新舞台，演出《紅梨記・亭會》（溫宇航、陳美蘭）、《繡襦記・打子》（張世錚、溫宇航、劉稀榮）、《白兔記・產子、出獵回獵》（郭勝芳、陳利昌、溫宇航、陳元鴻、鄔昌慈、陳長燕），8 月 9 日演出《連環記・小宴》（溫宇航、張世錚、陳長燕、陳利昌、錢宇珊）、《獅吼記・跪池》（溫宇航、朱勝麗、鄔昌慈、陳元鴻）、《還魂記・寫真、拾畫叫畫、硬拷》（陳美蘭、錢宇珊、溫宇航、張世錚、鄔昌慈、陳利昌、陳忈鴻、劉稀榮、謝建民、陳元鴻、陳富國）。出版《蘭庭六記》演出光碟（台北市：喜瑪拉雅音樂事業股份，2008 年 10 月 31 日）。

〈鍾馗嫁妹〉、《牡丹亭・幽媾》等崑曲戲，〔註53〕同時，本年度國光劇場推出的「青龍白虎三世纏鬥」系列演出，演出《長生殿・小宴驚變》一劇〔註54〕，顯見國光劇團對於崑曲演出的抱負。

國光劇團於己丑年（2010年）封箱戲「冒名・錯認」演出〈擋馬〉，〔註55〕同年7月推出的十五週年團慶公演「女人我最大」中再演《河東獅吼》，〔註56〕國光劇團近年公演以主題包裝推出，劇目內容橫跨京、崑，將傳統劇目透過套餐式行銷手法，寓團員以京崑不擋之表演能力，為現任藝術總監王安祈致力方向。

2010年9月楊振良成立中華崑曲藝術協進會，成員有邱陸榮、周陸麟等人，推動兩岸崑曲交流，赴大陸北京、南京等地演出。

戲曲學院京劇學系與臺灣崑劇團建教合作「幽蘭繁櫻」，由李光玉教授《牡丹亭・遊園驚夢》，2010年10月於中山堂中正廳演出，〔註57〕由凌嘉臨、黃詩雅主演。本次活動可見民間崑劇團不僅只於與曾參與崑曲傳習計畫之京劇演員合作，同時也積極培養優秀青年演員。

臺灣最早成立的師大崑曲社，於2009年11月人文季〔註58〕及2010年11月「笛傳舊譜燈前夢──崑曲名劇匯演」〔註59〕中，特邀邱陸榮、周陸麟合演《爛柯山・癡夢、潑水》。2011年於中山堂推出創社五十五周年紀念公演，演出《牡丹亭》小全本〔註60〕及《長生殿・絮閣》〔註61〕等戲，兩天的演出

---

〔註53〕2009年5月2日於城市舞台演出〈鍾馗嫁妹〉（劉稀榮、朱勝麗、傅威瀚、陳元鴻）、《牡丹亭・幽媾》（陳美蘭、楊汗如）。《牡丹亭・幽媾》與《伐子都》、《宇宙峰》一同出版光碟（國光劇團，ISRC:TW-G2A-10-09918）。

〔註54〕2009年7月5日於國光劇場演出《長生殿・小宴驚變》（孫麗虹、陳美蘭）。

〔註55〕2010年1月23日於中山堂演出〈擋馬〉（戴心怡、許孝存）。

〔註56〕2010年7月11日於城市舞台演出《河東獅吼》（魏海敏、溫宇航、盛利鑑）。

〔註57〕2010年10月22日於中山堂中正廳演出《牡丹亭・遊園驚夢》（凌嘉臨、黃詩雅、楊汗如、王鶯華、大學部六位同學）。

〔註58〕2009年11月22日於臺師大本部禮堂演出《爛柯山・癡夢、潑水》（蔡孟珍、邱陸榮、周陸麟、陳柔伊）。

〔註59〕2010年11月22日於臺師大本部禮堂演出《爛柯山・癡夢、潑水》（蔡孟珍、邱陸榮、周陸麟、王婕羽、李郁珊、竇敏慧、許舜傑、許翔曦、陳柔伊、莊淳棓、林孟潔、陳奕如、蘇筱涵）。

〔註60〕2011年11月4日於中山堂演出《牡丹亭》（蔡孟珍、李公律、朱民玲、黃小芳、邱陸榮、周陸麟、師大崑曲社社員）。

〔註61〕2011年11月5日於中山堂演出《長生殿・絮閣》（蔡孟珍、邱陸榮、周陸麟、王萌筱）。

皆邀京劇演員合演。2012 年赴北京師範大學交流演出《長生殿・小宴》，[註62]由京劇演員與社團指導老師、社員同赴北京演出。

2011 年（民國一百年）逢百年國慶，臺灣各劇團皆推出各種表演盛大慶祝，如 2010 臺北國際花卉博覽會（2010 年 11 月 6 日～2011 年 4 月 25 日）廣邀臺灣各劇團演出，民間崑劇團如水磨曲集、臺崑、台北崑研等團接連演出推廣崑曲。同時，民間崑劇團如水磨曲集、台北崑、台北崑研等皆在今年舉辦各式演出，一同慶祝百年國慶。

台北崑曲研習社（簡稱「台北崑研」）創於 2009 年夏，2011 年 4～6 月於故宮文會堂的「故宮新韻」推出《牡丹亭》，[註63]演出〈遊園驚夢〉、〈尋夢鬧殤〉、〈拾畫叫畫〉、〈幽媾回生〉等傳統折子戲串本，由陳美蘭、王耀星、劉珈后等輪飾杜麗娘，錢宇珊飾春香，為台北崑研演出史中難得的由崑劇小生與京劇旦角的公演。

台北崑劇團在 2011 年 5 月於大稻埕戲苑舉辦經典崑曲折子戲公演，由曲友與京劇演員輪番演出，21 日演出《焚香記・陽告》、《琵琶記・南浦》、《玉簪記・琴挑》，[註64]22 日演出《獅吼記・跪池》、《爛柯山・逼休》、《販馬記・寫狀》，[註65]為該劇團在固定的曲友演出中，少數與京劇演員合作售票演出的公演。

國光劇團為培養劇團成員京崑不擋能力，隨著前北崑演員溫宇航的加入，為國光劇團挹注一股崑曲學習風氣，團方聘請北崑張毓文來臺授藝，溫宇航在推動國光劇團團員學習崑曲一事不遺餘力：

> 我提出了崑劇戲碼學習的報告，經過團裡開會討論通過後，就著手安排師資、戲碼、成員，這樣的過程透過我入團後的每年提報漸漸成為模式，經過了兩三年向北崑的張毓文老師學戲的規劃，並且透

---

[註62] 2012 年 7 月 8 日於北京師範大學新學生活動中心演出《長生殿・小宴》（邱陸榮、蔡孟珍、程遠茜、詹馥嫚、李念潔、郭婷、張瀟瀟、方晴、鄭安尚、祖京強）。

[註63] 2011 年 4～6 月於故宮文會堂演出《牡丹亭・遊園驚夢、尋夢鬧殤、拾畫叫畫、幽媾回生》（陳美蘭、王耀星、劉珈后、陳意雯、錢宇珊、溫宇航、周雪峰）。出版《故宮新韻・牡丹亭》演出光碟（台北崑曲研習社，2011 年 9 月 1 日）。

[註64] 2011 年 5 月 21 日演出《焚香記・陽告》（李光玉）、《琵琶記・南浦》（孫麗虹、郭勝芳）、《玉簪記・琴挑》（孫麗虹、李光玉）。

[註65] 2011 年 5 月 22 日演出《獅吼記・跪池》（李光玉、孫麗虹、王鶯華）、《爛柯山・逼休》（王鶯華、楊利娟）、《販馬記・寫狀》（孫麗虹、劉海苑）。

過「張毓文老師傳承專場」的方式將教學成果呈現，漸漸地崑曲演
出在國光劇團就有了他的位置。〔註66〕

透過團方聘請大陸崑劇演員來臺教學，以旦角演員培訓為主、其他行當配戲
為輔，並於 2011 年 7 月首度舉辦「張毓文專場」，搬演〈葬花〉、〈百花贈劍〉、
〈百花點將〉、〈長亭送別〉等北派劇碼。〔註67〕由劇團直接培訓京劇演員學
習崑曲戲，並安排演員在學習後匯報演出，培養國光演員成為京崑不擋的京
劇演員。

　　2011 年下半年故宮博物院的「故宮新韻」邀請臺灣戲曲學院京劇團演出，
推出「皇帝看戲——康熙賞劇選粹」，演出《虎囊彈・醉打山門》、《西廂記・遊
殿》、《單刀赴會》等戲，〔註68〕《醉打山門》一劇魯智深多舞蹈化且高難度動
作、〈遊殿〉為崑曲副丑行「油葫蘆」〔註69〕之一、《單刀會》為崑曲淨角「七
紅」〔註70〕之一，展現臺灣本土京劇團生旦淨丑各行當兼擅崑亂的能力。

　　國立戲曲學院京劇團 2012 年的復興劇場，推出演員個人專場，郭勝芳、
〔註71〕趙揚強〔註72〕皆在專場中演出崑曲戲。郭勝芳提及其個人專場中演出
《玉簪記・秋江》及《爛柯山・癡夢》之因為：

　　　　個人專場的劇目決定就是看個人，我主要考慮的是戲的編排及趕
　　　　裝，而且京劇和崑曲對我來說是同等重要的。……我希望這四齣戲

---

〔註66〕溫宇航訪談，木柵星巴克，2013 年 12 月 18 日。
〔註67〕2011 年 7 月 23 日於國光劇場演出〈葬花〉（王耀星、溫宇航）、〈百花贈劍〉
　　　　（朱勝麗、張家麟）、〈百花點將〉（劉珈后、汪勝光）、〈長亭送別〉（溫宇航、
　　　　陳長燕）。
〔註68〕2011 年 10～12 月每週三下午於故宮文會堂演出《醉打山門》（楊宇敬、林聲
　　　　勇）、《西廂記・遊殿》（臧其亮、趙揚強、郭勝芳、唐天瑞）、《單刀會》（葉
　　　　復潤）。
〔註69〕即「遊活蘆」，借曲牌【油葫蘆】的諧音，分別是《南西廂記・遊殿》法聰（白）、
　　　　《水滸記・活捉》張文遠（做）、《躍鯉記・蘆林》姜詩（唱）。
〔註70〕「七紅」為七個紅臉人物，指《風雲會》趙匡胤、《三國志・刀會》關羽、《八
　　　　義記》屠岸賈、《慈悲願》回回、《雙紅記》崑崙奴、《一鍾情》弼靈公、《九
　　　　蓮燈》火德星君。關羽為紅生、紅淨兩門抱的人物。
〔註71〕2012 年 8 月 25 日於內湖復興劇場演出《廉錦楓》（郭勝芳）、《玉簪記・秋江》
　　　　（郭勝芳、趙揚強）、《爛柯山・癡夢》（郭勝芳）、《宇宙鋒》（郭勝芳、閻倫
　　　　瑋、趙揚強）。
〔註72〕2012 年 11 月 24 日於內湖復興劇場演出《一飯千金》（趙揚強、張化緯、林聲
　　　　勇）、《評雪辨蹤》（趙揚強、唐天瑞）、〈琴挑〉（趙揚強、郭勝芳）、《羅成》（趙
　　　　揚強、王聲元、閻倫瑋、曾漢壽）。

能夠展現我能文能武、能崑能京的一面。個人專場那年，我學京劇
三十九個年頭、崑曲也十六年了，希望能將個人的學習歷程透過專
場的形式展現，自己能夠留下一點東西我覺得是不錯的。〔註73〕

趙揚強談其於個人專場中安排崑曲《玉簪記・琴挑》演出之因為：

我希望能用靜的方式來呈現崑曲，又是生旦配合的展現，所以挑了《玉
簪記・琴挑》，希望大家能靜下來、好好地坐下來欣賞崑曲。〔註74〕

在臺灣首次舉辦的兩場演員專場中演出崑曲，顯示出京劇團在推出演員個人
專場時，京劇團尊重演員的包容性。因此，京劇演員學習崑曲戲，不僅是演
員增加了個人劇目，也可做為劇團的壓箱戲碼，為劇團演出增添多元性。

　　戲曲學院京劇團又於 2012～2014 年間主辦的三屆京劇團青年劇藝競賽
中，皆有青年演員選擇京劇中常演的崑曲戲做為比賽劇目，如：第一屆（2012
年 4 月 15 日）游山鈴《扈家莊》、陳秉蓁《扈家莊》、謝俊順《挑滑車》，第
二屆（2013 年 4 月 14 日）孫顯博《蘆花蕩》、林政翰《探莊》、金孝萱《昭君
出塞》，第三屆（2014 年 3 月 29 日）徐明鴻《下山》、呂家男《扈家莊》、王
詠增《起布問探》、余季柔《扈家莊》、王盈祺《扈家莊》、劉育志《蘆花蕩》
等，〔註75〕分析青年演員選擇京劇中常演的崑曲劇目做為參賽劇碼之因，由
於競賽時間限制為十分鐘，如何在十分鐘內展現演員個人唱念做打的全方面
能力，要在片段的摘錄演出中顯示個人四功五法的綜合能力，在此前提下，
無聲不歌、無動不舞的崑曲戲成為最佳選擇，因此青年演員多選擇載歌載舞
的崑曲戲做為競賽戲劇目。〔註76〕

　　二分之一 Q 劇場於 2012 年推出《亂紅》、〔註77〕2013 年《風月》，〔註78〕
邀請凌嘉臨參與兩檔演出，並聘請楊利娟擔任《風月》一劇的身段設計，由

---

〔註73〕郭勝芳訪談，內湖戲曲學院復興京劇團演員休息室，2013 年 12 月 27 日。

〔註74〕趙揚強訪談，內湖戲曲學院復興京劇團演員休息室，2014 年 1 月 2 日。

〔註75〕摘錄自「水牌子——台灣戲曲資訊彙整」網站 http://shuipaizi.blogspot.tw/。2014
年 3 月 30 日最後檢索。

〔註76〕見吳山傑訪談：「《通天犀》戲裡技巧成份比較高，有一段玩椅子的戲，還有
可以『拿人』（指可以拿出來顯示演員功底）的技巧。」，內湖戲曲學院復興
京劇團演員休息室，2014 年 3 月 13 日。

〔註77〕2012 年 5 月 25～27 日於國家戲劇院實驗劇場首演，2012 國際劇場藝術節，
沈惠如、朱芾儂、施如芳編劇，戴君芳導演。

〔註78〕2014 年 3 月 28～30 日於國家戲劇院實驗劇場首演，2014TIFA 台灣國際藝術
節，戴君芳、朱芾儂文本改編，戴君芳導演。

自崑曲傳習計畫始，已浸淫崑曲表演十多年的中生代演員帶領青年演員，在新編崑劇演出中綻放光彩。顯示出臺灣京劇演員對於崑曲身段表演程式運用自如，透過多年的學習，崑曲的身段已然純熟而能自行編排演出。

國光劇團於 2012 年 8 月國光劇場演出《獅吼記》，﹝註79﹞10 月二度舉辦「崑曲名家張毓文老師傳藝成果專場」，計有〈折柳陽關〉、〈瑤臺〉、〈刺虎〉、〈癡夢〉等劇碼，﹝註80﹞「群丑亮相」公演場中搬演〈驚丑〉，﹝註81﹞同年 12 月國光劇場祭出《蘆花蕩》，﹝註82﹞京崑同臺演出的盛況，在國光劇團的演出中逐漸成為趨勢。

致力推廣京劇、崑曲藝術的絲竹京崑劇團，由團長吳陸森在 2012 年於老人大學與北投社區大學、2013 年於內湖社區大學開設崑曲課，教授〈遊園驚夢〉、〈琴挑〉、〈思凡〉等。﹝註83﹞並於各地舉辦推廣講座與示範演出，團員以原三軍劇隊之隊員為主。

台北劇樂團成立於 2012 年 9 月，由宋金龍擔任團長，舉辦名家講座系列推廣崑曲，延請演員如溫宇航及楊利娟演講，同時開歌仔戲班，致力於戲曲推廣活動。

國光劇團壬辰年（2013 年）封箱戲「小丑報到」，邀約上崑張銘榮與溫宇航合演〈湖樓〉，﹝註84﹞4 月於「喜迎『祖師爺』壽誕」演出〈問探〉、〈借扇〉，﹝註85﹞三度推出「崑劇專場（崑曲名家張毓文老師傳藝成果專場）」，演出〈夜奔〉、〈春香鬧學〉、〈藏舟〉、〈思凡〉、〈琴挑〉，﹝註86﹞眾多崑曲戲在京劇團年度公演中推出，可見崑曲在國光劇團的地位重視程度日漸提升。

臺灣崑劇團於 2013 年推出新編崑劇《范蠡與西施》，﹝註87﹞邀約浙崑合

---

﹝註79﹞ 2012 年 8 月 11 日於國光劇場演出《獅吼記》（劉海苑、孫麗虹）。

﹝註80﹞ 2012 年 10 月 6 日於國光劇場演出〈折柳陽關〉（陳長燕、溫宇航）、〈瑤臺〉（王耀星、吳山傑）、〈刺虎〉（劉珈后、黃毅勇）、〈癡夢〉（劉海苑）。

﹝註81﹞ 2012 年 10 月 14 日於國光劇場演出〈驚丑〉（溫宇航、陳長燕）。

﹝註82﹞ 2012 年 12 月 1 日於國光劇場演出《蘆花蕩》（吳山傑）。

﹝註83﹞ 見內湖社區大學網頁 http://www.nhcc.org.tw/，2014 年 3 月 31 日最後檢索。

﹝註84﹞ 2013 年 1 月 20 日於中山堂演出〈湖樓〉（張銘榮、溫宇航）。

﹝註85﹞ 2013 年 4 月 27 日於國光劇場演出〈問探〉（許孝存）、〈借扇〉（劉祐昌、戴心怡）。

﹝註86﹞ 2013 年 10 月 6 日於國光劇場演出〈夜奔〉（劉祐昌）、〈春香鬧學〉（凌嘉臨）、〈藏舟〉（陳長燕、溫宇航）、〈思凡〉（朱勝麗）、〈琴挑〉（劉珈后、溫宇航）。

﹝註87﹞ 2013 年 5 月 3～5 日於城市舞台，5 月 3 日由浙崑的曾杰與楊崑主演，洪惟助編劇。

演，共有三組卡司，臺灣代表爲趙揚強與楊利娟、溫宇航與陳長燕，此次演出爲臺灣崑劇團成團以來，首次推出新編崑劇，爲臺灣崑劇團團史中的大事。

　　蘭庭崑劇團於 2013 年推出小全本《玉簪記》，〔註88〕雖以崑劇演員爲主角，不過主要配角仍以臺灣京劇演員如陳元鴻、張化緯、錢宇珊及謝冠生等飾演，顯示出臺灣推出崑曲大戲時，並不純以大陸崑劇演員爲主，而爲兩岸三地演員組合的臺灣崑曲特色。

## 一、京劇演員常演的崑曲戲

　　京劇在武打時純粹武打動作，一旦開口唱舞台就沉疾下來，崑曲戲則是歌舞雙管齊下，舞得越熱烈、唱得也越激烈，無絲毫懈怠。爲使武打連貫、將身段優美而連續地呈現，因此京劇演員選擇無過門又可載歌載舞的崑曲戲，如《挑滑車》、《扈家莊》、《界牌關》、《義俠記・打虎》、〈擋馬〉、《蜈蚣嶺》、《青龍棍》、《偷甲記・盜甲》等。崑曲戲將套路設計後經節奏、舞蹈加工，而成高度規範化的程式、緊湊的戲劇情節，情節激烈但從容不迫，成爲打得眞實、表演性強的「演武」。因此在要求展現戲曲演員四功五法、唱念做打舞的京劇競賽中，崑曲成爲京劇演員比賽劇目的首選，藉此展現個人功底與能耐，以獲得佳績。

## 二、京劇演員常參與團體

　　臺灣崑劇團成員以崑曲傳習計畫學員爲主，並持續培養青年演員學習崑曲戲，角色行當齊全、基本功底紮實，爲臺灣第一個由職業演員組成的專業崑曲戲團體。臺灣崑劇團的劇目承襲自崑曲傳習計畫時期傳授的折子戲劇目，並繼續發展成串本戲形式，目前劇團可演出《牡丹亭》、《爛柯山》、《風箏誤》、《蝴蝶夢》、《玉簪記》、《琵琶記》、《獅吼記》等戲。臺灣崑劇團歷年多次與大陸專業崑劇團攜手聯演，提供了臺灣京劇演員與對岸崑劇演員穩定的切磋交流平台，臺灣的專業崑曲戲演出模式爲集結臺灣京劇演員或邀請大陸崑劇演員來臺演出，臺灣崑劇團爲此時期蓬勃期（2001～2013 年間）臺灣唯一長期致力於結合此兩種崑曲戲演出模式的劇團。

---

〔註88〕2013 年 12 月 6～7 日於新舞台演出《玉簪記》（溫宇航、邢金沙、張世錚、陳元鴻、張化緯、錢宇珊、謝冠生）。

於本時期蓬勃期（2001～2013 年間）成立的蘭庭崑劇團，積極培養臺灣京劇演員學習與演出崑曲戲，為培養更多臺灣京劇演員學習崑曲的風氣，除去崑曲傳習計畫中接觸崑曲戲已久的京劇演員外，蘭庭崑劇團積極邀約過去未曾參與崑曲傳習計畫的京劇演員來團學習並演出，如陳長燕、劉珈后、陳元鴻等，並且不只培養青年演員學習崑曲戲，也培養復興、國光兩團資深團員，如曹復永、朱勝麗、劉海苑等。蘭庭崑劇團致力於拓寬崑曲戲對臺灣京劇演員的影響層面，並透過專業製作將蘭庭版的舞台演出作品出版，為本時期蓬勃期（2001～2013 年間）臺灣較穩定而持續製作演出並邀請大陸崑劇教師來臺傳藝之劇團。

二分之一 Q 劇場致力於崑劇小劇場演出，先後與國內旦角演員陳美蘭、黃宇琳、凌嘉臨合作，欲透過現代劇場的詮釋，賦予傳統崑曲戲新生命。京劇演員透過參與小劇場演出，將過去所學重新詮釋，不僅豐富了臺灣的多元崑曲戲表演面貌，也豐厚了京劇演員不同層面的崑曲戲演出呈現，為本時期蓬勃期（2001～2013 年間）長期與京劇演員合作演出崑劇小劇場的劇團。

本時期蓬勃期（2001～2013 年間）恰逢民國一百年（西元 2011 年），為慶祝建國百年，國內演藝團體推出許多表演共襄盛舉，如國光劇團、戲曲學院京劇團、水磨曲集、臺崑、蘭庭、台北崑等劇團皆於本（2011）年演出崑曲戲，展現臺灣在地京崑劇團皆投入崑曲戲演出百花齊放的盛況。

## 三、主要參與京劇演員

經過了前期崑曲傳習計畫密集地培訓京劇演員學習崑曲戲，並安排匯報演出，對於京劇演員的表演產生了不同的化學作用，因此誘發更多京劇演員投入崑曲戲的學習與表演的行列，開創了本時期蓬勃期（2001～2013 年）崑曲戲演出的榮景。

本時期參與的京劇演員以國光、復興兩團曾參與崑曲傳習計畫的團員為主，同時臺崑、蘭庭也致力於培養未曾參與崑曲傳習計畫的京劇演員，而復興與國光則先後延請大陸崑劇教師來臺授課，開啟了兩團京劇演員參與崑曲戲的繁盛之景。

# 第二節　承先啓後

　　經過過去五年的崑曲傳習計畫的洗禮，兩團部分青年演員在藝生班中表現卓越，雖計畫告停，然京劇演員們並不停止學習崑曲戲。本世紀初，民間崑劇團先後成立，爲臺灣請來大陸崑劇演員繼續傳承崑曲戲，並邀請兩團團員來團學習、共同演出。近年來，戲曲學院京劇團與國光劇團相繼聘請大陸崑劇老師來臺傳授崑曲戲，可視爲國家劇團看見學習崑曲戲對京劇演員產生的正面影響，因此積極培養團內演員學習崑曲戲，透過豐厚團員劇藝，達到豐富團內劇目一石二鳥之目的。

## 一、京劇演員常演的崑曲戲

　　本時期蓬勃期（2001～2013 年間）京劇演員頻繁參與各式崑曲戲演出，多方涉獵崑曲戲表演如新編崑劇、崑劇小劇場、傳統折子戲等，多元的崑曲戲參與經驗，勢必影響京劇演員回歸本行京劇表演時的表現與詮釋方式。展望臺灣京劇演員的崑曲演出，未來的表演模式應建立於其傳統與創新並行不悖的雙線模式，京劇演員接受來自不同劇團的邀約，演出多面向的崑曲戲，除對自身戲曲表演有所提昇，也增進了臺灣觀眾的眼福。

## 二、京劇演員常參與團體

　　戲曲學院京劇團（前身爲復興京劇團）不僅在校內的觀光戲演出崑曲，也在本時期蓬勃期（2001～2013 年間）的年度大戲時排演崑曲，2012 年推出團員個人專場也包含崑曲劇目，顯示出該團京崑不悖的目標。在如此多元的演出型式中，戲曲學院京劇團展現出該團團員在崑曲傳統戲與新戲間的遊走自如。

　　國光劇團自成立起便未將自身框限爲京劇團，初期便於年度大戲安排演出崑劇，如 1997 年《釵頭鳳》、2004 年《梁山伯與祝英台》等新編崑劇，演員不限國光團內演員，積極與他團優秀演員合作演出。又於各界邀約演出時，演出崑曲《天官賜福》等吉祥喜慶戲。2010 年溫宇航正式加盟國光，並於加盟後連續三年邀請北崑張毓文來臺傳授團內旦角演員北派崑曲，並舉辦成果展，呈現國光欲寓京崑於一團的目標。

　　臺灣的兩個國家劇團——戲曲學院京劇團與國光劇團——皆安排團員學習與演出崑曲，不僅演出京劇中常演的崑曲，又演出崑曲經典折子戲，還能排新編崑劇大戲，顯示出臺灣的國家劇團致力於演員培養，多元栽培團員以更適應當代演出需求，並期待發展為京崑兩下鍋的劇團。

## 三、帶動京劇演員參與

　　前期茁壯期（1991～2000 年間）的崑曲傳習計畫及本期蓬勃期（2001～2013 年間）的臺崑、臺北崑、蘭庭等民間團體，皆培訓復興、國光兩團京劇演員學習崑曲，而其成效不僅只於崑曲公演，也體現於本時期的傳統老戲及京劇新編戲演出之中。因此，復興、國光兩團有鑑於京劇演員學習崑曲後的成長與收獲，為替劇團爭取更大的利益：增進劇團的演出劇目及劇團團員的表演能力，延請大陸崑劇老師來臺傳授崑曲戲。

　　復興藉由演出新編崑劇，讓團員在崑曲身段的嚴謹規範下，學習、演出與創作，在未有前輩藝術家典範的情況下編排身段；國光則藉由學習崑曲傳統折子戲，讓團員先模仿經典表演後，將高度規劃化的程式依樣畫葫蘆，再依個人長處調整成適合個人條件的表演。兩條不同的演出模式，卻同樣走向京劇演員學習崑曲的路，兩團殊途卻同歸於培養本團團員的京崑不擋能力，顯示出京劇演員不單純只參與京劇，又向百戲之母崑曲取經，〔註89〕從中獲得助益，以更加豐富團內的演出實力。

---

〔註89〕見鄒昌慈訪談：「我們不應該忘本，飲水要思源，雖然京崑已經發展成兩種不同的劇種，你還是一定得要知道你從哪裡（指崑曲）來，才能把這裡（指京劇）拓展地更好。要不然不知道的人，也許他覺得自己已經做得很好很好了，結果回頭一看才發現是崑曲裡面的東西，那根本就沒有做到「更好」。你如果知道自己從哪裡來，你所謂的「更好」才是真正的好，否則你可能一味衝刺，可是卻不知道自己走了回頭路，知道自己的來源後，你才會有真正的「新」的東西。我認為我們永遠都要向泉源取經，在掌握泉源的基礎下，再繼續發展。否則如果你只是一直在京劇中鑽研、鑽研，然後覺得自己很不錯了，說不定你只是達到學習崑曲就能達到的程度，其實並不是了不起的成就，也就是走了回頭路。所以要先向崑曲取經，在他之上，繼續發展。」，木柵戲曲學院國光劇團國光劇場後臺，2014 年 3 月 14 日。

# 第三節　學習崑劇對演出新編戲的影響

　　過去京劇演員的基本功訓練較「大綱式」模仿教學，與崑劇的「絕對式」模仿教學有別，〔註90〕在學習崑曲後，對於京劇新編戲的表演幫助可見於人物塑造及砌末使用兩方面。

## 一、人物塑造

　　崑曲表演講究「大處有戲，小處也有戲」，甚至以眼神的內在情緒為首，

> 人物是從內心找出來的，不是只是做美麗的身段而已，身段是自然
> 而然做出來的，會著重在人物當時的心情，也特別注意人物的眼神
> 的傳達。〔註91〕

相較於傳統戲，新編戲角色內心世界較傳統戲表演性更強，用京劇固有的程式已無法完全勝任新編戲的要求。如陳美蘭談如何揣摩角色內心而推動舞台表演：

> 比如我演《金鎖記》的長安，有一幕是我知道母親（曹七巧）願意
> 把我嫁給童世舫，那段唱腔是要形容自己好像在海裡抓住了一根浮
> 木，在家裡每天都被迫吸大煙，但又無依無助，終於有機會可以脫
> 離母親的控制，可以透過嫁出去有個機會可以改變一生，但又不能
> 將喜悅之情明顯顯露於臉上，又開始揣想自己嫁出去後可以為心上
> 人做些什麼佳餚，開始數菜名、數煮法（示範）。以往我們表演會看
> 著觀眾唱、眼神打得比較遠，但現在是要先放出去再收回來，就像
> 想事情是不會一直看著觀眾的，不過眼神也要為觀眾服務，因此眼
> 神的收放就很重要。〔註92〕

需要借用其他藝術的長處以符合京劇新編戲多元化的要求，豐富而多元的藝術修養有助於演員發展與形成個人的藝術風格。

---

〔註90〕見陳美蘭訪談：「過去我們京劇的眼神的學習，老師是這樣教的：『你從右邊，慢慢看到左邊，看到有支花…』老師會這樣教。現在也懂得透過眼神來帶動作，眼神先到了才帶著手一起過去，就會先用眼神來帶到下一個動作。而且眼神有時候要在舞台上跟其他人物交流，有時直視、有時害羞、有時借位，京劇傳統上來說都比較是看著觀眾唱的。」，木柵戲曲學院國光劇團二樓演員休息室，2014 年 3 月 13 日。

〔註91〕陳美蘭訪談，木柵戲曲學院國光劇團二樓演員休息室，2014 年 3 月 13 日。

〔註92〕陳美蘭訪談，木柵戲曲學院國光劇團二樓演員休息室，2014 年 3 月 13 日。

　　每個時代都有新編戲，將新元素、新觀念與新形象融入劇中，以吸引當時的觀眾進入劇場欣賞，如陳美蘭談演出新編戲的看法：

> 因為新編戲沒有老師教，我們不小心就容易脫了格，因此反覆揣摩，但也會期許自己在融入新元素後，不要變得四不像，會去想要如何能夠更貼近人物還有表演的形式，就覺得眼神的傳達加上聲音的表情很重要，因此身段就變成輔助性的表演了！〔註93〕

新編戲未有過去已形成的「經典」可參考、模仿而再現，需靠演員的個人體會以創造新人物，並且不同於傳統戲以身段程式為主，而改以角色人物形象呈現為主，在學習崑曲後，豐沛了京劇演員創造新編戲角色的能量來源。

## 二、砌末使用

　　京劇向以直白的言語表達內心的喜怒哀樂情緒，崑劇人物的情感表達則較為細膩、婉轉，時常借助手中的砌末——如水袖、柳枝、扇子（團摺扇）、雲帚、腰巾（汗巾）、手巾等——表達抽象的內心情感。砌末不僅只於具功能性的造型道具，而是能藉其細瑣的動作，傳達人物的內心情境。如《西廂記・佳期》紅娘及京劇演員常演的《春香鬧學》春香中，腰巾子運用變化皆十分豐富，如楊利娟學習心得：

> 台崑請了樂漪萍老師來教這戲，才有機會把〈佳期〉從頭縷了一遍，我這才發現原來汗巾有這麼多的拿法，在京劇汗巾是沒什麼功能的，頂多就撣一撣，你很少看到京劇演員挾著汗巾在做戲的，我是學了這戲後才知道原來汗巾有這麼多變化。〔註94〕

把腰巾子從純配件、裝飾，到與身段、舞蹈結合，崑劇豐富的道具運用強化了京劇演員的表情達意表演手段。「翎子表態，扇子傳情，把子說話，水袖談心」〔註95〕並不只是口號，借物傳情，為手中的砌末賦予意義與存在感。

　　戲曲表演重視「無技不驚人，無情不動人，無戲不服人」，為讓觀眾得到最豐富的視聽雙享受，表演的拿捏相當重要，「藝多了就傻，術多了就假」，不能為人物服務的程式與表演則不宜使用。因此，學習崑劇為京劇演員增添更豐富的內涵，使其能夠化用於新角色的詮釋。

---

〔註93〕陳美蘭訪談，木柵戲曲學院國光劇團二樓演員休息室，2014 年 3 月 13 日。
〔註94〕楊利娟訪談，內湖戲曲學院圖書館，2013 年 12 月 26 日。
〔註95〕楊非編著，《梨園諺訣輯要》（北京：中國戲劇出版社，2002 年 11 月），頁 72。

# 小　結

　　推動京劇演員學習崑曲戲十餘年，近年來臺灣開始自製崑劇新編戲，由京劇演員主演，如兩廳院主導的《梁山伯與祝英台》，戲曲學院京劇團推出的《孟姜女》、《李香君》、《楊妃夢》，及臺灣崑劇團的《范蠡與西施》，在在顯示出京劇演員的崑曲戲演出實力獲得上級單位的認同與贊賞，經過了多年的崑曲戲學習及演出實踐，接新編戲演出時，已能自行編排動作，化用過去所學，體現出京劇演員對崑曲的融會貫通，因此劇團推動新編崑劇做為年度大型公演劇目。

　　透過長期參與崑曲，幫助京劇演員在演出京劇新編戲時，能有更豐富的涵養來創造新角色。過去梅蘭芳編演新戲時，即從崑曲中獲得靈感，亦有助現今新編戲的人物塑造，近年來主演各界新編戲的朱勝麗認為：

> 經過幾年的時間，因為歷練加上自己的體會和崑曲的影響、小劇場
> 的參與，這些經驗對新編戲要求刻劃人物很有幫助，提昇了我的表
> 演。〔註96〕

京劇新編戲的角色塑造，與過去的傳統戲有所不同，人物性格更加複雜，若只是依靠過去的京劇背景，實不夠應付新編戲中特殊角色形象塑造。過去京劇經驗著重唱念、身段次要，在學習崑曲後，對京劇的身段更加要求，從注重唱念進而同等重視做表，國光老生演員鄒昌慈認為：

> 以前我們京劇教我們老生唱就是擺好姿勢定格、眼睛要投向遠方，
> 而崑曲是要互動的。觀眾就在你眼前，我後來會看唱詞改變眼神的
> 聚焦，調整成有詞的時候你可以看遠方，可是在抒情或需要得到互
> 動的時候，就會把眼神給觀眾，讓觀眾去揣想我是不是正在看著他
> 們，就會讓觀眾一直把注意放在我身上，看我是不是還會再去看他。
> 我覺得這很好，要你跳出鏡框來勾引觀眾，所以我就會把用眼神勾
> 引觀眾這件事用在京劇表演裡頭。〔註97〕

戲曲講究臺上要眼中有物，而眼神、情境的塑造不能單純靠表象的「看」，要自內心生「景」，以眼神的內在情緒為首，近年來擔綱國光新編戲要角的陳美蘭認為：

---

〔註96〕朱勝麗訪談，木柵星巴克，2014年1月3日。
〔註97〕鄒昌慈訪談，木柵戲曲學院國光劇團國光劇場後臺，2014年3月14日。

人物是從內心找出來的，不是只是做美麗的身段而已，身段是自然
而然做出來的，會著重在人物當時的心情，也特別注意人物的眼神
的傳達。〔註98〕

「演員不動心，觀眾不動情」，講求「內心有戲」，透過眼神傳達內心情感、
營造內心戲，並且製造情緒層次，講求細膩表達情緒的層次，重視表演的過
程，而不只是最後的成果。透過大量地學習崑曲中腳色各家門的表演風格，
加強做表運用、累積情感力量，並化為京劇表演的養分，豐富原有劇藝，在
京劇演出中呈現更細膩的表演風貌。

---

〔註98〕陳美蘭訪談，木柵戲曲學院國光劇團二樓演員休息室，2014 年 3 月 13 日。

# 第六章　結　論


　　在國民政府來臺前，即有崑劇在臺演出的記錄，臺灣本土演員演出崑劇則自臺灣的劇隊收坐科生始，至今已逾一甲子。崑劇在臺灣的演出，除仰賴熱心曲友不遺餘力地推廣外，也有賴京劇演員的參與以提昇崑劇在表演上的專業度。

　　早期兩岸未開放，由曲友及前輩京劇演員進行崑劇傳承教學，擔任崑劇於臺灣傳承與演出的重要角色，爲崑劇於臺灣的發展留下一脈在地特色。臺灣最早成立的京劇演員培訓學校——「大鵬劇校」，其學生（俗稱「小大鵬」）學習崑劇的傳統由來已久，自 1951 年徐露隨大鵬習藝起，便推行小大鵬學習並演出崑劇。不單小大鵬以崑亂兼擅之傳統培養演員，隨後收學生的復興劇校、陸光劇校（俗稱「小陸光」）、海光劇校（俗稱「小海光」）也以崑曲曲牌課做爲入校之初的開蒙學習，入校即學《天官賜福》、《金山寺・水鬥》等戲及其他京劇中常用的曲牌。三軍劇校整併後爲國光藝校，依舊保持曲牌開蒙舊例，之後與復興劇校合併後，戲曲學院於入學之初仍以曲牌教學。

　　曲牌開蒙後，除劇隊內擅演崑劇之演員外，大鵬延請徐炎之教小大鵬崑曲並安排演出，劇目雖以生旦戲如《牡丹亭》爲主，仍兼及淨角戲，教授《醉打山亭》、《鍾馗嫁妹》等戲。本時期的劇隊演出也不乏京班中常演的崑劇，包含吹腔戲《奇雙會》等。

　　從京劇界橫跨至電影圈的郭小莊有感於國劇的頹勢，欲重振京劇而重回梨園行，於 1979 年創辦雅音小集，與知名京劇演員一同演出。於創團戲中即推出崑劇戲碼，邀徐炎之指導、撫笛，邀請李環春、田士林同台演出《林沖夜奔》、《思凡》、《下山》等劇，挾其電影圈的知名度帶動觀眾關注崑劇演出訊息，爲吸引一般非戲迷觀眾進入劇場觀賞崑劇的重要人物。

　　孕育期以大鵬劇校所培養的京劇演員所學崑劇，劇目最為豐富、行當較為齊全、演出頻率較高，如培養徐露、古愛蓮、鈕方雨、楊丹麗、嚴蘭靜、高蕙蘭、邵珮瑜、郭小莊、孫麗虹、李璇、王鳳雲、井玉玲、杜匡譓、陳玉俠、趙振華等人，習《牡丹亭》、《扈家莊》、《昭君出塞》、《夜奔》、《安天會》、《鍾馗嫁妹》等戲，養成小大鵬的學員京崑不擋的特色。

　　孕育期曲友於曲會活動及大專院校的社團中推行崑劇演出，如大小同期及北一女、臺師大、臺大、政大、中興、銘傳、中央、東吳、輔仁等校相繼成立崑曲社，定期舉辦演出。除因曲友所學行當以生、旦為主，演出戲碼若需淨、丑角，則需邀請京劇演員同演，以維護戲碼的精緻度；又因曲友未受坐科訓練，戲中角色若為耗功需有三功五法為基礎的人物，也需邀請京劇演員擔任，以兼顧戲碼的精彩度。因此曲友與京劇演員在崑劇演出的關係可說是密不可分，也形成了臺灣崑劇發展的特殊現象。

　　而早期三軍及復興劇隊演出的《挑滑車》、《白水灘》、《夜奔》、《石秀探莊》、《擋馬》等戲，雖則為保留於京劇中的崑曲武戲，然京劇演員於舞台演出時，為求情節緊湊、開打精彩、表演熱鬧，常將戲中原有的曲牌唱段刪減，如改稱《小白水灘》，[註1]以純開打的武戲形式演出，原來的崑曲因京化而有不同的表演。因此，臺灣京劇演員在早期也演京劇中保留的崑曲武戲，並非為現在所指稱之演唱崑曲的崑劇。

　　臺灣首位本土培養京劇演員徐露出科入隊後，新象活動中心（簡稱「新象」）邀其主演1980年主辦的大型崑劇《牡丹亭》，與高蕙蘭、王鳳雲、王銀麗等一同演出，此次演出象徵臺灣本土培養演員維持京崑不擋的傳統。演出後，回響熱烈，為臺灣京劇演員首次參與大型製作崑劇創下好的開始，成為孕育期接二連三的大型崑劇製作的契機，也推動新象邀白先勇製作《牡丹亭》（1984年版）以饗觀眾。

　　軍中劇隊除每月的勞軍公演及年度競賽戲外，尚於國軍文藝活動中心進行輪檔公演，各劇隊也於重大節慶中聯合演出，演出頻繁。在緊鑼密鼓、馬不停蹄地演出中，京劇演員得以長期而多次地在舞台上實踐演出，一齣新學的戲透過在勞軍過程中不斷磨練，再於輪檔公演推出。顯見公演所推出的戲，演員已有相當體悟與改進，且經過觀眾的觀賞喜好考量，方於輪檔公演中推

---

〔註1〕 如海光國劇隊於1982年2月25日演出《小白水灘》（胡昌民、陸昌豪、黃昌生），6月30日演出《小白水灘》（胡昌民、黃昌生、邱昌祥、王昌蘭）。

出。輪檔公演中常演《挑滑車》、《白水灘》、《扈家莊》、《昭君出塞》、《天官賜福》等戲，這些戲也是保留於京劇科班中常演的崑劇，顯示出不論古今，觀眾的欣賞與愛好相仿，也因觀眾的喜好影響了京劇科班的戲碼選擇。

　　新象於孕育期率先舉辦崑劇大型售票公演，透過宣傳、行銷等商業運作模式，推出以本土京劇演員擔綱演出的經典崑劇《牡丹亭》，企圖吸引京崑戲迷、文學與藝術愛好者進入劇場。同時，本次演出亦為臺灣崑劇史上的首次崑劇大型售票演出，成功的操作帶動了孕育期的演出，也為奠基期的崑劇推動形成一股助力。

　　傳習計畫前復興劇團（現為國立臺灣戲曲學院京劇團，習稱「復興」）曾辦崑曲研習班（1981 年），組織參與的社員學習，並於國軍文藝中心的輪檔公演中演出，為最早組織培訓京劇演員學習崑劇之單位。請來資深曲友徐炎之、許聞佩、夏煥新、田士林傳授崑曲，並由已故張善薌高徒張惠新、宋泮萍指導，在復興的輪檔公演中推出崑曲之夜，演出《牡丹亭》、〈刺虎〉、《夜奔》、《獅吼記》、《風箏誤》、《扈家莊》等戲。

　　徐露組徐露劇場（成立於 1986 年）赴美演出京崑劇碼，與高蕙蘭合演《牡丹亭・遊園驚夢》一折。水磨曲集崑劇團（成立於 1987 年，簡稱「水磨」）由臺灣於伶票兩界推廣崑劇不遺餘力的徐炎之門生組成，並於創團公演上，由曲友與京劇演員聯合推出崑劇《夜奔》、《下山》、《鐵冠圖・刺虎》等以饗觀眾。後於 1990 年推出《長生殿》、《還魂記》兩檔以京劇演員與崑曲曲友合演的串本戲，顯示此時期京劇界與崑曲界的頻繁交流盛況。

　　奠基期京劇演員開始涉足崑劇專業、大型製作的演出，顯示出臺灣本土培養的京劇演員，具演出大型崑劇的能力。也因京劇演員於大型崑劇演出表現卓越，藉由徐露做為號召，吸引無數觀眾入場觀賞，增添了崑曲在戲曲界的觀眾接受群與拓寬能見度。由京劇演員主演的崑劇大型公演，頗獲好評，同時透過京劇演員演出崑劇拉攏京劇戲迷進劇場看崑曲表演，也透過藝術經紀公司的包裝、宣傳，增進崑劇對一般大眾的能見度，間接促使學者推動茁壯期的「崑曲傳習計畫」，拓展京劇演員的崑劇能戲劇碼及培養愛好崑曲人士，而使崑劇在臺灣進入新一波的高峰。

　　在 1993 年大陸崑劇演員來臺傳授崑劇前，由隨國民政府來臺的曲友與京劇演員在臺灣傳習崑曲。早期三軍及復興劇隊的演出劇目中，演出《玉簪記》、

〔註2〕《蝴蝶夢》、〔註3〕《繡襦記》、〔註4〕《百花公主》、〔註5〕、《西廂記》、
〔註6〕《荊釵記》〔註7〕等戲，劇名乍看爲崑劇，但實爲經過改編的皮黃戲，
直至大陸崑劇演員來臺授課，才由京劇演員演出崑劇。

在曲友的期盼及學者的努力下，催生出由洪惟助、曾永義主持，爲期十
年的崑曲傳習計劃（1991～2000年），在行政院文化建設委員會（簡稱文建會）
的經費支持下，爲臺灣請來大批大陸一等崑劇教師來臺教學，引進崑劇南北
派不同風格，與1949年後臺灣的本土傳承演出脈絡，呈現不同風貌。由此計
畫開始長期而大量的崑劇培養活動，爲臺灣培養了新一代的崑曲觀眾，進而
帶動了新一波的崑曲熱潮。

崑曲在臺灣早在大小同期曲會便聚集一批愛好者，大專院校中也陸續成
立崑曲社，爲臺灣傳播崑曲的種子。文建會的崑曲傳習計畫開辦後，帶動了
新一波的人成爲曲友、參加曲界活動，把崑曲曲友的年齡層拓廣、影響層面
拓寬，不啻爲臺灣崑曲界注入新生代，爲臺灣曲友組成增添活水。由於計畫
承辦成效頗佳，因此按原定計畫擴大舉辦，影響及於兩團青年京劇演員，並

〔註2〕 如大鵬國劇隊於1951年～1957年於本省島內、外島空軍駐防之地及其他特定
場所中曾演出（演出日期與演員不明），見溫秋菊《臺灣平劇發展之研究》（臺
北市：學藝出版社，1994年6月，頁344），此《玉簪記》應爲杜近芳版的京
劇。後大鵬於1987年（日期不詳）演出新《玉簪記》（王鳳雲、高蕙蘭、馬
元亮），也應爲新編的京劇，「新」應指爲有別於杜近芳版本之意。

〔註3〕 如台視國劇社於1965年11月3日演出《蝴蝶夢》（鈕方雨及大鵬國劇隊），
見黃慧芬，《台視「國劇社」電視戲曲研究（1963～1988）》（中國文化大學戲
劇學系碩士論文，2012年6月，頁108），此《蝴蝶夢》應爲京劇《大劈棺》
之別稱。

〔註4〕 如陸光國劇隊於1981年7月8日演出《繡襦記》（劉陸嫻、胡陸蕙）、海光國
劇隊於同年6月24日演出《繡襦記》（馮青芳、呂海琴）、大鵬國劇隊於1988
年6月7日演出《繡襦記》（陳美蘭、彭小仙、尹來有），此《繡襦記》應爲
俞大綱版的《繡襦記》。

〔註5〕 如大鵬國劇隊於1986年11月29日演出《百花公主》（王鳳雲、朱錦榮、陳
美蘭、王海波），應爲京劇。

〔註6〕 如陸光國劇隊於1988年9月24日演出《西廂記》（演員不明）、復興劇隊於
1988年6月12、13日演出《西廂記》（趙復芬、曹復永、朱民玲、齊復強、
毛復奎、王鳴詠）、陸光國劇隊於1990年4月24日演出《西廂記》（李光玉、
朱勝麗、楊傳英、孫麗虹、張光鳴）、復興劇隊於1990年12月5～18日演出
《西廂記》（嚴蘭靜、張海珠、曲復敏）、陸光國劇隊於1993年4月3日演出
《西廂記》（李光玉、朱勝麗、孫麗虹），應爲田漢版的《西廂記》。

〔註7〕 復興劇隊於1993年10月7～9日演出《荊釵記》（趙復芬、曹復永）。

增進了京劇演員的崑劇口袋劇目。經過長年的推廣，提供京劇演員崑劇學習學習機會，在多年的學習與浸淫中，京劇演員於崑劇展演上小有成就。

水磨曲集崑劇團於奠基期多次舉辦公演緬懷徐炎之、張善薌伉儷，紀念兩位前輩曲友於京劇界及曲友界不遺餘力推動崑曲，演出《思凡》、《鐵冠圖·刺虎》、《爛柯山·逼休》、《牡丹亭·尋夢》、《蝴蝶夢·說親》、《玉簪記·偷詩、秋江》等戲，爲本時期定期舉辦演員與曲友合演的崑劇團，展現臺灣崑劇演出由伶票兩界共襄盛舉的特色。

奠基期間蘭庭藝苑（成立於 1994 年）、絲竹京崑劇團（成立於 1995 年，簡稱「絲竹京崑」）、臺灣崑劇團（成立於 1999 年，簡稱「臺崑」）等相繼成立，成員皆由專業京劇演員組成，從京崑並演的京崑劇團到專業崑劇團的形成，顯示出臺灣京劇演員於崑劇參與的程度日漸增強、漸趨密集，呈現臺灣特殊崑劇發展樣貌。並於 2000 年 3 月組織聯合崑劇團，赴蘇州參與第一屆「中國崑劇藝術節」，隔屆參與，至今（2013 年）已參與共三屆崑劇藝術節活動。其中蘭庭藝苑赴美國、法國演出崑劇經典《牡丹亭》，絲竹京崑於本時期常演傳統折子戲，而臺崑則於創立隔年（2000 年）多次舉辦演出，以饗觀眾。

奠基期可分兩階段，由崑曲傳習計畫招收京劇演員爲分界，第一階段（1991 年～1995 年間）聘請優秀崑劇演員來臺傳授臺灣的崑曲愛好者，藉以拓展原有的曲友版圖，將崑曲更加普及化，同時也培育了更多未來進劇場看崑曲的觀眾。第二階段（1996～2000 年間）增開了藝生班，徵選復興、國光兩團的優秀青年京劇演員，招收了孫麗虹、李光玉、郭勝芳、趙揚強、陳美蘭、唐天瑞、丁中保、楊利娟、劉稀榮、張化宇、王鶯華、鄒昌慈、盛利鑑等正值青年，尚未擔任劇團主要演員、較有餘裕參與且尚未被京劇定型化的青年演員，期能透過傳習計畫的長期培訓後，在未來成爲崑劇演出的生力軍。

在已受京劇訓練的前提下，演員們已具基本功底，然崑劇與京劇雖皆爲戲曲，同爲手眼身法步的表演，但表演呈現方式與要求截然不同。從第一劇種（京劇）過渡到第二劇種（崑劇）的表演，並非船過水無痕、能無縫接軌的，在演繹崑劇時隱隱透出的京劇味兒，或許正是臺灣崑劇特色。

奠基期在崑曲傳習計畫的大力推動下，培養出了新一批基本崑劇觀眾，將原有的崑劇觀眾從曲友普及到社會各階層人士。也培養了爲數不少的臺灣京劇演員，又以小生、旦角、老生、丑角等行當爲主，拓寬了京劇演員於崑劇學習的戲路，增進其崑劇拿手劇碼。在穩定的觀眾基礎上，崑劇的觀賞需

求與日俱增，適逢京劇演員的崑劇演出功力大幅增進，因此演出供應量能符合觀賞需求量，也為蓬勃期崑劇各式演出的枝繁葉茂埋下伏筆。

崑曲傳習計畫藝生班提供了在 1994 年面臨三軍劇團整併後，原三軍及復興京劇演員一個「重新」學習、充電與舞台演出的機會，並透過跨劇種學習崑曲，增添了原本京劇藝術的養分。由於國光劇團的演出模式與三軍時期大不相同，演出型態、場次、分配與軍中有異，傳習計畫提供當時的優秀年輕團員舞台，讓年輕有潛力的演員，除能充實自我、發展另一項技能外，也得到舞台表現與磨練的機會。

經過了十年的崑曲傳習計畫的滋潤，培養了無數的曲友與京劇演員，為臺灣崑劇界帶來新氣象。先後成立的京崑劇團，相繼推出傳統折子戲、新編崑劇、崑劇小劇場等，演繹出崑劇不同的可能。

國光繼 1997 年推出新編崑劇《釵頭鳳》後，於 2004 年聯合復興、臺崑兩團團員推出《梁山伯與祝英台》，為臺灣原創劇本及臺灣演員參與演出，乃原汁原味的臺灣新編崑劇。復興隨後跟進推出新編崑劇，如 2007 年《孟姜女》、2008 年《李香君》及 2011 年《楊妃夢》，臺崑於 2013 年推出新編崑劇《范蠡與西施》，由主持崑曲傳習計畫的曾永義與洪惟助兩位學者，透過推動京劇演員演出新編崑劇，再領臺灣京劇演員創造臺灣崑劇史上的新成就。

水磨於蓬勃期的演出，以徐炎之、張善薌的門生及崑曲傳習計畫後投入的曲友為演出主力，於曲友中少見的老生、淨、丑戲碼演出時，特別邀請京劇演員一同演出，如《牧羊記·望鄉》蘇武（老生）、《蝴蝶夢·說親》老蝴蝶（副丑）、《爛柯山》朱買臣（老生）、《西廂記》琴僮（丑）、《長生殿》楊國忠（副淨）和陳元禮（老生）、《鐵冠圖·刺虎》李固（武淨）等角色，以增添崑劇團各式劇碼的演出實力。

臺崑於蓬勃期的演出，除以上個時期所學的傳統折子戲為主，並延請大陸崑劇演員來臺，將上個時期所學的折子戲學全成串本戲，如《牡丹亭》、《爛柯山》、《風箏誤》、《蝴蝶夢》、《玉簪記》、《琵琶記》、《獅吼記》、《荊釵記》、《西廂記》、《西遊記》等戲。以演京劇為主的台北新劇團（成立於 1998 年），則於近年推出京劇演員常演的崑劇，如《昭君出塞》、《蘆花蕩》、《真假美猴王》、《挑滑車》等，展現臺灣新生代京劇演員兼擅崑亂的實力。

在奠基期由京劇演員為主體的崑劇團先後成立後，蓬勃期則有更多不同性質的崑劇團如台北崑劇團（成立於 2003 年，簡稱「台北崑」）、蘭庭崑劇團

（成立於 2005 年，簡稱「蘭庭」）、二分之一 Q 劇場（成立於 2006 年）、台北崑曲研習社（成立於 2009 年，簡稱「台北崑研」）等崑劇團相繼成立。

蓬勃期中，各團不定期延聘大陸老師來臺傳習崑曲，以增進本土演員的崑劇演出劇目，並邀京劇演員到團共同學習，在教學後舉辦成果展，呈現教學成果。劇團同時策劃大型公演，邀約京劇演員演出傳統戲，如臺灣崑劇團的「蝶夢蓬萊」、「千里風雲會」等年度公演及蘭庭崑劇團的《獅吼記》、「蘭庭六記」等。此外，尚有臺灣積體電路製造公司（簡稱「臺積電」）等社會企業支持崑劇演出。各崑劇團從事不同目的之崑曲活動，致力於推廣、演出、傳承，並行不悖地使崑曲在臺灣呈現多方發展、百花齊放之榮景。

同時，本時期中也賦予傳統折子戲新風貌，拆組經典折子而以崑劇小劇場的形式，希望為崑劇增添更多不同的可能，如二分之一 Q 劇場以《牡丹亭》、《西樓記》、《南柯記》、《牧羊記》、《桃花扇》、《紅樓夢》等劇本，改編成《柳・夢・梅》、《情書》、《戀戀南柯》、《半世英雄・李陵》、《亂紅》、《風月》等；蘭庭崑劇團以《牡丹亭》、《長生殿》等為本，改編成「尋找遊園驚夢」、「明皇幸蜀圖《長生殿》」等。兩個劇團長期經營崑劇小劇場，也為臺灣崑劇開展了不同風貌，拓展了不同的可能。

京劇演員的崑劇師承也不限於特定流派，在崑曲傳習計畫時，即曾接觸南北派崑劇，使京劇演員對崑劇有多元而廣博的基礎認識。待溫宇航來臺定居後，引薦了北方崑曲劇院（簡稱「北崑」）張毓文來臺教學，為國光劇團（簡稱「國光」）挹注了一股穩定而持續的北派崑劇傳承脈絡。由此可見，臺灣京劇演員在跨劇種學習時，不限同樣派別，藉由多方學習崑劇，認識崑曲的不同風格樣貌。並能在多元學習的基礎上，建立起演員個人的崑劇審美觀，並進而建構出臺灣京劇演員的崑劇演出風格。

本論文於崑曲傳習計畫期間所學習的劇目及師承收集整理尚有不足，期待後繼研究者能繼續補充本論文，將臺灣京劇演員學演崑曲的參與狀況，進行更多資料的呈現。

蓬勃期的民間演出邀約，以自崑曲傳習計畫期間，便已向崑劇名家學習崑劇的京劇演員為主。同時，透過拉攏資深未參與傳習計畫的京劇演員，如曹復永、朱勝麗、劉海苑等，期能透過他們的參與，帶動更多京劇戲迷觀賞崑劇演出，增加崑劇觀賞人口與來源。除此之外，積極培養本時期的優秀青年演員，如錢宇珊、王耀星、陳長燕、劉珈后、臧其亮、陳秉蓁、蔣孟純、戴心怡、陳

元鴻、凌嘉臨等，民間崑劇團體相繼邀請非崑曲傳習計畫學員學習崑劇，期待透過廣而博、專而精的培養方式，增進京劇演員學習崑劇的機會。

蓬勃期京劇演員參與崑劇是更緊密而頻繁，從奠基期（1980～1990 年）的特定京劇演員、茁壯期（1991～2000 年）的青年京劇演員，到本時期的全面培訓，崑劇團不再用論資排輩的方式邀約京劇演員學習崑劇，而是期許透過各年齡層、不同資歷的京劇演員參與崑劇，能夠掀起臺灣崑劇史的新一波高潮。而京劇演員所參與的崑劇演出，也不僅只於傳統折子戲，同時參與新編崑劇、崑劇小劇場的創作，顯示出臺灣京劇演員於崑劇表演中的獨立性與創作能力。

臺灣本土培育之京劇演員的崑劇學習，自徐露起便無停歇，初期學習崑劇並無特定師承，由劇隊內前輩演員與曲友共同指導。國民政府遷臺後至兩岸開放交流間，由隨國民政府來臺定居之曲友傳承，兩岸開放交流後，崑曲傳習計畫邀請大陸崑劇演員、教師、樂隊來臺教學，而後復興、國光也為演員安排崑劇課程，邀大陸老師來臺上課。傳習計畫結束後，主持人洪惟助邀集藝生班學員組成臺崑，六年後蘭庭成團，由京劇演員主演崑劇的頻率大幅增加。

臺灣京劇演員於崑劇的演出，除了傳統戲之外，也參與新編崑劇、崑劇小劇場的創作，在多方的崑劇參與中，顯示出臺灣京劇演員對於崑劇的傳承與創新同樣盡一份心力，企圖為臺灣的崑劇演出面貌增添多元的可能。也因著京劇演員的參與，為臺灣的崑曲增添了一絲京味，成就了臺灣的京演崑曲現象。

本論文一共訪問十八位演員及兩位崑劇團團長，竭力釐清京劇演員參與崑劇學習、演出與教學的本來面貌，透過訪談了解其於學習及演出後，從崑曲中所吸收的養分用於京劇傳統戲及新編戲的狀況。但仍有遺珠之憾，未來繼續研究與臺灣京劇演員參與崑劇相關議題者，可訪齊復強、徐中菲、鍾傳幸等復興劇校崑曲傳習班的參與者，李光玉、朱錦榮、陳利昌、劉稀榮、謝冠生、盛利鑑、古中樑、金素娟、劉嘉玉等參與傳習計畫者，劉海苑、羅勝貞、周陸麟、邱陸榮、王耀星、彭湘時、臧其亮、錢宇珊、劉珈后、陳秉蓁、凌嘉臨等近十多年來積極學習與參與者。尚可訪談曲友如水磨曲集崑劇團首任團長蕭本耀、蓬瀛曲集負責人劉育明等資深曲友，藉以重現早年臺灣曲界與京劇界密切合作、交流的原貌。

　　臺灣京劇演員參與崑劇演出除爲崑劇史中的特殊現象，也爲臺灣崑劇地方特色，不論在兩岸的崑劇史或單一劇種史皆佔特殊地位，在不同的觀賞訴求下，今已有數個劇團致力於不同面向的崑劇演出，曲友與京劇演員協力推出更豐富而多元的崑劇表演。而臺灣的崑劇史研究，以曲友、崑劇團爲主要脈絡較多，期以拙作拋磚引玉，出現更多以臺灣京劇演員爲主軸的研究論文。

　　未來有志研究京劇演員參與崑劇演出的研究者，筆者認爲本論文所欠缺而尚待研究、發掘的：或以保留於京班中的崑曲戲，由劇目及表演技巧，探討其唱念做打的表演特色及保留於京班的原因；或以參與崑曲傳習計畫的演員爲主，透過訪談與舞台呈現，進行表演影響研究；或以京劇演員常演的傳統崑曲劇碼爲主，研究不同劇目對於京劇演員的表演手法與內涵的幫助與收穫；或以京劇演員長期參與的臺灣崑劇團或蘭庭崑劇團，針對其培訓、公演推動等進行研究。期於拙作的發表後，能夠獲得更多相關研究的迴響，共同記錄臺灣京劇演員參與崑劇演出的獨特地域現象。

# 參考文獻與資料

（依作者／編者姓氏筆劃排列）

## 一、工具書

洪惟助主編，《崑曲辭典》，宜蘭：國立傳統藝術中心，2002 年。

## 二、古籍

〔清〕《清代燕都梨園史料》，臺北市：傳記文學出版社，1974 年 4 月印行。

## 三、專著

1. 王家熙、許寅等整理，《俞振飛藝術論集》，上海：上海文藝出版社，1985 年。
2. 王安祈，《臺灣京劇五十年》，宜蘭：國立傳統藝術中心，2002 年。
3. 王安祈總編，《蕙風蘭生：高蕙蘭紀念特輯》，台北市：國光劇團，2004 年 9 月初版。
4. 王安祈，《為京劇體系發聲》，臺北市：國家出版社，2006 年 1 月。
5. 王安祈，《光照雅音——郭小莊開創台灣京劇新紀元》，臺北市：相映文化出版，2008 年 4 月。
6. 王安祈，《尋路：臺北市京劇發展史（1990～2010）》，臺北市：北市文化局，2012 年 4 月。
7. 王志萍編，《曲韻蘭庭——崑曲藝術在台灣發展的軌跡、特色與現況》，台北市：蘭庭崑劇團，2011 年 5 月。
8. 毛家華，《京劇二百年史話》，臺北市：文建會，1995 年。
9. 朱復、沈世華、梁燕、鈕驃、傅雪漪、張曉晨合著，《中國崑曲藝術》，北京：北京燕山出版社，1996 年 10 月。

10. 呂訴上，《臺灣電影戲劇史》，臺北市：銀華出版部，1961 年。

11. 李曉，《中國崑曲》，上海：百家出版社，2004 年 5 月。

12. 李殿魁、劉慧芬編，《露華凝香——徐露京劇藝術生命紀實》，宜蘭：國立傳統藝術中心，2006 年。

13. 李蓮珠，《走過半世紀——國立臺灣戲曲學院元年暨創校五十週年紀念專刊》，臺北市：國立臺灣戲曲學院，2007 年 4 月。

14. 李伶伶，《尚小雲全傳》，北京：中國青年出版社，2009 年 6 月。

15. 武俊達，《崑曲唱腔研究》，北京：人民音樂出版社，1987 年 3 月。

16. 邱坤良，《臺灣劇場與文化變遷：歷史記憶與民眾觀點》，臺北市：臺原出版社，1997 年 10 月。

17. 金芝主編，《程長庚研究文叢》編輯委員會，《長庚精神照後人——紀念程長庚誕辰 185 週年文集》，北京：中國戲劇出版社，1998 年 1 月。

18. 柳天依，《郭小莊雅音繚繞》，台北市：台視文化事業股份有限公司，1998 年 2 月。

19. 周明泰，《京戲近百年瑣記》，劉紹唐、沈葦窗主編《平劇史料叢刊》，1929 年 11 月上海大東書局再版，臺北市：傳記文學出版社，1974 年 4 月影印。

20. 岳美緹，《巾生今世：岳美緹崑曲五十年》，北京：文化藝術出版社，2008 年 4 月。

21. 季季，《奇緣此生顧正秋》，臺北市：時報文化，2007 年 7 月 10 日。

22. 連雅堂，《臺灣通史（修訂校正版）》，台北市：國立編譯館中華叢書編審委員會，1985 年 1 月。

23. 馬少波、章力揮、陶雄、曾白榮、胡波等主編，《中國京劇發展史》，臺北市：商鼎文化出版社，1992 年 1 月。

24. 徐亞湘，《日治時期中國戲班在台灣》，台北市：南天書局有限公司，2000 年。

25. 徐亞湘，《日治時期臺灣戲曲史論：現代化作用下的劇種與劇場》，臺北市：南天書局，2006 年。

26. 徐亞湘，《史實與詮釋——日治時期台灣報刊戲曲資料選讀》，宜蘭：國立傳統藝術中心，2006 年。

27. 林國源，《尚派武戲香火：李柏君傳藝錄》，臺北市：臺北藝術大學，2008 年 8 月。

28. 梅紹武、屠珍等編撰，《梅蘭芳全集》，石家莊：河北教育出版社，2000 年 12 月。

29. 郭小莊，《天涯相依》，台北市：九大文化股份有限公司，1987 年 10 月初版。

30. 教育部社會教育司編印，《劇藝學校國劇科課程標準》，臺灣：教育部社會教育司，1989 年 6 月。

31. 陳彬，《我愛唱戲：優遊戲曲三十年》，台北市：陳彬自費出版，1999 年 11 月 17 日。

32. 陳芳主編，《臺灣傳統戲曲》，臺北市：臺灣學生書局有限公司，2004 年 9 月。

33. 陳均編，《京劇崑曲往事》，臺北市：秀威資訊科技，2010 年 9 月。

34. 陳均，《也有空花來幻夢：京都聆曲錄 II》，臺北市：秀威資訊科技，2013 年 6 月。

35. 曾永義，《戲曲經眼錄》，台北市：財團法人中華民俗藝術基金會，2002 年 9 月 1 日。

36. 曾永義、施德玉，《地方戲曲概論》，臺北市：三民書局，2011 年 11 月。

37. 溫秋菊，《臺灣平劇發展之研究》，臺北市：學藝出版社，1994 年 6 月。

38. 張發穎，《中國戲班史》，北京：學苑出版社，2003 年 1 月。

39. 新象活動推展中心主編，《國際藝術節：中國戲劇特刊——中國古典文學與戲劇》，臺北市：新象活動推展中心，1980 年。

40. 鄒慧蘭，《身段譜口訣論》，蘭州：甘肅人民出版社，1985 年 6 月。

41. 董維賢，《京劇流派》，北京：中國戲劇出版社，2005 年 11 月。

42. 劉紹唐、沈葦窗編，《富連成三十年史》，1933 年 2 月 1 日北平藝術出版社，臺北市：傳記文學出版社，1974 年 4 月影印。

43. 齊如山，《五十年來的國劇》，收入梁燕主編《齊如山文集》第四集，石家莊：河北教育出版社，2010 年 12 月。

44. 蔡欣欣，《臺灣戲曲研究成果述論（1945～2001）》，臺北市：國家出版社，2005 年 10 月。

45. 蔡欣欣，《臺灣戲曲景觀》，臺北市：國家出版社，2011 年 1 月。

46. 鄭培凱，《口傳心授與文化傳承》，桂林：廣西師範大學出版社，2006 年 7 月。

47. 學苑出版社編，《民國京崑史料叢書》第二輯，北京：學苑出版社，2008 年 1 月。

48. 戴淑娟、金沛霖等編，《楊小樓藝術論評》，臺北市：商鼎文化出版社，1991 年 10 月 1 日。

49. 羅麗容，《南戲・崑劇與臺灣戲曲》，臺北市：新文豐出版股份有限公司，2012 年 12 月。

50.《姹紫嫣紅崑事圖錄》，宜蘭：國立傳統藝術中心，2001 年 11 月。

51.《近代日本博覽會資料集成・植民地博覽會 I・台灣》第二卷《始政四十

周年記念台灣博覽會協贊會誌》，東京都：國書刊行會，2012 年 10 月 15
日。

51. 《國立中正文化中心——十週年慶紀念專刊》，台北市：國立中正文化中
心，1997 年 10 月。

52. 斯坦尼拉夫斯基（Константин Сергеевич Станиславский）著、吳霜譯，
《斯坦尼拉夫斯基自傳：我的藝術生活》，北京：團結出版社，2006 年 1
月。

## 四、學位論文

1. 尹崇儒，《復興京劇 永矢弗諼：論曹復永先生之藝術生涯》（淡江大學歷
史學系碩士班碩士論文，2011 年）。

2. 吳桂李，《李寶春京劇藝術研究（1991～2006）》（中國文化大學藝術學研
究所碩士論文，2006 年）。

3. 侯剛本，《台灣京劇教育與就業現況之研究 1949～1999》（中國文化大學
藝術研究所碩士論文，2001 年）。

4. 紀天惠，《1992－2005 中國崑劇團體來臺演出之《牡丹亭》音樂研究》（國
立臺灣師範大學民族音樂研究所碩士論文，2008 年）。

5. 施秀芬，《崑曲在台灣傳播之研究》（佛光大學中國文學系博士論文，2011
年）。

6. 高小仙，《從三民主義文化建設論我國文藝發展——以一九五〇～一九九
〇年我國國劇發展為實例》（政治作戰學校政治研究所碩士論文，1991
年）。

7. 高美瑜，《戰後初期來台上海京班研究——以「張家班」為論述對象》（中
國文化大學藝術研究所戲劇組碩士論文，2007 年）。

8. 偶樹瓊，《國立臺灣戲曲專科學校「碧湖劇場」演出影響之研究》（國立
台灣藝術大學應用媒體研究所碩士論文，1996 年 6 月）。

9. 張啓豐，《清代臺灣戲曲活動與發展研究》（國立成功大學中國文學系博
士論文，2004 年）。

10. 陳怡如《崑劇《牡丹亭》之舞台美術研究——以 1980 年以後演出為主要
探討對象》（國立中央大學中國文學系碩士論文，2007 年）。

11. 許汶琪，《陳小潭《國劇月刊》研究》（國立中央大學中國文學系碩士論
文，2013 年）。

12. 黃慧芬，《台視「國劇社」電視戲曲研究（1963～1988）》（中國文化大學
戲劇學系碩士論文，2012 年 6 月）。

13. 劉先昌，《論軍中劇隊在台灣京劇史上的影響——以陸光國劇隊為析論範

圍》（中國文化大學藝術研究所碩士論文，1998 年）。

14. 趙延強，《京劇小生表演藝術研究》（佛光大學藝術學研究所碩士論文，2008 年）。

15. 鍾廷采，《台灣業餘崑劇團觀眾發展之研究——以水磨曲集崑劇團爲例》（國立臺北藝術大學藝術行政與管理研究所碩士論文，2006 年）。

16. 韓仁先《台灣當代新編京劇劇作藝術之研究（1949～2005）》（中國文化大學中國文學系博士論文，2006 年 5 月）。

## 五、專題研究計畫

1. 洪惟助主持，《崑劇的組織及演出場所之調查研究》教育部成果報告，國立中央大學中文系戲曲室，1996 年。

2. 洪惟助主持，《台灣崑曲史調查研究》國科會研究成果報告，國立中央大學人文中心，2012 年 1 月 17 日。

3. 徐亞湘主持，《台灣民間京劇傳統之研究》國科會研究成果報告，中國文化大學戲劇學系，2012 年 7 月 31 日。

## 六、單篇論文與期刊

1. 王安祈，〈崑劇在臺灣的現代意義〉（《臺大中文學報》第十四期，臺北：臺灣大學中國文學系，2001 年 5 月），頁 5～37。

2. 王安祈，〈崑劇表演傳承中京劇因子的滲入〉（《戲劇研究》第十期，臺北：中央研究院中國文哲研究所，2012 年 7 月），頁 119～138。

3. 李國俊，〈從販馬記談吹腔〉（《民俗曲藝》第 36 期，臺北市：財團法人施合鄭民俗文化基金會，1985 年 7 月），頁 4～16。

4. 李樹良，〈三十年來的國劇教育〉（臺北市國立臺灣戲曲專科學校：《藝術學報》第三十八期，1985 年 10 月），頁 13～31。

5. 柳青，〈水磨曲集七十八年度崑曲公演〉（《國劇月刊》155 期，1989 年 11 月 5 日），頁 30～32。

6. 林佳儀，〈《綴白裘》之〈昭君出塞〉劇作淵源與流播〉，收入《臺灣音樂研究》第三期（臺北：中華民國民族音樂學會，2006 年 4 月），頁 143～165。

7. 林佳儀，〈娛樂、表演與傳承——徐炎之、張善薌崑曲活動研究〉（《第二屆臺灣戲劇（曲）史青年學者學術研討會》，臺北：中國文化大學戲劇學系，2013 年 6 月），頁 1～45。

8. 洪惟助，〈回顧崑劇的興衰，論其未來的發展〉（《湯顯祖與崑曲藝術研討會》論文，1992 年 10 月 4～5 日），頁 1～13。

9. 洪惟助，〈第四屆崑曲傳習計畫〉（《86 年傳統藝術研討會論文集：民間技藝——鄉土教育部》，宜蘭：國立傳統藝術中心，1997 年 4 月 26～27日），頁 305～309。

10. 洪惟助，〈論臺灣傳統戲曲的保存與發展〉（《88 年傳統藝術研討會論文集：民間藝術——生態與脈絡》，宜蘭：國立傳統藝術中心，1999 年 5月 21～23 日），頁 119～137。

11. 洪惟助，〈台灣的崑曲活動與海峽兩岸的崑曲交流〉（《千禧之交——兩岸戲曲回顧與展望研討會論文集》，宜蘭：國立傳統藝術中心，2000 年 1月），頁 24～35。

12. 洪惟助，〈崑曲傳習計畫與臺灣崑劇團〉（《崑山文化研究》，崑山文化研究發展中心，2011 年 7 月 14 日）。

13. 胡芝風，〈臺灣崑劇《風箏誤》、《獅吼記》的有益啓示〉（《戲曲研究通訊》第六期，國立中央大學中國文學系，孫致文主編，2010 年 1 月），頁 226～229。

14. 耿余，〈京劇審美觀照中的「崑曲視野」——由梅蘭芳對崑曲的繼承與倡導談京劇與崑曲的關係〉（陳嶸、周秦主編，《中國崑曲論壇 2011》，蘇州：古吳軒出版社，2013 年 2 月），頁 62～71。

15. 劉慧芬，〈試論台灣實驗崑劇的得與失——以「1/2Q 劇場」實驗崑曲演出劇目爲例〉（《中國崑曲論壇 2007》，高福民、周秦主編，蘇州：古吳軒出版社，2008 年 12 月），頁 204～211。

16. 蔡欣欣，〈歌盡桃花扇底風——崑曲在台灣發展之歷史景觀〉（福建省：海峽兩岸民間文化藝術理論研討會，2007 年 10 月）。

17. 蔡欣欣，〈二十一世紀前崑曲在臺灣的發展史貌〉（《戲曲學報》第二期，臺北市：國立臺灣戲曲學院，2007 年 12 月），頁 169～196。

18. 蔡欣欣，〈崑曲在台灣發展之歷史景觀〉（《中華戲曲》第 38 輯，北京：文化藝術出版社，2008 年 12 月），頁 184～230。

19. 蔡欣欣，〈崑曲在臺灣發展之歷史景觀〉（《臺灣戲曲景觀》，臺北市：國家出版社，2011 年 1 月），頁 34～110。

20. 羅麗容，〈明清時期崑曲在臺閩間之流播〉（《南戲·崑劇與臺灣戲曲》，臺北市：新文豐出版股份有限公司，2012 年 12 月），頁 198～224。

21. 羅麗容，〈戲曲文物資料與臺灣戲曲之關係——以蘇州老郎廟暨梨園公所碑刻資料爲例〉（《南戲·崑劇與臺灣戲曲》，臺北市：新文豐出版股份有限公司，2012 年 12 月），頁 312～335。

## 七、雜誌及報刊文章

1. 王安祈，〈生態調整的關鍵〉（《中華民國八十四年表演藝術年鑑》，臺北市：國立中正文化中心，1996 年 7 月 1 日），頁 98～107。

2. 王安祈,〈台灣的崑劇效應與崑劇的台灣效應〉(《大雅》雙月刊第 22 期,臺北市:大雅藝文雜誌社,2002 年 8 月號),頁 34～38。

3. 王安祈,〈大陸崑曲在臺灣〉(拓展台灣數位典藏計畫・典藏台灣說你的故事,2012 年 10 月 31 日),http://content.teldap.tw/index/blog/?p=4057。

4. 王瓊玲,〈承繼與開創——民國八十六年度台灣戲曲演出劇評解析〉(《中華民國八十六年表演藝術年鑑》,臺北市:國立中正文化中心,1998 年 7 月 1 日),頁 110～113。

5. 王瓊玲,〈世紀之交的回顧與省思——八十八年度大陸傳統劇種在台演出現象評述〉(《中華民國八十八年表演藝術年鑑》,臺北市:國立中正文化中心,2000 年 7 月 1 日),頁 88～111。

6. 王鶯華,〈習曲心得〉(《戲曲研究通訊》第二、三期,國立中央大學中國文學系,洪惟助主編,2004 年 8 月),頁 243～244。

7. 王永健,〈海峽兩岸文化交流的新篇章——新編崑劇《孟姜女》觀感〉〉(《中國崑曲論壇 2008:漢、英》,蘇州:古吳軒出版社,2009 年 6 月),頁 255～257。

8. 申光常,〈看徐露主演「牡丹亭」感言——推展傳統國劇,向青年觀樂進軍〉(《國劇月刊》40 期,台北市:國劇月刊雜誌社,1980 年 4 月 1 日),頁 26～28。

9. 田沔東,〈節奏:武戲的靈魂——談張世麟在《蜈蚣嶺》中節奏處理〉(《人民戲劇》1980 年第 9 期,北京:中國戲劇協會,1980 年),頁 44～45。

10. 江秋,〈看「復興」第二次崑曲之夜〉(《國劇月刊》60 期,台北市:國劇月刊雜誌社,1981 年 12 月 5 日),頁 46～49。

11. 江秋,〈看「崑曲之夜」談「風箏誤」〉(《國劇月刊》62 期,台北市:國劇月刊雜誌社,1982 年 2 月 5 日),頁 27～31。

12. 朱家溍,〈近代保留在京劇團體的崑劇〉(《崑曲紀事》,北京:語文出版社,歐陽啓名編,2010 年 7 月),頁 26～34。

13. 沈斌〈我導崑劇《孟姜女》〉,《大戲臺》2 期(臺北市:內湖戲曲學院,2007 年 1 月),5 版。

14. 林珊,〈海外報導:觀徐露紐約演出〉(《國劇月刊》114 期,1986 年 6 月 5 日),頁 34～38。

15. 周萬江,〈我演《醉打山門》〉(《京劇崑曲往事》,臺北市:秀威資訊科技,陳均編,2010 年 9 月),頁 191～200。

16. 林佩怡,〈台灣崑劇團簡介〉(《戲曲研究通訊》第二、三期,國立中央大學中國文學系,洪惟助主編,2004 年 8 月),頁 189～193。

17. 孫藝嘉,〈尚小雲在《昭君出塞》中表演藝術淺析〉,《北方文學》(中旬刊)2013 年 6 期(黑龍江:黑龍江省作家協會,2013 年 10 月),頁 121。

18. 敖鳳翔，〈「李七長亭」與「鍾馗嫁妹」〉（《國劇月刊》15 期，台北市：國劇月刊雜誌社，1978 年 3 月 1 日）頁 35～36。

19. 張啓豐，〈臺灣戲曲——新時代的來臨！民國九十年臺灣戲曲現象與觀察〉，《中華民國九十年表演藝術年鑑》（台北市：國立中正文化中心，2002 年 7 月 1 日），頁 79～105。

20. 陳美蘭，〈崑曲傳習計畫感想〉（《戲曲研究通訊》創刊號，國立中央大學中國文學系，洪惟助主編，2002 年 12 月），頁 63～64。

21. 陳彬，〈我與《長生殿》的因緣〉（思想起網路平台，文化，2013 年 3 月 30 日）。

22. 郭勝芳，〈學習崑曲的歷程與感想〉（《戲曲研究通訊》第二、三期，國立中央大學中國文學系，洪惟助主編，2004 年 8 月），頁 237～238。

23. 曾永義，〈千古長城邊塞恨——我編撰崑劇《孟姜女》〉，《大戲臺》創刊號（臺北市：內湖戲曲學院，2007 年 1 月），5 版。

24. 黃韋仁撰、蔡孟珍校閱〈卻顧所來徑——師大崑曲研究社簡史〉（http://blog.yam.com/ntnukung/article/65501099，2013 年 7 月 2 日）。

25. 貫孝全，〈國劇中的三齣「挑滑車」〉（《國劇月刊》29 期，台北市：國劇月刊雜誌社，1979 年 5 月 1 日），頁 56。

26. 貫馨園，〈《罵曹》親炙記——李寶春學崑劇〉（《大雅》雙月刊第 4 期，臺北市：大雅藝文雜誌社，1999 年 8 月號），頁 22～23。

27. 鄒慈愛，〈一體的無限世界〉（《戲曲研究通訊》創刊號，國立中央大學中國文學系，洪惟助主編，2002 年 12 月），頁 60～62。

28. 楊莉娟，〈崑曲因緣〉（《戲曲研究通訊》第二、三期，國立中央大學中國文學系，洪惟助主編，2004 年 8 月），頁 239～240。

29. 趙揚強，〈漫漫崑曲路〉（《戲曲研究通訊》創刊號，國立中央大學中國文學系，洪惟助主編，2002 年 12 月），頁 64～66。

30. 劉稀榮，〈傳習計畫感想〉（《戲曲研究通訊》創刊號，國立中央大學中國文學系，洪惟助主編，2002 年 12 月），頁 62～63。

31. 〈盛年早逝的一株蕙蘭〉（《大雅》雙月刊第 17 期，臺北市：大雅藝文雜誌社，2001 年 10 月號），頁 58～65。

32. 蔡欣欣，〈臺灣京劇教育發展概述〉（《戲曲藝術》1999 年 2 期，北京：中國戲曲學院，1999 年），頁 36～44。

33. 蔡欣欣，〈古典與時尚——崑劇在臺灣的薪傳與行銷〉（《戲文》2005 年 1 期，浙江：浙江省藝術研究所，2005 年），頁 10～12。

34. 賴橋本，〈四十年來臺灣的崑曲活動〉（臺北市國文天地雜誌社：《國文天地》9 卷 8 期，1994 年 1 月），頁 8～13。

35. 蘇稚，〈淺談京劇武旦下場〉（《戲曲藝術》1989 年 1 期，上海：上海戲劇雜誌編輯部，1989 年），頁 18～22。

36. 〈徐露自組「徐露劇場」〉（《國劇月刊》109 期，1986 年 1 月 5 日），頁 30。

## 八、新聞

1. 陳彬，〈奼紫嫣紅開遍寶島——台灣最熱門的崑曲名劇〈遊園驚夢〉〉，《中國時報》，1992 年 10 月 3 日。

2. 菊如，〈「奇冤報」與「遊園驚夢」〉，《華報》，1970 年 1 月 18 日。

3. 湯碧雲，〈郭小莊打算五月演《思凡》以藝術行動抗議社教司重審國劇劇本之舉〉，《中國時報》，1979 年 1 月 26 日。

4. 張福興，〈雅音小集十八日「崑曲之夜」 郭小莊排出最佳陣容〉，《民生報》，1979 年 5 月 12 日。

5. 曾永義，〈跨世紀全球崑劇大展〉（《人間副刊》，2000 年 12 月 7 日）。

6. 〈京劇名角高蕙蘭肺癌病逝夏威夷〉，《大紀元》，2001 年 9 月 20 日。

7. 〈台崑劇團《風箏誤》首度獻演大陸 現場座無虛席〉，中國新聞網，2006 年 7 月 9 日。

## 九、影音資料

1. "LE PAVILLON AUX POVOINES 牡丹亭"，高蕙蘭、華文漪，法國：NAIVE ASTREE / SILEX / VALOIS AUVIDIS，1990 年 9 月 30 日法國圓環劇場演出錄音。

2. 絕版賞析：京劇中的崑曲（一）徽班與崑曲。〔註8〕

3. 絕版賞析：京劇中的崑曲（二）軸子與崑曲。〔註9〕

4. 絕版賞析：京劇中的崑曲（三）京劇中的崑曲劇目。〔註10〕

5. 華視國劇：徐露、王鳳雲、高蕙蘭《牡丹亭》。

6. 台視國劇‧京華再現三：《遊湖借傘》、《金山寺》，台北：得利影視股份有限公司，1978 年。

7. 華視國劇：華文漪、陳美蘭、高蕙蘭《牡丹亭‧遊園驚夢》。〔註11〕

---

〔註 8〕 http://www.56.com/w31/play_album-aid-9695591_vid-NDkyOTQzMDM.html

〔註 9〕 http://www.56.com/w31/play_album-aid-9695591_vid-NjUwNjQyNDA.html

〔註 10〕 http://www.56.com/w31/play_album-aid-9695591_vid-NjUwNjI1NDE.html

〔註 11〕 https://www.youtube.com/watch?v=NipU7qjp7_I，https://www.youtube.com/watch?v=tLAvgSRSNwg，https://www.youtube.com/watch?v=KluIsdA1Muk，2014 年 4 月 26 日最後檢索。

8. 華視國劇：華文漪、高蕙蘭《奇雙會》。

9. 中視國劇：郭小莊《思凡》。

10. 臺灣崑劇團：《朱買臣休妻》，2003 年 8 月 31 日桃園文化局演出錄影。

11. 臺灣崑劇團：《風箏誤》，2006 年 7 月 8 日第三屆蘇州崑劇藝術節演出錄影。

12. 臺灣崑劇團「蝶夢蓬萊」：陳美蘭、溫宇航《牡丹亭》，2007 年 5 月 9 日中央大學大禮堂演出錄影。

13. 國光劇團：朱陸豪、劉稀榮等《美猴王》，2002 年 1 月。

14. 國光劇團：唐文華、趙揚強、孫麗虹、楊汗如、曹復永、陳美蘭、魏海敏、郭勝芳《梁山伯與祝英台》，2004 年 12 月國家戲劇院演出錄影。

15. 國光劇團「鬼‧瘋」：楊汗如、陳美蘭《牡丹亭‧幽媾》，2009 年 5 月 2 日臺北市城市舞台演出錄影，ISRC TW-G2A-10-09918。

16. 國光劇團「女人我最大」：魏海敏、溫宇航、盛鑑、陳清河、陳元鴻《梳妝、跪池》，2010 年 7 月臺北市城市舞台演出錄影，ISRC TW-G2A-12-10105。

17. 國光劇團：魏春榮、溫宇航、唐文華、陳元鴻、蔣孟純、陳清河、謝冠生、王鶯華、鄒慈愛、羅勝貞《梁山伯與祝英台》，2012 年 1 月臺北市城市舞台演出錄影，ISRC TW-G2A-12-10106。

18. 蘭庭崑劇團：溫宇航、曹復永、朱勝麗、盛利鑑、鄒昌慈、陳利昌《獅吼記》，2006 年 6 月 24 日演出錄影，台北市：喜瑪拉雅音樂事業股份，2007 年 11 月 2 日。

19. 蘭庭崑劇團：溫宇航、孔愛萍、楊汗如、朱勝麗《尋找遊園驚夢》，台北市：喜瑪拉雅音樂事業股份，2007 年 5 月 4 日演出錄影，2007 年 11 月 2 日。

20. 蘭庭崑劇團：溫宇航、陳美蘭、張世錚、劉稀榮、郭勝芳、陳利昌、陳元鴻、鄒昌慈、陳長燕、錢宇珊、朱勝麗、陳忞鴻、謝建民、陳富國《蘭庭六記》，台北市：喜瑪拉雅音樂事業股份，2008 年 10 月 31 日。

21. 台北崑曲研習社：溫宇航、周雪峰、陳美蘭、王耀星、劉珈后、陳意雯、錢宇珊《故宮新韻‧牡丹亭》，2011 年 4～6 月演出錄影，2011 年 9 月 1 日。

## 十、人物訪談（按姓氏筆劃排列）

1. 丁中保，戲曲學院內湖校區圖書館，2014 年 5 月 14 日。

2. 王志萍，松山蘭庭崑劇團藝響空間，2014 年 1 月 24 日、2 月 7 日。

3. 王鶯華，內湖愛買肯德基，2014 年 2 月 28 日。

4. 朱陸豪，林口金鑛咖啡，2013 年 12 月 20 日。

5. 朱勝麗，木柵星巴克，2014 年 1 月 3 日。

6. 吳山傑，內湖復興京劇團演員休息室，2014 年 3 月 13 日。

7. 洪惟助，內湖洪老師家，2014 年 1 月 20 日。

8. 唐天瑞，內湖復興京劇團排練室，2013 年 12 月 26 日。

9. 孫麗虹，木柵國光劇團，2014 年 2 月 27 日。

10. 郭勝芳，內湖復興京劇團演員休息室，2013 年 12 月 27 日。

11. 曹復永，內湖象園咖啡，2014 年 1 月 3 日。

12. 陳長燕，木柵國光劇團排練場，2014 年 1 月 20 日。

13. 陳元鴻，木柵國光劇團，2014 年 3 月 7 日。

14. 陳美蘭，木柵國光劇團二樓一級演員休息室，2014 年 3 月 13 日。

15. 張化宇，戲曲學院內湖校區戲曲樓五樓教師辦公室，2013 年 12 月 26 日。

16. 溫宇航，木柵星巴克，2013 年 12 月 18 日。

17. 楊利娟，戲曲學院內湖校區圖書館，2013 年 12 月 26 日。

18. 鄒昌慈，木柵國光劇團國光劇場後臺，2014 年 3 月 14 日。

19. 趙揚強，內湖復興京劇團演員休息室，2014 年 1 月 2 日。

20. 閻倫瑋，內湖復興京劇團演員休息室，2013 年 12 月 27 日。

# 十一、網站

## （一）劇團、組織

1. 二分之一 Q 劇場 http://halfqtheatre.blogspot.tw/

2. 中央大學戲曲研究室 http://140.115.8.242/default.aspx

3. 中國文化中心（香港城市大學）http://www.cciv.cityu.edu.hk/

4. 中國文化研究院：燦爛的中國文明——崑曲 http://www.chiculture.net/php/sframe.php?url=/0520/html/a01/0520a00.html

5. 中國都市藝能研究會 http://wagang.econ.hc.keio.ac.jp/~chengyan/

6. 中華戲劇學會文藝會訊 http://www.com2.tw/chta-news/2006-12/

7. 水磨曲集崑劇團 http://shuimokun.pixnet.net/blog

8. 水牌子——台灣戲曲資訊彙整 http://shuipaizi.blogspot.tw/

9. 內湖社區大學 http://www.nhcc.org.tw/

10. 台北崑曲研習社 http://www.tkqs.org.tw/

11. 台北新劇團 http://liyuan.koo.org.tw/

12. 台積心築藝術季 http://www.tsmc-foundation.org/art-festival/2012/index.asp

13. 台積電文教基金會 http://www.tsmc-foundation.org/
14. 表演藝術評論台 http://pareviews.ncafroc.org.tw/
15. 幽蘭樂坊 http://yulanyuehfang.rumotan.com/
16. 建國工程文化藝術基金會 http://www.ckarts.org/
17. 郭小莊的戲劇世界 http://yayin329.com/
18. 從蘇州崑曲到臺灣崑曲 http://kunopera.lib.ncu.edu.tw/KunOpera/
19. 國立臺灣戲曲學院京劇團 http://b010.tcpa.edu.tw/bin/home.php
20. 國光劇團 http://www.kk.gov.tw/kk/code/
21. 國家文化資料庫 http://nrch.cca.gov.tw/ccahome/search/search1.jsp
22. 國光京劇數位典藏計畫網站 http://guoguang.teldap.tw/twindex.php
23. 絲竹京崑劇團 http://f0022.cyberstage.com.tw/
24. 詠風劇坊 http://blog.xuite.net/solefer_jh/twblog
25. 臺灣大百科全書 http://taiwanpedia.culture.tw/web/index
26. 臺灣記憶 http://memory.ncl.edu.tw/tm_cgi/hypage.cgi?HYPAGE=index.hpg
27. 臺灣崑劇團 http://blog.yam.com/taiwankunqu，http://www.taikun.com.tw/
28. 賞樂坊劇團 http://blog.xuite.net/solefer_tw/twblog，https://sites.google.com/site/solefer168/
29. 蘭庭崑劇團 http://blog.yam.com/lanting

## （二）經紀公司

1. 石頭出版社 http://rocks.pixnet.net/blog
2. 建國工程文化藝術基金會 http://www.ckarts.org/
3. 國際新象文教基金會 http://newaspect.org.tw/index.php

## （三）崑曲知識

1. 從蘇州崑曲到臺灣崑曲 http://kunopera.lib.ncu.edu.tw/KunOpera/
2. 梨園百年瑣記 http://history.xikao.com/
3. 賞心樂事學崑曲 http://www.ntch.edu.tw/Study/tq_opera/index_all.html
4. 趨勢教育基金會「所有格」 http://www.trend.org/briefing.php?b=11&s=16

## （五）演員

1. 朱陸豪：美猴王的小天地 http://ssn2867.pixnet.net/blog
2. 溫宇航：小豬豬 http://blog.sina.com.cn/u/1256222102

## （六）新聞

1. 中時電子報 http://www.chinatimes.com/

2. 文建會電子報 http://www.moc.gov.tw/images/epaper/20111223/index.html
3. 故宮文物 http://www.npm.gov.tw/zh-TW/Article.aspx?sNo=05004390
4. 故宮電子報 http://enews.npm.edu.tw/eNewsQry.aspx?lang=zh-tw
5. 國光電子報 http://www.kk.gov.tw/KK/Code/epaper2013.aspx
6. 聯合新聞網 http://udn.com/NEWS/mainpage.shtml

# 附錄一：臺灣京劇劇校的字輩排行總表

| 民國 | 西元 | 小大鵬〔註12〕 | 小陸光〔註13〕 | 小海光〔註14〕 | 小大宛 | 復興劇校〔註15〕 | 國光藝校 |
|---|---|---|---|---|---|---|---|
| 民國 40 年 | 西元 1951 年 | 一期 | | | | | |
| 民國 41 年 | 西元 1952 年 | | | | | | |
| 民國 42 年 | 西元 1953 年 | | | | | | |
| 民國 43 年 | 西元 1954 年 | | | | | | |
| 民國 44 年 | 西元 1955 年 | 二期 | | | | | |
| 民國 45 年 | 西元 1956 年 | | | | | | |
| 民國 46 年 | 西元 1957 年 | 三期 | | | | 復 | |
| 民國 47 年 | 西元 1958 年 | 四期 | | | | | |
| 民國 48 年 | 西元 1959 年 | 五期 | | | | | |
| 民國 49 年 | 西元 1960 年 | | | | | | |
| 民國 50 年 | 西元 1961 年 | | | | | | |
| 民國 51 年 | 西元 1962 年 | | | | | | |
| 民國 52 年 | 西元 1963 年 | 六期 | 陸 | | | | |
| 民國 53 年 | 西元 1964 年 | | | | 一期 | | |
| 民國 54 年 | 西元 1965 年 | | | | | 興 | |
| 民國 55 年 | 西元 1966 年 | | | | | | |
| 民國 56 年 | 西元 1967 年 | 七期 | | | | | |

〔註12〕小大鵬未排字輩，共收十五期。參考《大戲臺》3 期（臺北市：內湖戲曲學院，2007 年 1 月），7 版。

〔註13〕小陸光字輩排行為「陸光勝利，建國成功」。參考《大戲臺》3 期（臺北市：內湖戲曲學院，2007 年 1 月），6 版。

〔註14〕小海光字輩排行為「海青昌國粹，忠義貫華夏」。

〔註15〕復興字輩排行為「復興中華傳統文化，發揚民族倫理道德，大漢天聲遠播寰宇，河山重光日月輝煌」。

| 民國 57 年 | 西元 1968 年 | | 光 | | 中 | |
|---|---|---|---|---|---|---|
| 民國 58 年 | 西元 1969 年 | 八期 | | 海 | 華 | |
| 民國 59 年 | 西元 1970 年 | | | | 傳 | |
| 民國 60 年 | 西元 1971 年 | 九期 | | | 統 | |
| 民國 61 年 | 西元 1972 年 | | | | 文 | |
| 民國 62 年 | 西元 1973 年 | 十期 | 勝 | 青 | 化 | |
| 民國 63 年 | 西元 1974 年 | | | | 發 | |
| 民國 64 年 | 西元 1975 年 | 十一期 | | | 揚 | |
| 民國 65 年 | 西元 1976 年 | | | | 民 | |
| 民國 66 年 | 西元 1977 年 | 十二期 | 利 | 昌 | 族 | |
| 民國 67 年 | 西元 1978 年 | | | | 倫 | *一期 |
| 民國 68 年 | 西元 1979 年 | | | | 理 | |
| 民國 69 年 | 西元 1980 年 | | | | 道 | |
| 民國 70 年 | 西元 1981 年 | | 建 | 國 | 德 | *二期 |
| 民國 71 年 | 西元 1982 年 | | | | 大 | |
| 民國 72 年 | 西元 1983 年 | | 國 | | 漢 | |
| 民國 73 年 | 西元 1984 年 | | | | 天 | *三期 |
| 民國 74 年 | 西元 1985 年 | 改隸教育部，國光藝校 | | | 聲 | |
| 民國 75 年 | 西元 1986 年 | | | | 遠 | |
| 民國 76 年 | 西元 1987 年 | | | | 播 | 四期 |
| 民國 77 年 | 西元 1988 年 | | | | 寰 | |
| 民國 78 年 | 西元 1989 年 | | | | 宇 | |
| 民國 79 年 | 西元 1990 年 | | | | 河 | 五期 |
| 民國 80 年 | 西元 1991 年 | | | | 山 | |
| 民國 81 年 | 西元 1992 年 | | | | 重 | |
| 民國 82 年 | 西元 1993 年 | | | | 光 | 六期 |
| 民國 83 年 | 西元 1994 年 | | | | 日 | |
| 民國 84 年 | 西元 1995 年 | | | | 月 | |
| 民國 85 年 | 西元 1996 年 | | | | 輝 | |
| 民國 86 年 | 西元 1997 年 | | | | 煌 | |
| 民國 87 年 | 西元 1998 年 | | | | | |
| 民國 88 年 | 西元 1999 年 | | | | 合併「臺灣戲曲專科學校」 | |
| 民國 89 年 | 西元 2000 年 | | | | | |

# 附錄二：三軍與復興劇團崑劇演出年表

參考溫秋菊《臺灣平劇發展之研究》（臺北市：學藝出版社，1994年6月）內表格製表，依1951～1979、1980～1990、1991～1993年三期間分列各年的演出時間、劇目與類型，並依大鵬、海光、陸光、復興、明駝、國光藝校等劇隊為單位先後順序做表格整理。

## 1951年～1979年

| 年 度 | 劇 隊 | 日 期 | 劇目類型 | 劇 名 | 演 員（行當） |
|---|---|---|---|---|---|
| 1977年 | 陸光國劇隊 | 5月15日 | 京班中常演崑劇：武戲 | 《挑滑車》 | 李環春、吳陸森 |
| | | 7月26日～8月4日 | 京班中常演崑劇：武戲 | 《挑滑車》 | 汪勝光、李勝平 |
| | 復興國劇隊 | 3月19日 | 京班中常演崑劇：文戲 | 《春香鬧學》 | 周傳霈 |
| | | 11月15日 | 京班中常演崑劇：武戲 | 《雅觀樓》 | 朱化珍 |
| 1978年 | 海光國劇隊 | 7月14日 | 京班中常演崑劇：武戲 | 《白水灘》 | 黃海田 |
| | 陸光國劇隊 | 3月28日 | 京班中常演崑劇：武戲 | 《雅觀樓》 | 劉陸嫻 |
| | | | 京班中常演崑劇：武戲 | 《挑滑車》 | 朱陸豪 |
| | | 3月31日 | 京班中常演崑劇：武戲 | 《白水灘》 | 汪勝光 |
| | | 6月30日～7月9日 | 京班中常演崑劇：武戲 | 《鐵籠山》 | 朱陸豪 |
| | | | 京班中常演崑劇：吹腔*〔註16〕 | 《販馬記》 | 胡陸蕙 |
| | | 12月21日 | 京班中常演崑劇：武戲 | 《挑滑車》 | （未註明） |

〔註16〕因京班中常演的吹腔《奇雙會》亦名《販馬記》，崑劇中也有同名劇目，加註*之因為雖劇名為《販馬記》可能為吹腔《奇雙會》，但不排除演出崑劇的可能，故此存疑另列。

| | 復興國劇隊 | 1月13～25日 | 京班中常演崑劇：武戲 | 《林沖夜奔》 | 劉化秀 |
|---|---|---|---|---|---|
| | | | 京班中常演崑劇：武戲 | 《白水灘》 | 毛復海、李中堅 |
| | | 2月11日新春公演（農曆戊午年正月初五） | 開蒙戲：曲牌 | 《五路財神》、《招財進寶》、《加官進爵》、《天官賜福》 | （未註明） |
| 1979年 | 大鵬國劇隊 | 12月19～25日 | 京班中常演崑劇：崑腔 | 《昭君出塞》 | 嚴蘭靜 |
| | 海光國劇隊 | 4月4～9日 | 京班中常演崑劇：吹腔 | 《奇雙會》 | 程景祥 |
| | | 6月20～29日 | 京班中常演崑劇：武戲 | 《扈家莊》 | 沈海蓉 |
| | 陸光國劇隊 | 3月9日 | 京班中常演崑劇：武戲 | 《林沖夜奔》 | 汪勝光 |
| | | 11月17～23日 | 京班中常演崑劇：崑腔 | 《昭君出塞》 | 胡陸蕙 吳劍虹 |
| | 復興國劇隊 | 5月16～29日 | 京班中常演崑劇：武戲 | 《扈家莊》 | 翁中芹 |
| | | | 京班中常演崑劇：武戲 | 《挑滑車》 | 翟化信 |
| | 陸光、海光、大鵬、明駝新秀合演 | 10月28日 | 京班中常演崑劇：吹腔* | 《販馬記》 | 徐露、劉玉麟 哈元章、周金福 呂海琴 |
| | | 10月30日 | 京班中常演崑劇：武戲 | 《金石盟》（《翠屏山》、《扈家莊》） | 程景祥、劉玉麟 徐露、高德松 杜匡謖 |
| | 中華國劇學會自強日愛國捐獻聯合義演 | 12月16～17日 | 京班中常演崑劇：吹腔* | 《販馬記》 | 徐露、劉玉麟 |

# 1980 年～1990 年

| 年　度 | 劇　隊 | 日　期 | 劇目類型 | 劇　名 | 演　員（行當） |
|---|---|---|---|---|---|
| 1980年 | 大鵬國劇隊 | 6月22日～7月2日 | 京班中常演崑劇：文戲 | 〈遊園驚夢〉 | 廖苑芬 |
| | | 7月30日 | 京班中常演崑劇：崑腔 | 《昭君出塞》 | 王鳳雲、杜匡稷 趙振華 |
| | | 12月29日 | 京班中常演崑劇：武戲 | 《武文華》 | 陳玉俠、朱錦榮 |
| | | 12月31日 | 京班中常演崑劇：文戲 | 《牡丹亭》 | 王齡蘭、朱芳慧 王鳳雲 |
| | 陸光國劇隊 | 1月14日 | 京班中常演崑劇：武戲 | 《扈家莊》 | 李陸齡、朱陸豪 |

| | | 8月26～31日 | 京班中常演崑劇：武戲 | 《挑滑車》 | 朱陸豪 |
|---|---|---|---|---|---|
| | | | 文戲 | 《貞娥刺虎》 | 胡陸蕙 |
| 1981年 | 大鵬國劇隊 | 4月1日 | 京班中常演崑劇：崑腔 | 《昭君出塞》 | 孫元彬、鍾福仁 |
| | 海光國劇隊 | 6月15日 | 開蒙戲：曲牌 | 《金山寺》 | 沈海蓉、葉海芳 魏海敏 |
| | | 6月23日 | 京班中常演崑劇：武戲 | 《挑滑車》 | 李環春、魏海敏 |
| | | 12月17～25日 | 京班中常演崑劇：吹腔* | 《販馬記》 | 魏海敏、劉玉麟 |
| | 陸光國劇隊 | 3月21日 | 京班中常演崑劇：武戲 | 《白水灘》 | 張光禧、朱陸豪 劉光桐、林陸霞 |
| | | | 京班中常演崑劇：時劇 | 《思凡下山》 | 李光玉、周陸麟 |
| | | 5月15日 | 開蒙戲：曲牌 | 《金山寺·水門、斷橋、祭塔》 | 李陸齡、胡陸蕙 吳陸君 |
| | | 7月10日 | 京班中常演崑劇：時劇 | 《思凡下山》 | 李光玉、周陸麟 |
| | | 7月13日 | 京班中常演崑劇：吹腔* | 《販馬記》 | 胡陸蕙、劉陸嫻 |
| | | 8月30日 | 京班中常演崑劇：武戲 | 《扈家莊》 | 李陸齡、汪勝光 |
| | | 12月6～15日 | 京班中常演崑劇：武戲 | 〈夜奔〉 | 陳勝瑞 |
| | | | 京班中常演崑劇：武戲 | 《白水灘》 | 朱陸豪 |
| | 復興國劇隊 | 3月5日 | 京班中常演崑劇：崑腔 | 《昭君出塞》 | 徐中菲、毛復奎 |
| | | 7月5日 崑曲之夜 | 京班中常演崑劇：文戲 | 《春香鬧學》 | 陳復彬、周傳霈 |
| | | | 文戲 | 〈刺虎〉 | 徐中菲、齊復強 |
| | | 8月18日 | 京班中常演崑劇：崑腔 | 《昭君出塞》 | 徐中菲、丁中保 毛復奎 |
| | | 8月23日 | 京班中常演崑劇：武戲 | 《挑滑車》 | 翟化信、章復年 |
| | | 8月25日 崑曲之夜 | 京班中常演崑劇：武戲 | 〈夜奔〉 | 李族興、藍族瀚 |
| | | | 文戲 | 《獅吼記》 | 程景祥、曹復永 葉復潤 |
| | | 11月13日（農曆辛酉年十月十七日）崑曲之夜 | 開蒙戲：文戲 | 《大賜福》 | 那族克、朱倫芳 陳族琦 |
| | | | 文戲 | 《風箏誤》 | 白傳鶯、周傳霈 丁中保等 |
| | 明駝國劇隊 | 1月7日 | 京班中常演崑劇：武戲 | 《挑滑車》 | 張遠亭 |
| | | 4月10～16日 | 京班中常演崑劇：武戲 | 《扈家莊》 | 翁中芹 |
| | | 6月8日 | 京班中常演崑劇：吹腔* | 《販馬記》 | 趙復芬、孫麗虹 |

| | | | | | |
|---|---|---|---|---|---|
| | 陸光、海光、大鵬、明駝國劇隊、復興劇團聯合演出 | 1月20日 | 京班中常演崑劇：武戲 | 《白水灘》 | 陸光、海光、大鵬、明駝、復興各隊隊員 |
| | | 10月27日 | 京班中常演崑劇：武戲 | 《挑滑車》 | 李環春、趙振華 陳玉俠、朱國平 楊文法 |
| 1982年 | 大鵬國劇隊 | 1月23日 | 京班中常演崑劇：文戲 | 〈遊園驚夢〉 | 嚴蘭靜、王鳳雲 高蕙蘭 |
| | | 5月16日 | 京班中常演崑劇：武戲 | 《扈家莊》 | 楊蓮英、張富椿 趙振華、楊連雄 |
| | | 6月23日 | 京班中常演崑劇：武戲 | 《夜奔》 | 陳玉俠、鍾福仁 |
| | | 8月8日 | 京班中常演崑劇：崑腔 | 《安天會》 | 孫元彬 |
| | | | 京班中常演崑劇：武戲 | 《蜈蚣嶺》 | 陳玉俠 |
| | 海光國劇隊 | 8月20日 | 京班中常演崑劇：武戲 | 《挑滑車》 | 李環春 |
| | 陸光國劇隊 | 2月9～18日 | 京班中常演崑劇：武戲 | 《挑滑車》 | 朱陸豪 |
| | | 4月25日 | 京班中常演崑劇：武戲 | 《白水灘》 | 汪勝光、李勝平 |
| | | 7月10日 | 京班中常演崑劇：武戲 | 《挑滑車》 | 汪勝光、陳勝瑞 王勝賢、李勝平 |
| | | 7月14日 | 京班中常演崑劇：武戲 | 《扈家莊》 | 朱勝麗、李勝平 |
| | | 10月3日 | 京班中常演崑劇：崑腔 | 《昭君出塞》 | 朱勝麗、楊勝成 林勝發 |
| | 復興國劇隊 | 3月26日 崑曲之夜 | 京班中常演崑劇：武戲 | 《扈家莊》 | 翁中芹 |
| | | | 京班中常演崑劇：文戲 | 《春香鬧學》 | 周傳霈、陳復彬 |
| | | | 京班中常演崑劇：文戲 | 〈遊園驚夢〉 | 趙復芬、周傳霈 曹復永 |
| | 陸光、海光、大鵬、明駝國劇隊、復興劇團聯合演出 | 4月（未註明） | 京班中常演崑劇：崑腔 | 《昭君出塞》 | （未註明） |
| 1983年 | 大鵬國劇隊 | 1月9～19日 | 京班中常演崑劇：文戲 | 〈遊園驚夢〉 | 王鳳雲 |
| | | 11月15日 | 京班中常演崑劇：武戲 | 《挑滑車》 | 趙振華、張富椿 |
| | 海光國劇隊 | 7月17日 | 京班中常演崑劇：武戲 | 《挑滑車》 | 李環春、劉小地 張慧川、李海雄 |
| | | | 京班中常演崑劇：吹腔* | 《販馬記》 | 謝景莘、魏海敏 劉玉麟、陳青貞 |

| | | | | | |
|---|---|---|---|---|---|
| | 陸光國劇隊 | 5月2日 | 京班中常演崑劇：武戲 | 《挑滑車》 | 朱陸豪、劉光桐 |
| | | 5月6日 | 京班中常演崑劇：崑腔 | 《安天會》 | 朱陸豪、馬維勝 |
| | | 6月21日 | 京班中常演崑劇：武戲 | 《鐵籠山》 | 朱陸豪、劉光桐 |
| | | 6月22日 | 京班中常演崑劇：崑腔 | 《昭君出塞》 | 朱勝麗、吳劍虹 |
| | | 8月19日 | 京班中常演崑劇：武戲 | 《白水灘》 | 朱陸豪、李勝平 閔光興、徐志文 |
| | | 11月4日 | 京班中常演崑劇：武戲 | 《挑滑車》 | 朱陸豪、劉陸勳 |
| | 復興國劇隊 | 2月4 ～10日 （農曆壬戌年 十二月二十二 日～二十八 日） | 京班中常演崑劇：武戲 | 《挑滑車》 | 張復建、毛復海 齊復強、李中堅 |
| | | | 京班中常演崑劇：崑腔 | 《昭君出塞》 | 張發珍、張化宇 |
| | | | 京班中常演崑劇：崑腔 | 《安天會》 | 毛復海、馬維勝 齊復強 |
| | | | 京班中常演崑劇：武戲 | 《白水灘》 | 翁中芹 |
| | | 4月16日 | 京班中常演崑劇：武戲 | 《石秀探莊》 | 周民琦 |
| | | | 京班中常演崑劇：武戲 | 《扈家莊》 | 官揚晶 |
| | | 6月9日 | 京班中常演崑劇：武戲 | 《挑滑車》 | 丁揚國、趙揚強 |
| | | 12月10 ～16日 | 京班中常演崑劇：武戲 | 《扈家莊》 | 翁中芹、齊復強 章復年、翟化信 |
| | 明駝國劇隊 | 4月4日 | 京班中常演崑劇：武戲 | 《挑滑車》 | 馬寶山、張學武 王少洲 |
| | | 4月5日 （農曆癸亥年 二月二十二 日） | 開蒙戲：曲牌 | 《小賜福》 | 張素琴 |
| | | 5月23日 （農曆癸亥年 四月十一日） | 開蒙戲：曲牌 | 《小賜福》 | 張素琴 |
| | | 5月25日 （農曆癸亥年 四月十三日） | 開蒙戲：曲牌 | 《小賜福》 | 張素琴 |
| | | 5月28日 | 京班中常演崑劇：武戲 | 《白水灘》 | 馬寶山、王冠強 |
| | | 7月20日 | 京班中常演崑劇：武戲 | 《蜈蚣嶺》 | 王冠強、馬寶山 |
| | | 7月23日 | 京班中常演崑劇：武戲 | 《挑滑車》 | 馬寶山、王少洲 張義本、張學武 焦茂如 |
| 1984年 | 大鵬國劇隊 | 3月7日 | 京班中常演崑劇：武戲 | 《白水灘》 | 趙振華 |
| | | 11月29日 ～12月7日 | 京班中常演崑劇：武戲 | 《扈家莊》 | 王秋娟 |
| | | | 京班中常演崑劇：文戲 | 《牡丹亭》 | 王鳳雲、廖苑芬 |
| | 海光國劇隊 | 2月26日 ～3月6日 | 京班中常演崑劇：武戲 | 《挑滑車》 | 李環春 |

| | | 10月3日 | 京班中常演崑劇：武戲 | 《白水灘》 | 張慧川、劉慶昇 吳國志 |
|---|---|---|---|---|---|
| | 陸光國劇隊 | 2月19日 | 京班中常演崑劇：崑腔 | 《昭君出塞》 | 吳劍虹、朱勝麗 張光禧 |
| | | 3月21日 | 京班中常演崑劇：武戲 | 《白水灘》 | 張光禧、林陸霞 朱陸豪、劉光桐 |
| | | | 京班中常演崑劇：時劇 | 《思凡下山》 | 李光玉、周陸麟 |
| | | 7月3日 | 京班中常演崑劇：武戲 | 《挑滑車》 | 汪勝光、張光鳴 張義奎 |
| | | 10月7日 | 京班中常演崑劇：崑腔 | 《昭君出塞》 | （未註明） |
| | | | 京班中常演崑劇：武戲 | 《界牌關》 | 程利仁、黃利國 |
| | 復興國劇隊 | 6月18日 | 京班中常演崑劇：武戲 | 《雅觀樓》 | 陳民君、黃族發 |
| | | | 京班中常演崑劇：武戲 | 《扈家莊》 | 李民蘭 |
| | | 12月8日 ～16日 | 京班中常演崑劇：武戲 | 《雅觀樓》 | 張倫南 |
| | 陸光、海光、大鵬、明駝國劇隊、復興劇團聯合演出 | 2月16日 （農曆甲子年正月十五元宵節） | 開蒙戲：曲牌 | 《天官賜福》 | 張義奎、楊傳英 劉光桐、郭勝媛 孫勝琦、張光鳴 錢陸正、李勝平 汪勝光等 |
| | | 3月4日 （農曆甲子年二月初二） | 開蒙戲：曲牌 | 《天官賜福》 | 葉復潤、李憶平 張鴻福、張大鵬 孫麗虹、高德松 |
| 1985年 | 大鵬國劇隊 | 1月3～13日 | 文戲 | 〈彈詞〉 | 崔富芝 |
| | 海光國劇隊 | 3月24日 （農曆乙丑年二月初四） | 開蒙戲：曲牌 | 《天官賜福》 | （未註明） |
| | 陸光國劇隊 | 1月16 ～25日 | 京班中常演崑劇：武戲 | 《挑滑車》 | 朱陸豪、汪勝光 |
| | | | 京班中常演崑劇：武戲 | 《鐵籠山》 | 朱陸豪 |
| | | 3月7～14日 （農曆甲子年正月十六～二十三日） | 開蒙戲：曲牌 | 《天官賜福》 | （未註明） |
| | 復興國劇隊 | 1月26日 ～2月4日 | 京班中常演崑劇：崑腔 | 《昭君出塞》 | 李族顯、李族興 |
| | | | 京班中常演崑劇：武戲 | 《扈家莊》 | 秦理俊、喻族雄 |
| | 陸光、海光、大鵬、明駝國劇隊、復興劇團聯合演出 | 2月12 ～17日 （農曆甲子年十二月二十三～二十八日） | 京班中常演崑劇：吹腔 | 《奇雙會》 | 高蕙蘭、孫麗虹 劉陸嫻、呂海琴 徐　露、哈元章 |
| | | | 開蒙戲：曲牌 | 《大賜福》 | 楊傳英 |

| | 國光藝校 | 10 月 23 日（農曆乙丑年九月十日） | 開蒙戲：曲牌 | 《天官賜福》 | 張家麟、文聖成梁天衛、王曉華 |
|---|---|---|---|---|---|
| | | 1985 年 10 月 25 日（農曆乙丑年九月十二日） | 開蒙戲：曲牌 | 《天官賜福》 | 張家麟、文聖成尹美瑜、金素娟 |
| 1986 年 | 大鵬國劇隊 | 6 月 15 日 | 京班中常演崑劇：武戲 | 《雅觀樓》 | 彭小仙、李郁儀宋陵生、鍾福仁 |
| | | 12 月 3 日 | 京班中常演崑劇：武戲 | 《界牌關》 | 翟化信、鍾福仁 |
| | 海光國劇隊 | 3 月 11 日 | 京班中常演崑劇：武戲 | 《挑滑車》 | 李環春、張慧川王冠強 |
| | | 11 月 25 日 | 京班中常演崑劇：武戲 | 《林沖夜奔》 | 李環春、張慧川 |
| | 復興國劇隊 | 3 月 28 日 | 京班中常演崑劇：武戲 | 《挑滑車》 | 毛復海、章復年章復強 |
| | | 8 月 27 日 | 京班中常演崑劇：武戲 | 《林沖夜奔》 | 毛復海、李中堅譚傳興 |
| | 陸光、海光、大鵬、明駝國劇隊、復興劇團聯合演出 | 10 月 31 日（農曆丙寅年九月二十八日） | 開蒙戲：曲牌 | 《天官賜福》 | 高健國、文聖源馮德惠、尹美瑜金素娟、葉惟鈞 |
| | | 11 月 6 日 | 京班中常演崑劇：吹腔* | 《販馬記》 | 謝景莘、趙復芬高蕙蘭、吳劍虹朱化珍 |
| | | 11 月 8 日 | 京班中常演崑劇：武戲 | 《林沖夜奔》 | 朱陸豪、劉光桐張光鳴、李勝平劉陸勳 |
| 1987 年 | 大鵬國劇隊 | （日期不詳） | 文戲 | 新《玉簪記》 | 王鳳雲、高蕙蘭馬元亮 |
| | 海光國劇隊 | 3 月 2 日 | 京班中常演崑劇：武戲 | 《挑滑車》 | 馬寶山、張慧川劉玉麟、王冠強 |
| | | 3 月 7 日 | 京班中常演崑劇：吹腔 | 《奇雙會》 | 謝景莘、魏海敏馬玉琪、劉復學呂海琴、王正廉 |
| | 陸光國劇隊 | 5 月 17 日 | 京班中常演崑劇：武戲 | 《挑滑車》 | 汪勝光、劉光桐 |
| | | 8 月 29 日 | 京班中常演崑劇：武戲 | 《挑滑車》 | 張富椿、汪勝光趙振華、胡昌橋 |
| | 陸光國劇隊 | 5 月 21 日 | 京班中常演崑劇：武戲 | 《扈家莊》 | 劉嘉玉、王勝全林勝發 |
| | | 5 月 22 日 | 京班中常演崑劇：武戲 | 《挑滑車》 | 朱陸豪、劉光桐張光鳴、李勝平張義奎 |

| | | | | | |
|---|---|---|---|---|---|
| | 復興國劇隊 | 10月30日 | 京班中常演崑劇：武戲 | 《白水灘》 | 杜大源、魏聲忠 |
| | 國光藝校 | 6月17日 | 京班中常演崑劇：武戲 | 《挑滑車》 | 胡衛民、黃志生<br>周良偉、李清輝<br>趙裕賢 |
| | | 6月20日 | 京班中常演崑劇：武戲 | 《白水灘》 | 李慧珠、丁俊豪<br>蔡忠紋、董秀玲<br>孫元成 |
| | | 6月23日 | 京班中常演崑劇：崑腔 | 《昭君出塞》 | 周麗兒、陳嘉麗<br>謝冠生、黃志生<br>鄒昌慈 |
| 1989年 | 海光國劇隊 | 11月29日 | 京班中常演崑劇：吹腔 | 《奇雙會》 | 劉復學、魏海敏<br>呂海琴、謝景莘 |
| 1990年 | 大鵬國劇隊 | 5月2日<br>（農曆庚午年<br>四月初八） | 開蒙戲：曲牌 | 《大賜福》 | （全體隊員） |
| | | 5月3日 | 京班中常演崑劇：崑腔 | 《昭君出塞》 | 王鳳雲、杜匡稷 |
| | 陸光國劇隊 | 2月7日<br>（農曆庚午年<br>正月十二日） | 開蒙戲：曲牌 | 《天官賜福》 | 朱勝麗、孫麗虹<br>林陸霞、張光鳴<br>丁中保等 |
| | | 4月22日 | 京班中常演崑劇：武戲 | 《界牌關》 | 黃昌生、柳利虹 |
| | | 4月23日 | 京班中常演崑劇：武戲 | 《挑華車》 | 汪勝光、黃昌光<br>劉光桐、李勝平 |
| | | 4月24日 | 京班中常演崑劇：武戲 | 《白水灘》 | 殷建成、孫元成<br>李慧珠 |
| | 國光藝校 | 2月9日 | 京班中常演崑劇：武戲 | 《扈家莊》 | 吳劍虹、孫麗虹<br>楊傳英、張大鵬<br>李憶平 |
| | | 11月30日 | 京班中常演崑劇：武戲 | 《扈家莊》 | 李志宏、董秀玲<br>呂金虎、盛利鑑<br>李慧珠 |
| | 盛蘭國劇團 | 12月15、<br>16日 | 文戲 | 《醉打山門》 | 羅戴爾 |
| | | | 京班中常演崑劇：吹腔 | 《奇雙會》 | 馬玉琪、魏海敏 |

## 1991年～2000年

| 年　度 | 劇　隊 | 日　期 | 劇目類型 | 劇　名 | 演員（行當） |
|---|---|---|---|---|---|
| 1991年 | 陸光國劇隊 | 12月14日<br>（國軍） | 京班中常演崑劇： | 《擋馬》 | 朱勝麗、黃昌生 |
| 1992年 | 海光國劇隊 | 9月12日<br>（藝教） | 京班中常演崑劇：武戲 | 《白水灘》 | 彭德綱、李慧珠 |

| | 國光劇校 | 10 月 24 日<br>（藝教） | 京班中常演崑劇：崑腔 | 《昭君出塞》 | 趙朋惠、劉祐昌 |
|---|---|---|---|---|---|
| 1993 年 | 大鵬國劇隊 | 7 月 24 日<br>（國軍） | 京班中常演崑劇：武戲 | 《林沖夜奔》 | 趙振華 |
| | | 10 月<br>（國軍） | 京班中常演崑劇：吹腔 | 《奇雙會》 | 高蕙蘭、華文漪 |
| | 陸光國劇隊 | 12 月 4 日<br>（國軍） | 京班中常演崑劇：崑腔 | 《昭君出塞》 | 楊利娟、陳利昌<br>李佳麒 |
| | 國光劇校 | 2 月 6 日<br>（藝教）（農曆<br>癸酉年正月十<br>五元宵節） | 開蒙戲：曲牌 | 《天官賜福》 | 周志成 |

# 附錄三：京劇團崑劇演出年表
## （1994～2013 年）

　　復興京劇團的年表參考溫秋菊《臺灣平劇發展之研究》（臺北市：學藝出版社，1994 年 6 月）內表格製表、偶樹瓊，《國立臺灣戲曲專科學校「碧湖劇場」演出影響之研究》（國立台灣藝術大學應用媒體研究所碩士論文，1996 年 6 月）及戲曲學院京劇團網站上的演出記錄，〔註17〕國光劇團的年表參考官網上的大事記。〔註18〕

### 1994～2000 年

| 劇團／單位 | 年 度 | 日 期 | 劇目類型 | 劇 名 | 演 員（行當） |
|---|---|---|---|---|---|
| 國立中正文化中心（成立於 1982 年） | 1992 年 | 10 月 3～6 日 | | 《牡丹亭》 | 華文漪、史潔華高蕙蘭 |
| 復興京劇團（現為戲曲學院京劇團，成立於 1957 年） | 1994 年 | 3 月 24 日～12 月 31 日 | 開蒙戲：曲牌 | 《金山寺》 | 蒲族涓、劉族株 |
| | 1995 年 | 1 月 1 日～6 月 30 日 | 開蒙戲：曲牌 | 《金山寺》 | 蒲族涓、劉族株 |
| | | 7 月 1 日～12 月 31 日 | 京班中常演崑劇：猴戲 | 《水濂洞‧鬧龍宮》 | 張化宇 |
| | 1996 年 | 1 月 1 日～6 月 30 日 | 京班中常演崑劇：猴戲 | 《水濂洞‧鬧龍宮》 | 張化宇 |

---

〔註 17〕 http://b010.tcpa.edu.tw/files/15-1010-4407,c752-1.php。
〔註 18〕 http://www.kk.gov.tw/KK/Code/about_history2010.aspx。

| | | 7月1日<br>～12月31日 | 京班中常演崑<br>劇：武戲 | 《鍾馗嫁妹》 | （不詳） |
|---|---|---|---|---|---|
| | 1997年 | 1月1日<br>～12月31日 | 開蒙戲：曲牌 | 《金山寺》 | 蒲族涓、郭勝芳<br>劉族株 |
| | | 5月8日<br>（崑曲傳習計畫） | 文戲 | 《牡丹亭·尋夢》 | 郭勝芳、楊利娟 |
| | | | 文戲 | 《牡丹亭·拾畫》 | 趙揚強 |
| | | 11月6日<br>（崑曲傳習計畫） | 文戲 | 《爛柯山·逼休》 | 唐天瑞、趙揚強 |
| | | 12月4日<br>（崑曲傳習計畫） | 文戲 | 《鳳凰山·百花贈劍》 | 郭勝芳、趙揚強 |
| | 1998年 | 1月1日<br>～12月31日 | 開蒙戲：曲牌 | 《金山寺》 | 蒲族涓、郭勝芳<br>劉族株 |
| | | 4月30日<br>（崑曲傳習計畫） | 文戲 | 《鳳凰山·百花贈劍》 | 郭勝芳、趙揚強 |
| | | 12月31日<br>（崑曲傳習計畫） | 文戲 | 《長生殿·小宴》 | 趙揚強、郭勝芳 |
| | 1999年 | 1月1日<br>～6月30日 | 開蒙戲：曲牌 | 《金山寺》 | 蒲族涓、郭勝芳<br>劉族株 |
| | | 1月28日<br>（崑曲傳習計畫） | 京班中常演崑<br>劇：時劇 | 〈下山〉 | 戴宇吾、楊利娟 |
| | | 1月30日<br>（崑曲之美） | 文戲 | 《長生殿·小宴》 | 趙揚強、郭勝芳 |
| | | 4月5日<br>（崑曲饗宴） | 京班中常演崑<br>劇：吹腔* | 《販馬記·寫狀》 | 孫麗虹、郭勝芳 |
| | | 11月27日 | 京班中常演崑<br>劇：文戲 | 《牡丹亭·春香鬧<br>學、遊園驚夢、拾畫<br>叫畫》 | 郭勝芳、曹復永<br>趙揚強 |
| | 2000年 | 7月1日<br>～12月31日 | 京班中常演崑<br>劇：猴戲 | 《水濂洞·鬧龍宮》 | 張化宇、許孝存 |
| | | （日期不詳） | 京班中常演崑<br>劇：崑腔 | 《昭君出塞》 | 夏　禕、丁中保<br>張化宇 |
| 國光劇團（成<br>立於1994年） | 1997年 | 5月9～11日 | 新編崑劇 | 《釵頭鳳》 | 高蕙蘭、華文漪<br>唐文華、汪勝光<br>李光玉 |
| | | 6月7日 | 新編崑劇 | 《釵頭鳳》 | 高蕙蘭、華文漪<br>唐文華、汪勝光<br>李光玉 |
| | | 6月14日 | 新編崑劇 | 《釵頭鳳》 | 高蕙蘭、華文漪<br>唐文華、汪勝光<br>李光玉 |
| | | 8月19日 | 文戲 | 《河東獅吼》 | 高蕙蘭、唐文華<br>陳美蘭、李光玉 |

| | | 9月19日 | 文戲 | 《河東獅吼》 | 高蕙蘭 |
|---|---|---|---|---|---|
| | | 11月 | 京班中常演崑劇：猴戲 | 《美猴王》 | （不詳） |
| | 1998年 | 5月 | 京班中常演崑劇：猴戲 | 《美猴王》 | （不詳） |
| | | 6月 | 京班中常演崑劇：猴戲 | 《美猴王》 | （不詳） |
| | | 7月 | 京班中常演崑劇：猴戲 | 《美猴王》 | （不詳） |
| | 1999年 | 4月 | 京班中常演崑劇：猴戲 | 《美猴王》 | （不詳） |
| | | 9月11日 | 文戲 | 《長生殿・小宴》 | 金素娟、古中樑 |

## 2001～2013年

| 劇　團 | 年　度 | 日　期 | 劇目類型 | 劇　名 | 演員（行當） |
|---|---|---|---|---|---|
| 復興京劇團（現為戲曲學院京劇團，成立於1957年） | 2004年 | 1月1日～12月31日 | 開蒙戲：曲牌 | 《金山寺》 | 蒲族涓、郭勝芳夏煒、劉族株 |
| | 2006年 | 8月26日 | 京班中常演崑劇：武戲 | 《扈家莊》 | （不詳） |
| | | 12月23日 | 京班中常演崑劇：武戲 | 《蜈蚣嶺》 | （不詳） |
| | 2007年 | 2月26日（開台戲） | 開蒙戲：曲牌 | 《天官賜福》 | （不詳） |
| | | 3月2～4日 | 新編崑劇 | 《孟姜女》 | 朱民玲、趙揚強曹復永、葉復潤曲復敏 |
| | | 3月21日 | 開蒙戲：曲牌 | 《天官賜福》 | （不詳） |
| | | 3月24日 | 京班中常演崑劇：猴戲 | 《弼馬瘟》 | （不詳） |
| | | 4月7日 | 京班中常演崑劇：猴戲 | 《鬧龍宮》 | （不詳） |
| | | 5月25、26日6月1、2日 | 京班中常演崑劇：猴戲 | 《水濂洞》 | （不詳） |
| | | 6月5日 | 京班中常演崑劇：猴戲 | 《水濂洞》 | （不詳） |
| | | | 京班中常演崑劇：武戲 | 《扈家莊》 | （不詳） |
| | | 6月30日 | 京班中常演崑劇：武戲 | 《扈家莊》 | （不詳） |
| | | 7月21日 | 文戲 | 《風箏誤・前親》 | （不詳） |

| | | 9 月 7 日～12 月 31 日 | 京班中常演崑劇：猴戲 | 《水濂洞》 | （不詳） |
|---|---|---|---|---|---|
| | | 9 月 29 日 | 京班中常演崑劇：武戲 | 《夜奔》 | （不詳） |
| | | 11 月 24 日 | 文戲 | 《西廂記》 | （不詳） |
| | 2008 年 | 2 月 10 日 | 京班中常演崑劇：猴戲 | 《弼馬瘟》 | （不詳） |
| | | 2 月 14 日～12 月 29 日 | 開蒙戲：曲牌 | 《水漫金山》 | （不詳） |
| | | 4 月 9～18 日 | 新編崑劇 | 《孟姜女》 | 朱民玲、趙揚強曹復永、葉復潤曲復敏 |
| | | 8 月 10 日 | 京班中常演崑劇：猴戲 | 《水濂洞》 | （不詳） |
| | | 10 月 24 日 | 京班中常演崑劇：武戲 | 《盜甲》 | （不詳） |
| | | 11 月 12 日 | 京班中常演崑劇：文戲 | 《牡丹亭・遊園驚夢》 | （不詳） |
| | | 11 月 13～15 日 | 新編崑劇 | 《李香君》 | 朱民玲、蒲族涓趙揚強 |
| | | 12 月 5～16 日 | 新編崑劇 | 《李香君》 | 朱民玲、蒲族涓趙揚強 |
| | 2009 年 | 1 月 5～19 日 | 開蒙戲：曲牌 | 《水漫金山》 | （不詳） |
| | | 1 月 17 日 | 文戲 | 《獅吼記・跪池》 | 郭勝芳、趙揚強張德天 |
| | | 1 月 22 日 | 開蒙戲：曲牌 | 《水漫金山》 | （不詳） |
| | | 2 月 28 日 | 文戲 | 《牡丹亭》 | （不詳） |
| | | 5 月 19 日 | 新編崑劇 | 《孟姜女・邊苦閨寂》 | 朱民玲、趙揚強曹復永、葉復潤曲復敏 |
| | | 9 月 26 日 | 京班中常演崑劇：武戲 | 《蘆花蕩》 | 孫顯博、謝俊順 |
| | | | 京班中常演崑劇：崑腔 | 《昭君出塞》 | 陳秉蓁、臧其亮張耀仁 |
| | | 10 月 24 日 | 京班中常演崑劇：武戲 | 《盜甲》 | 杜道誠 |
| | | 11 月 13～15 日 | 新編崑劇 | 《李香君》 | 朱民玲、蒲族涓趙揚強 |
| | 2010 年 | 1 月 23 日 | 京班中常演崑劇：崑腔 | 《昭君出塞》 | （不詳） |

| | | | | |
|---|---|---|---|---|
| | 4 月 30 日 | 京班中常演崑劇：吹腔* | 全本《販馬記》 | 蒲族涓、趙揚強 莫中元 |
| | 9 月 25 日 | 京班中常演崑劇：吹腔* | 《販馬記・寫狀》 | 趙揚強、蒲族涓 |
| | 10 月 6 日 ～12 月 22 日 | 新編崑劇 | 《釵頭鳳》 | （不詳） |
| | 12 月 25 日 | 京班中常演崑劇：武戲 | 《扈家莊》 | 陳蒨儒、張耀仁 |
| 2011 年 | 2 月 13 日 | 京班中常演崑劇：武戲 | 《扈家莊》 | （不詳） |
| | 2 月 14 日 （開台戲） | 開蒙戲：曲牌 | 《天官賜福》 | （不詳） |
| | 4 月 14 日 | 京班中常演崑劇：武戲 | 《挑滑車》 | 徐志中、張士綱 劉尚炫 |
| | 4 月 16 日 | 開蒙戲：曲牌 | 《金山寺》 | （不詳） |
| | 4 月 30 日 | 京班中常演崑劇：吹腔* | 全本《販馬記》 | 蒲族涓、趙揚強 莫中元 |
| | 9 月 23～25 日 | 新編崑劇 | 《揚妃夢》 | 朱民玲、莫中元 趙揚強、臧其亮 丁揚中、楊宇敬 顏雅娟、張漢傑 |
| | 10 月 5 日 ～12 月 21 日 | 京班中常演崑劇：武戲 | 《虎囊彈・醉打山門》 | 楊宇敬、林聲勇 |
| | | 文戲 | 《西廂記・遊殿》 | 臧其亮、趙揚強 郭勝芳、唐天瑞 |
| | | 京班中常演崑劇：武戲 | 《單刀赴會》 | 葉復潤 |
| | 10 月 28 日 | 新編崑劇 | 《揚妃夢》 | 朱民玲、莫中元 趙揚強、臧其亮 丁揚中、楊宇敬 顏雅娟、張漢傑 |
| | 11 月 26 日 | 京班中常演崑劇：武戲 | 《白水灘》 | 謝俊順、孫顯博 |
| | 12 月 15～16 日 | 新編崑劇 | 《揚妃夢》 | 朱民玲、莫中元 趙揚強、臧其亮 丁揚中、楊宇敬 顏雅娟、張漢傑 |
| 2012 年 | 6 月 30 日 | 文戲 | 《爛柯山・癡夢》 | 陳秉蓁 |
| | 8 月 25 日 （郭勝芳專場） | 文戲 | 《玉簪記・秋江》 | 郭勝芳、趙揚強 |
| | | 文戲 | 《爛柯山・癡夢》 | 郭勝芳 |

| | | 11月24日（趙揚強專場） | 文戲 | 《玉簪記・琴挑》 | 趙揚強、郭勝芳 |
|---|---|---|---|---|---|
| | 2013年 | 1月19日 | 京班中常演崑劇：崑腔 | 《昭君出塞》 | 金孝萱、林聲勇周慎行 |
| | | 7月28日 | 京班中常演崑劇：武戲 | 《夜奔》 | 徐挺芳 |
| | | | 文戲 | 《白蛇傳・斷橋》 | 趙揚強、顏雅娟陳秉蓁 |
| | | | 文戲 | 《百花贈劍》 | 趙揚強、唐天瑞 |
| | | 12月29日 | 京班中常演崑劇：吹腔 | 《奇雙會・寫狀》 | 余大莉 |
| 國光劇團（成立於1994年） | 2001年 | 6月2～3日 | 京班中常演崑劇：猴戲 | 《美猴王》 | （不詳） |
| | | 8月 | 京班中常演崑劇：猴戲 | 《美猴王》 | （不詳） |
| | 2002年 | 3月 | 京班中常演崑劇：猴戲 | 《美猴王》 | （不詳） |
| | | 10月 | 京班中常演崑劇：猴戲 | 《安天會》 | （不詳） |
| | 2004年 | 12月24～26日 | 新編崑劇 | 《梁山伯與祝英台》 | 曹復永、趙揚強孫麗虹、楊汗如魏海敏、陳美蘭郭勝芳 |
| | 2005年 | 1月 | 新編崑劇 | 《梁山伯與祝英台》 | 曹復永、趙揚強孫麗虹、楊汗如魏海敏、陳美蘭郭勝芳 |
| | | 2月 | 京班中常演崑劇：猴戲 | 《美猴王》 | （不詳） |
| | | | 新編崑劇 | 《梁山伯與祝英台》 | 曹復永、趙揚強孫麗虹、楊汗如魏海敏、陳美蘭郭勝芳 |
| | | 4月 | 京班中常演崑劇：猴戲 | 《美猴王》 | 戴立吾 |
| | | 7月9日 | 京班中常演崑劇：猴戲 | 《美猴王》 | （不詳） |
| | | 7月28日 | 京班中常演崑劇：猴戲 | 《美猴王》 | （不詳） |
| | | 7月31日 | 京班中常演崑劇：猴戲 | 《美猴王》 | （不詳） |
| | | 9月24日 | 京班中常演崑劇：猴戲 | 《弼馬瘟》 | （不詳） |

| | | | | |
|---|---|---|---|---|
| | 11月5～12日 | 新編崑劇 | 《梁山伯與祝英台》 | 曹復永、趙揚強<br>孫麗虹、楊汗如<br>魏海敏、陳美蘭<br>郭勝芳 |
| | 11月22日 | 京班中常演崑劇：猴戲 | 《美猴王》 | （不詳） |
| 2006年 | 2月18日 | 京班中常演崑劇：猴戲 | 《美猴王》 | （不詳） |
| | 3月8日 | 京班中常演崑劇：猴戲 | 《美猴王》 | （不詳） |
| | 3月12日 | 京班中常演崑劇：猴戲 | 《美猴王》 | （不詳） |
| | 3月18日 | 文戲 | 《牡丹亭・寫眞、離魂》 | （不詳） |
| | 3月19日 | 京班中常演崑劇：猴戲 | 《弼馬瘟》 | （不詳） |
| | 4月1日 | 文戲 | 《百花贈劍》 | （不詳） |
| | 4月13日 | 京班中常演崑劇：猴戲 | 《美猴王》 | （不詳） |
| | 6月14日 | 文戲 | 《蝴蝶夢・說親回話》 | （不詳） |
| | 6月17日 | 文戲 | 《焚香記・陽告》 | |
| | 10月14～27日 | 京班中常演崑劇：猴戲 | 《美猴王》 | （不詳） |
| | 12月 | 京班中常演崑劇：猴戲 | 《美猴王》 | （不詳） |
| 2007年 | 1月6日 | 京班中常演崑劇：武戲 | 《盜甲》 | 陳元鴻 |
| | 1月7日 | 京班中常演崑劇：武戲 | 《鍾馗嫁妹》 | 彭德綱 |
| | | 京班中常演崑劇：武戲 | 《挑滑車》 | 孫元城 |
| | 1月13日 | 京班中常演崑劇：吹腔 | 《奇雙會》 | 陳美蘭、孫麗虹<br>鄒昌慈 |
| | 2月9日 | 京班中常演崑劇：猴戲 | 《美猴王》 | 劉稀榮 |
| | 3月24日 | 京班中常演崑劇：猴戲 | 《美猴王》 | 劉稀榮、陳利昌<br>謝建民、李佳麒<br>吳山傑 |
| | 6月8～30日 | 京班中常演崑劇：武戲 | 《鍾馗嫁妹》 | 彭德綱、吳山傑<br>張家麟、陳長燕<br>戴心怡、高禎男<br>許孝存、謝建民<br>王逸蛟、李佳麒 |

| | | 8月25日 | 文戲 | 《水滸記‧活捉》 | 陳美蘭、劉稀榮 |
|---|---|---|---|---|---|
| | | 9月1日 | 文戲 | 《爛柯山》 | 陳美蘭、鄒昌慈 |
| | | 10月16日 | 京班中常演崑劇：猴戲 | 《美猴王》 | 劉稀榮、陳富國 謝建民、王逸蛟 李佳麒、吳山傑 |
| | | 11月3日 | 京班中常演崑劇：猴戲 | 《美猴王》 | 劉稀榮、鄒昌慈 陳利昌、謝建民 李佳麒、吳山傑 |
| | 2008年 | 4月19日 | 文戲 | 《紅梨記‧醉皂》 | 劉稀榮、張家麟 |
| | | 6月7日 | 京班中常演崑劇：武戲 | 《夜奔》 | 劉稀榮 |
| | | 8月1日 | 京班中常演崑劇：猴戲 | 《美猴王》 | 劉稀榮、吳山傑 黃毅勇、陳崟鴻 陳利昌、謝孟家 李佳麒 |
| | | 8月16日 | 京班中常演崑劇：武戲 | 《蜈蚣嶺》 | 王鶯華、王逸蛟 高禎男 |
| | | | 文戲 | 《玉簪記‧偷詩趕舟》 | 陳美蘭、孫麗虹 |
| | | 10月4日 | 京班中常演崑劇：猴戲 | 《美猴王》 | 劉稀榮、鄒昌慈 吳山傑、陳崟鴻 陳利昌、謝孟家 |
| | | 10月13日 | 文戲 | 《水滸記‧活捉》 | 陳美蘭、劉稀榮 |
| | | 12月13日 | 文戲 | 《紅梨記‧醉皂》 | 劉稀榮、張家麟 |
| | | | 京班中常演崑劇：武戲 | 《挑滑車》 | 孫元城 |
| | | 12月20日 | 京班中常演崑劇：時劇 | 《思凡》 | 王耀星 |
| | | | 京班中常演崑劇：時劇 | 《下山》 | 劉稀榮、陳美蘭 |
| | | | 文戲 | 《百花贈劍》 | 劉珈后、張家麟 陳長燕 |
| | | | 文戲 | 《浣紗記‧寄子》 | 王鶯華、陳秉蓁 王逸蛟、陳元鴻 |
| | 2009年 | 2月2日 | 開蒙戲：曲牌 | 《天官賜福》 | 王逸蛟、劉珈后 王鶯華、鄒昌慈 |
| | | 3月31日 | 文戲 | 《牡丹亭‧遊園驚夢》 | 楊汗如、陳美蘭 |
| | | 5月2日 | 京班中常演崑劇：武戲 | 《鍾馗嫁妹》 | 劉稀榮、朱勝麗 |

| | | 文戲 | 《牡丹亭‧幽媾》 | 陳美蘭、楊汗如 |
|---|---|---|---|---|
| | 5 月 15 日 | 京班中常演崑劇：猴戲 | 《美猴王》 | 劉稀榮、鄒昌慈<br>吳山傑、陳悫鴻<br>陳利昌、謝孟家 |
| | 5 月 18 日 | 京班中常演崑劇：武戲 | 《鍾馗嫁妹》 | 劉稀榮 |
| | 5 月 19 日 | 新編崑劇 | 《梁祝‧學堂風光》 | 汪勝光、陳美蘭<br>陳利昌 |
| | 7 月 5 日 | 文戲 | 《長生殿‧小宴、驚變》 | 孫麗虹、陳美蘭 |
| | 7 月 22～25 日 | 京班中常演崑劇：崑腔 | 《昭君出塞》 | 李佳麒、魏海敏<br>陳利昌 |
| | 10 月 31 日 | 京班中常演崑劇：時劇 | 《下山》 | 陳元鴻 |
| | | 京班中常演崑劇：武戲 | 《扈家莊》 | 戴心怡、許孝存 |
| 2010 年 | 2 月 22 日 | 開蒙戲：曲牌 | 《天官賜福》 | （不詳） |
| | 3 月 29 日 | 開蒙戲：曲牌 | 《天官賜福》 | 馬寶山、劉海苑<br>王冠強、王鶯華 |
| | 4 月 6 日 | 開蒙戲：曲牌 | 《天官賜福》 | 孫麗虹、陳長燕<br>王鶯華、黃毅勇<br>劉海苑 |
| | 4 月 9 日 | 開蒙戲：曲牌 | 《天官賜福》 | 鄒昌慈、馬寶山<br>劉珈后、王冠強 |
| | 5 月 6 日 | 開蒙戲：曲牌 | 《天官賜福》 | 汪勝光、陳長燕<br>吳山傑、黃毅勇<br>鄒昌慈、孫元城<br>陳利昌、劉珈后<br>劉稀榮 |
| | 5 月 14 日 | 開蒙戲：曲牌 | 《天官賜福》 | 鄒昌慈、張光鳴<br>劉嘉玉、王冠強 |
| | 5 月 29 日 | 京班中常演崑劇：武戲 | 《蜈蚣嶺》 | 劉稀榮、高禎男 |
| | 7 月 11 日 | 文戲 | 《獅吼記‧梳妝、跪池》 | 魏海敏、溫宇航<br>盛利鑑 |
| 2011 年 | 3 月 25 日 | 開蒙戲：曲牌 | 《天官賜福》 | 王鶯華、王逸蛟 |
| | 6 月 4 日 | 京班中常演崑劇：武戲 | 《挑滑車》 | 王逸蛟 |

| | | 7月23日<br>（崑曲名家張毓文老師傳藝成果專場） | 文戲 | 《紅樓夢·葬花》 | 溫宇航、王耀星 |
|---|---|---|---|---|---|
| | | | 文戲 | 《百花記·贈劍》 | 朱勝麗、張家麟 |
| | | | 文戲 | 《百花記·點將》 | 劉珈后、汪勝光 |
| | | | 文戲 | 《西廂記·長亭送別》 | 溫宇航、陳長燕 |
| | | 11月15日 | 京班中常演崑劇：武戲 | 《雅觀樓》 | 李佳麒、許孝存 |
| | 2012年 | 4月28日 | 京班中常演崑劇：武戲 | 《白水灘》 | 黃鈞威、高禎男 |
| | | | 文戲 | 《長生殿·酒樓》 | 王逸蛟、陳富國 |
| | | 8月4日 | 京班中常演崑劇：時劇 | 《下山》 | 陳元鴻 |
| | | 8月11日 | 京班中常演崑劇：武戲 | 《探莊》 | 孫元城 |
| | | | 文戲 | 《獅吼記》 | 孫麗虹、劉海苑 |
| | | 10月6日<br>（崑曲名家張毓文老師傳藝成果專場） | 文戲 | 《紫釵記·折柳陽關》 | 溫宇航、陳長燕 |
| | | | 文戲 | 《南柯記·瑤臺》 | 王耀星、吳山傑 |
| | | | 文戲 | 《鐵冠圖·刺虎》 | 劉珈后、黃毅勇 |
| | | | 文戲 | 《爛柯山·癡夢》 | 劉海苑 |
| | | 10月14日 | 文戲 | 《風箏誤·驚醜》 | 溫宇航、陳長燕 |
| | | 11月18日 | 京班中常演崑劇：武戲 | 《雅觀樓》 | 李佳麒 |
| | | 12月1日 | 京班中常演崑劇：武戲 | 《蘆花蕩》 | 吳山傑 |
| | 2013年 | 1月4日 | 文戲 | 《占花魁·湖樓》 | 張銘榮、溫宇航 |
| | | 4月27日 | 京班中常演崑劇：武戲 | 《連環記·問探》 | 許孝存 |
| | | | 京班中常演崑劇：猴戲 | 《西遊記·借扇》 | 劉祐昌、戴心怡 |
| | | 6月23日 | 京班中常演崑劇：猴戲 | 《美猴王》 | 李佳麒 |
| | | 8月31日<br>（崑曲名家張毓文老師傳藝成果專場） | 京班中常演崑劇：武戲 | 〈夜奔〉 | 劉祐昌 |
| | | | 京班中常演崑劇：文戲 | 《春香鬧學》 | 凌嘉臨 |
| | | | 文戲 | 《漁家樂·藏舟》 | 陳長燕、溫宇航 |
| | | | 京班中常演崑劇：時劇 | 〈思凡〉 | 朱勝麗 |
| | | | 文戲 | 《玉簪記·琴挑》 | 劉珈后、溫宇航 |

| | | 9 月 15 日 | 京班中常演崑劇：武戲 | 《白水灘》 | 華智暘、曾冠東 |
| | | | 京班中常演崑劇：吹腔* | 《販馬記・寫狀》 | 王耀星、孫麗虹 |
| | | 11 月 30 日 | 京班中常演崑劇：武戲 | 《山門》 | 曾冠東 |

# 附錄四：京劇演員參與崑曲社演出年表
## （1956～2013 年）

筆者整理臺師大崑曲社、[註19]、臺大崑曲社、[註20] 政大崑曲社 [註21] 演出名單。

| 社　團 | 年　度 | 日　期 | 劇　名 | 演員（行當） |
|---|---|---|---|---|
| 臺師大崑曲社（成立於1956年） | 1980 年 | 3 月 12 日 | 《牡丹亭・遊園驚夢》（片段） | 徐露、鈕方雨 |
| | 1981 年 | 11 月 16 日（第 307 次國劇欣賞會） | 〈三星獻瑞〉 | 漢鐘離、張果老、李鐵拐、大靈官／復興劇校劉秋華、呂恆芳葉惠貞、王美霞楊玲燕、陳美賢陳玉慧、李芬芬李鈴芬、杜寶蓮潘麗珠、楊瓊華簡淑伶、黃慧如蔡蘭芝、李鈴容薛招英、林淑玲汪雲玲、王淑金蕭嘉慧、李淑嫻 |
| | 1983 年 | 12 月 28 日（第 340 次國劇欣賞會） | 《義妖記・斷橋》 | 劉秋華、何興義 |

〔註19〕參考師範大學崑曲社網誌 http://blog.yam.com/ntnukung/category/2102352，最後檢索 2014 年 4 月 23 日。

〔註20〕參考臺灣大學崑曲社網誌，http://ntukunquclub.blogspot.tw/，最後檢索 2014 年 5 月 24 日。

〔註21〕請教政治大學崑曲社創社社長周蕙蘋女士。

| | 1984 年 | 11 月 6 日（第 354 次國劇欣賞會） | 《奇雙會・哭監、寫狀、三拉、團圓》 | 林麗雲、杜寶蓮<br>陳美賢、蔡孟珍<br>李鈴容、李鈴芬<br>簡淑伶、鄒化文<br>何興義、蔡蘭芝<br>許淑華、何興義<br>林秉忠 |
|---|---|---|---|---|
| | 1985 年 | 4 月 27 日（夏煥新教授八秩華誕慶祝晚會） | 〈瑞壽呈祥〉 | 馬覆雲、郭文珠<br>林秉忠、王美祥<br>梁越仙、李鈴芬<br>梁雲明、何興長<br>陳秀嫦、杜寶蓮<br>丁榮光、王美英<br>王美雲、吳淑平<br>唐雪貞、黃郁雅<br>鄒麗芳、李鈴容<br>蔡麗筠、陳美賢<br>簡淑伶 |
| | | | 《扈家莊・扈三娘》 | 蔡孟珍、杜道誠<br>郭文珠、王美祥<br>梁越仙、李鈴芬 |
| | 1986 年 | 10 月 29 日（講座） | 認識中國古典戲劇之美 | 鍾傳幸女士主講 |
| | 1987 年 | 5 月 29 日（慶祝師大四十一週年校慶） | 《販馬記・哭監》 | 郭文珠、簡淑伶<br>何興義、馬維易<br>趙鳳玲、蔡鑫怡<br>孟廣偉 |
| | | | 《販馬記・三拉團圓》 | 趙碧琴、陳　豫<br>王學蘭、何興義<br>馬維易、黃清標 |
| | 1988 年 | 5 月 27 日（講座） | 淺談國劇 | 鍾傳幸女士主講 |
| | 1994 年 | 12 月 11 日（83 學年度上學期公演） | 《長生殿・小宴》 | 吳陸森、姚艾娟<br>陳政一、顏瓊雯<br>許淑雯、洪小雯<br>張玲瑜、吳春秀<br>李淑芬、楊惠椀<br>陳美玲 |
| | 1998 年 | 5 月 27 日 | 《牡丹亭・離魂》 | 蔡孟珍、江成玲<br>李來香 |
| | 2001 年 | 10 月 19 日（講座） | 傳統戲曲化妝示範 | 王銀麗老師主講 |
| | 2009 年 | 11 月 22 日 | 《爛柯山・癡夢、潑水》 | 蔡孟珍、邱陸榮<br>周陸麟、陳柔伊 |

| | | | | |
|---|---|---|---|---|
| | 2010 年 | 11 月 22 日（創社五十四周年紀念公演） | 《爛柯山・癡夢、潑水》 | 蔡孟珍、邱陸榮周陸麟、王婕羽李郁珊、竇敏慧許舜傑、許翔曦陳柔伊、莊淳楣林孟潔、陳奕如蘇筱涵 |
| | 2011 年 | 11 月 4 日（創社五十五周年紀念公演） | 《牡丹亭》 | 蔡孟珍、李公律朱民玲、黃小芳邱陸榮、周陸麟 |
| | | 11 月 5 日（創社五十五周年紀念公演） | 《長生殿・絮閣》 | 蔡孟珍、邱陸榮周陸麟、王萌筱 |
| | 2012 年 | 7 月 8 日（月圓兩岸明） | 《長生殿・小宴》 | 邱陸榮、蔡孟珍程遠茜、詹馥嫚李念潔、郭　婷張瀟瀟、方　晴鄭安尚、祖京強 |
| 臺大崑曲社（成立於 1957 年） | 1967 年 | 5 月 20 日 | 《義妖記・斷橋》 | 宋丹昂、張惠新張蕙元、王希一 |
| | 1968 年 | 3 月 28 日 | 《鐵冠圖・刺虎》 | 周立芸、宋丹昂李凱東 |
| | 1983 年 | 5 月 9 日 | 《孽海記・下山》 | 周陸麟、李光玉 |
| 政大崑曲社（成立於 1969 年） | 1970 年 | 5 月 13 日 | 《虎囊彈・山亭》 | 范復之 |
| | 1971 年 | 5 月 15 日 | 《鐵冠圖・刺虎》 | 陳　彬、范復之 |
| | 1973 年 | 5 月 23 日 | 《鐵冠圖・刺虎》 | 梁珠珠、范復之 |
| | 1975 年 | 5 月 21 日 | 《鐵冠圖・刺虎》 | 陳　彬、范復之 |
| | 1977 年 | 5 月 15 日 | 《鐵冠圖・刺虎》 | 劉小蘭、范復之 |

# 附錄五：京劇演員參與民間團體演出年表
## （1987～2013 年）

感謝水磨曲集崑劇團、[註 22] 臺灣崑劇團 [註 23] 提供京劇演員參與名單，新象活動中心、徐露劇場、絲竹京崑劇團、蘭庭藝苑、台北崑劇團、蘭庭崑劇團、臺北崑曲研習社為筆者自己蒐集整理。

### 1951～1979 年

| 劇　團 | 年　度 | 日　期 | 劇目類型 | 劇　名 | 演員（行當） |
|---|---|---|---|---|---|
| 雅音小集<br>（成立於 1979 年） | 1979 年 | 5 月 18 日 | 京班中常演崑劇：武戲 | 《林沖夜奔》 | 李環春 |
| | | | 京班中常演崑劇：時劇 | 《思凡》 | 郭小莊 |
| | | | 京班中常演崑劇：時劇 | 《下山》 | 郭小莊、田士林 |

### 1980～1990 年

| 劇　團 | 年　度 | 日　期 | 劇目類型 | 劇　名 | 演員（行當） |
|---|---|---|---|---|---|
| 新象活動中心<br>（現為新象文教基金會，成立於 1978 年） | 1980 年 | 3 月 17 日 | 京班中常演崑劇：文戲 | 《牡丹亭·春香鬧學、遊園驚夢》 | 徐　露、王銀麗<br>劉玉麟、鈕方雨<br>王鶯華、吳劍虹<br>馬元亮、杜匡譞 |
| | | 10 月<br>（日期不詳，國際藝術節） | 京班中常演崑劇：文戲 | 《牡丹亭》 | 徐　露、高蕙蘭<br>王鳳雲、杜匡稷<br>朱錦榮 |

---

〔註 22〕參考歷年演出節目單電子檔，感謝水磨曲集崑劇團團員許珮珊整理提供。
〔註 23〕參考歷年演出節目單紙本，感謝臺灣崑劇團副團長蕭本耀整理提供。

| 劇　團 | 年　度 | 日　期 | 劇目類型 | 劇　名 | 演員（行當） |
|---|---|---|---|---|---|
| | 1982 年 | （不詳） | 京班中常演崑劇：文戲 | 《牡丹亭》 | 徐　露、王鳳雲 高蕙蘭、杜匡稷 朱錦榮 |
| 徐露劇場 （成立於 1986 年） | 1986 年 | 11 月 19 日（赴美） | 京班中常演崑劇：文戲 | 《牡丹亭・遊園驚夢》 | 徐　露、高蕙蘭 |
| | 1987 年 | 1 月 9 日 （赴美、加、夏威夷） | 京班中常演崑劇：文戲 | 《牡丹亭・遊園驚夢》 | 徐　露、高蕙蘭 |
| 水磨曲集崑劇團 （成立於 1987 年） | 1987 年 | 8 月 30 日 | 京班中常演崑劇：武戲 | 《寶劍記・夜奔》 | 朱陸豪 |
| | | 8 月 31 日 | 京班中常演崑劇：時劇 | 〈下山〉 | 周陸麟、宋泮萍 |
| | | | 京班中常演崑劇：文戲 | 《鐵冠圖・刺虎》 | 徐中菲、齊復強 |
| | 1989 年 | 8 月 31 日 | 京班中常演崑劇：文戲 | 《長生殿・哭像》 | 劉玉麟、劉克竑 |
| | 1990 年 | 12 月 3 日 | 京班中常演崑劇：文戲 | 《長生殿》 | 朱惠良、楊世彭 劉玉麟、顧鐵華 徐中菲、貢　敏 莊嚴明、邱海訓 王冠強、湯碧雲 |
| | | 12 月 4 日 | 京班中常演崑劇：文戲 | 《還魂記》 | 高蕙蘭、陳　彬 陳美蘭、王　菁 莊嚴明、吳瑞卿 梁淑琴、魏慧菁 賴靜慧、許珮珊 任汝芯、吳湘霓 左曉芬、王慧欣 戴文玲、葉美玲 |

## 1991～2000 年

| 劇　團 | 年　度 | 日　期 | 劇目類型 | 劇　名 | 演員（行當） |
|---|---|---|---|---|---|
| 水磨曲集崑劇團 （成立於 1987 年） | 1991 年 | 12 月 19.20 日 | 京班中常演崑劇：文戲 | 《蝴蝶夢・說親回話》 | 周象耕、莊青明 林美惠、林宜貞 |
| | | | 京班中常演崑劇：文戲 | 《爛柯山》 | 張啓超、顧思敏 沈　毅、莊青明 |
| | 1992 年 | 9 月 12 日 | | 清唱 | 華文漪、高蕙蘭 |
| | | 10 月 1 ～5 日 | 京班中常演崑劇：文戲 | 《牡丹亭》 | 華文漪、高蕙蘭 史潔華 |

| | 1996　年（紀念徐炎之先生逝世七週年暨夫人張善薌女士逝世十六週年公演） | 4 月 11 日 | 京班中常演崑劇：時劇 | 〈思凡〉 | 劉嘉玉 |
|---|---|---|---|---|---|
| | | 4 月 12 日 | 京班中常演崑劇：文戲 | 《鐵冠圖‧刺虎》 | 陳　彬、邱海訓 |
| | 1997 年（十週年公演） | 7 月 24 日 | 京班中常演崑劇：文戲 | 《玉簪記‧琴挑》 | 陳美蘭、古中樑 |
| | 1998 年（紀念徐炎失先生百年——演出活動） | 8 月 24 日 | 京班中常演崑劇：文戲 | 《爛柯山‧逼休》 | 趙揚強、郭勝芳 |
| | | | 京班中常演崑劇：文戲 | 《鐵冠圖‧刺虎》 | 張惠新、邱海訓 |
| | | 8 月 25 日 | 京班中常演崑劇：文戲 | 《牡丹亭‧尋夢》 | 陳美蘭 |
| | | | 京班中常演崑劇：文戲 | 《蝴蝶夢‧說親》 | 周蕙蘋、尹來有 |
| | | 8 月 26 日 | 京班中常演崑劇：文戲 | 《玉簪記‧偷詩、秋江》 | 朱惠良、朱婉清周慧琴、吳海倫吳劍虹、朱錦榮 |
| 蘭庭藝苑（成立於1994 年） | 1994 年 | 6 月 9～12日＠美國紐約台北劇場 | 京班中常演崑劇：文戲 | 《牡丹亭》 | 華文漪、陳美蘭高蕙蘭 |
| | | 11 月 8～13日＠法國圓環劇院 | 京班中常演崑劇：文戲 | 《牡丹亭》 | 華文漪、陳美蘭高蕙蘭 |
| 絲竹京崑劇團（成立於1995 年） | 1996 年 | 4 月 7 日 | 京班中常演崑劇：文戲 | 《牡丹亭‧拾畫叫畫》 | 吳陸森 |
| | | | 京班中常演崑劇：武戲 | 《寶劍記‧夜奔》 | 劉祐昌 |
| | | | 京班中常演崑劇：時劇 | 《孽海記‧思凡》 | 林陸霞 |
| | | | 京班中常演崑劇：吹腔 | 《販馬記‧寫狀》 | 吳陸森、姜竹華 |
| | | 6 月 30 日 | 京班中常演崑劇：武戲 | 《寶劍記‧夜奔》 | 劉祐昌 |
| | | | 京班中常演崑劇：文戲 | 《牡丹亭》 | 沈世華、吳陸森鈕　驃、林宜貞周長佑 |
| | | 7 月 2 日 | 京班中常演崑劇：時劇 | 《孽海記‧思凡》 | 沈世華 |
| | | | 京班中常演崑劇：武戲 | 《寶劍記‧夜奔》 | 劉祐昌 |
| | | | 京班中常演崑劇：文戲 | 《獅吼記‧梳妝跪池》 | 沈世華、吳陸森 |
| | | 7 月 3 日 | 京班中常演崑劇：文戲 | 《爛柯山‧痴夢》 | 沈世華、朱冠勤 |
| | | | 京班中常演崑劇：文戲 | 《牡丹亭》 | 沈世華、吳陸森 |
| | | 8 月 31 日 | 京班中常演崑劇：時劇 | 〈思凡〉 | （不詳） |
| | | | 京班中常演崑劇：文戲 | 《玉簪記‧琴挑》 | （不詳） |

| | | | | | |
|---|---|---|---|---|---|
| | | 12 月 14 日 | 京班中常演崑劇：文戲 | 《玉簪記‧琴挑》 | 吳陸森、郭勝芳 |
| | | | 京班中常演崑劇：時劇 | 〈思凡〉 | 楊利娟 |
| | | | 京班中常演崑劇：吹腔 | 《販馬記‧寫狀》 | 吳陸森、郭勝芳 |
| | | 12 月 19 日 | 京班中常演崑劇：文戲 | 《玉簪記‧琴挑》 | 吳陸森、郭勝芳 |
| | | | 京班中常演崑劇：時劇 | 〈思凡〉 | 楊利娟 |
| | | | 京班中常演崑劇：吹腔 | 《販馬記‧寫狀》 | 吳陸森、郭勝芳 |
| | 1997 年 | 5 月 25 日 | 京班中常演崑劇：文戲 | 《牡丹亭》 | 梁谷音、吳陸森 |
| | | 5 月 30 日 | 京班中常演崑劇：文戲 | 《牡丹亭》 | 梁谷音、吳陸森 |
| | | 10 月 18 日 | 京班中常演崑劇：文戲 | 《牧羊記‧望鄉》 | （不詳） |
| | | | 京班中常演崑劇：文戲 | 《玉簪記‧秋江》 | （不詳） |
| | | | 京班中常演崑劇：文戲 | 《長生殿‧小宴》 | （不詳） |
| | | 10 月 19 日 | 京班中常演崑劇：文戲 | 《牧羊記‧望鄉》 | 李明照、吳陸森 |
| | | | 京班中常演崑劇：文戲 | 《玉簪記‧秋江》 | 楊利娟、張化宇 |
| | | | 京班中常演崑劇：文戲 | 《長生殿‧小宴》 | 吳陸森、宋凌玲 |
| | | 11 月 9 日 | 京班中常演崑劇：文戲 | 《牧羊記‧望鄉》 | （不詳） |
| | | | 京班中常演崑劇：文戲 | 《玉簪記‧秋江》 | （不詳） |
| | | | 京班中常演崑劇：文戲 | 《長生殿‧小宴》 | （不詳） |
| | 1998 年 | 3 月 18 日 | 京班中常演崑劇：文戲 | 《牡丹亭‧春香鬧學、遊園驚夢》 | 宋凌玲 |
| | | 5 月 22 日 | 京班中常演崑劇：文戲 | 《牡丹亭‧春香鬧學、遊園驚夢》 | 郭勝芳、吳陸森 |
| | | 11 月 18 日 | 京班中常演崑劇：文戲 | 《十五貫‧訪鼠測字》 | 吳陸森、王世瑤 |
| | | | 京班中常演崑劇：時劇 | 〈思凡〉 | 楊利娟 |
| | | | 京班中常演崑劇：文戲 | 《獅吼記‧梳妝跪池》 | 吳陸森、哈憶平 張世錚 |
| | 1999 年 | 3 月 28 日 | 京班中常演崑劇：文戲 | 《牡丹亭‧拾畫叫畫》 | 吳陸森 |
| | | | 京班中常演崑劇：文戲 | 《綵樓記‧趕粥拾柴、評雪辨蹤》 | 吳陸森、哈憶平 |
| | | 10 月 25 日 | 京班中常演崑劇：吹腔 | 《販馬記‧哭監》 | （不詳） |
| | | 10 月（不詳） | 京班中常演崑劇：文戲 | 《風箏誤》 | 王世瑤、龔世葵 吳陸森、張世錚 |
| | 2000 年 | 2 月 17 日 | 京班中常演崑劇：文戲 | 《彩樓記》 | 吳陸森、王銀麗 曹復國、陳　燕 陸光儀、李璟妮 羅載爾、哈憶平 張素琴、張化宇 劉祐昌 |

| | | 4 月 25 日 | 京班中常演崑劇：文戲 | 《彩樓記》 | 吳陸森、王銀麗曹復國、陳 燕陸光儀、李璟妮羅載爾、哈憶平張素琴、張化宇劉祐昌 |
|---|---|---|---|---|---|
| | | 7 月（不詳） | 京班中常演崑劇：文戲 | 《牡丹亭・遊園》 | （不詳） |
| | | 8 月 16 日 | 京班中常演崑劇：文戲 | 《獅吼記・跪池》 | 吳陸森、梁谷音計鎮華、周陸麟 |
| 臺灣崑劇團（成立 1999 於年） | 2000 年 | 1 月 8 日 | 京班中常演崑劇：文戲 | 《牡丹亭・遊園》 | （不詳） |
| | | | 京班中常演崑劇：文戲 | 《紅梨記・亭會》 | （不詳） |
| | | | 京班中常演崑劇：文戲 | 《長生殿・酒樓》 | （不詳） |
| | | | 京班中常演崑劇：文戲 | 《獅吼記・跪池》 | （不詳） |
| | | 3 月 24 日 | 京班中常演崑劇：文戲 | 《牡丹亭・學堂》 | （不詳） |
| | | | 京班中常演崑劇：文戲 | 《紅梨記・亭會》 | 趙揚強、楊利娟 |
| | | | 京班中常演崑劇：文戲 | 《風箏誤・前親》 | 劉稀榮、李光玉羅勝貞 |
| | | | 京班中常演崑劇：文戲 | 《浣紗記・寄子》 | 盛利鑑、杜佩君 |
| | | 12 月 20 日 | 京班中常演崑劇：文戲 | 《望湖樓・照鏡》 | 劉稀榮、唐天瑞謝冠生 |
| | | | 京班中常演崑劇：文戲 | 《驚鴻記・吟詩脫靴》 | 盛利鑑、古中樑劉嘉玉、陳利昌 |
| | | | 京班中常演崑劇：文戲 | 《漁家樂・藏舟》 | 孫麗虹、郭勝芳 |
| | | | 京班中常演崑劇：文戲 | 《連環記・小宴》 | 趙揚強、楊利娟王鶯華 |
| | | 12 月 23 日 | 京班中常演崑劇：文戲 | 《鳳凰山・百花贈劍》 | 李光玉、趙揚強楊利娟 |
| | | 12 月 24 日 | 京班中常演崑劇：文戲 | 《紅梨記・亭會》 | 楊汗如、楊利娟 |
| 臺灣聯合崑劇團 | 2000 年 | 4 月 4 日@蘇州曲藝廳 | 京班中常演崑劇：文戲 | 《紅梨記・亭會》 | 趙揚強、陳美蘭 |
| | | | 京班中常演崑劇：文戲 | 《獅吼記・跪池》 | 孫麗虹、郭勝芳鄒昌慈 |
| | | 4 月 4 日@開明大戲院 | 京班中常演崑劇：文戲 | 《孽海記・下山》 | 劉稀榮、楊利娟 |
| | | | 京班中常演崑劇：文戲 | 《連還記・小宴》 | 趙揚強、郭勝芳鄒昌慈 |
| | | | 京班中常演崑劇：文戲 | 《牡丹亭・遊園驚夢》 | 陳美蘭、孫麗虹楊利娟 |

## 2001～2013 年

| 劇 團 | 年 度 | 日 期 | 劇目類型 | 劇 名 | 演員（行當） |
|---|---|---|---|---|---|
| 新象活動中心（現爲新象文教基金會，成立於 1978 年） | 2003 年 | 1 月 5 日（崑曲名家經典名劇匯演） | 京班中常演崑劇：文戲 | 《玉簪記・琴挑》 | 汪世瑜、陳美蘭 |
| 水磨曲集崑劇團（成立於 1987 年） | 2001 年 | 10 月 20 日 | 京班中常演崑劇：文戲 | 《牧羊記・望鄉》 | 楊汗如、王鶯華 蘇芷雲、陳蕙菁 張舒懿、吳致瑩 |
| | 2002 年 | 6 月 22 日 | 京班中常演崑劇：文戲 | 《蝴蝶夢・說親》 | 周蕙蘋、劉稀榮 |
| | 2006 年 | 9 月 3 日（歇腳・喝茶・聽崑曲） | 京班中常演崑劇：文戲 | 《爛柯山・逼休》 | 王鶯華、宋泮萍 |
| | 2007 年 | 5 月 6 日（歇腳・喝茶・聽崑曲） | 京班中常演崑劇：文戲 | 《西廂記》 | 鍾廷采、陳湘帆 周蕙蘋、陳 彬 姚天行、鍾艾蒨 臧其亮、林佳儀 |
| | | 8 月 5 日（歇腳・喝茶・聽崑曲） | 京班中常演崑劇：文戲 | 《長生殿》 | 陳彬、黃國欽 周蕙蘋、詹媛 林宜貞、李奕漢 劉克竑、吳山傑 鄒昌慈、陳慕霖 謝俐瑩、陳穎穎 康翠眞、陳怡曉 劉珮如、黃子權 游富凱、韓克瑄 許書惠 |
| | 2008 年 | 8 月 10 日 | 京班中常演崑劇：文戲 | 《爛柯山》 | 宋泮萍、王鶯華 許書惠、林佳儀 吳泰儒、林書好 余允文、劉盈君 陳怡樺、余允中 葉慧敏、康尹亭 張哲綸 |
| | | 9 月 14 日 | 京班中常演崑劇：文戲 | 《鐵冠圖・刺虎》 | 許珮珊、黃毅勇 陳怡曉、康翠眞 簡秀芬、張嘉芸 詹慧君、游富凱 |
| | 2009 年 | 8 月 15 日 | 京班中常演崑劇：文戲 | 《鐵冠圖・刺虎》 | 許珮珊、黃毅勇 |

| | | | | | |
|---|---|---|---|---|---|
| | 2011 年 | 7 月 10 日 | 京班中常演崑劇：文戲 | 《爛柯山》 | 王鶯華、宋泮萍<br>黃翊峰、董鴻鈞<br>葉冠廷、陳健星<br>陳施西、許懷之<br>董鴻鈞 |
| 絲竹京崑<br>劇團<br>（成立於<br>1995 年） | 2001 年 | 8 月 30 日 | 京班中常演崑劇：文戲 | 《牡丹亭·遊園驚<br>夢、拾畫》 | （不詳） |
| | 2004 年 | 6 月 23 日 | 京班中常演崑劇：文戲 | 《牡丹亭·遊園驚<br>夢》 | （不詳） |
| | | 9 月 25 日 | 京班中常演崑劇：文戲 | 《牡丹亭·遊園驚<br>夢》 | 郭勝芳、楊利娟<br>吳陸森 |
| | | 11 月 11 日 | 京班中常演崑劇：文戲 | 《牡丹亭·遊園驚<br>夢》 | 郭勝芳、楊利娟<br>吳陸森 |
| | 2013 年 | 4 月 13 日 | 京班中常演崑劇：文戲 | 《牡丹亭·遊園驚<br>夢》 | 郭勝芳、楊利娟<br>吳陸森 |
| 臺灣崑劇<br>團<br>（成立 1999<br>於年） | 2001 年 | 2 月 10 日 | 京班中常演崑劇：文戲 | 《爛柯山》 | （不詳） |
| | | 8 月 4 日<br>（2001 南北饗宴） | 京班中常演崑劇：文戲 | 《浣紗記·寄子》 | （不詳） |
| | | | 京班中常演崑劇：文戲 | 《玉簪記·秋江》 | （不詳） |
| | | | 京班中常演崑劇：文戲 | 《長生殿·酒樓》 | （不詳） |
| | | | 京班中常演崑劇：文戲 | 《蒲葵傳·嫁妹》 | （不詳） |
| | | 9 月 15 日<br>（2001 南北饗宴） | 京班中常演崑劇：時劇 | 《孽海記·思凡》 | 唐天瑞 |
| | | | 京班中常演崑劇：文戲 | 《玉簪記·琴挑》 | 孫麗虹、王學蘭 |
| | | | 京班中常演崑劇：文戲 | 《玉簪記·偷詩》 | 楊利娟、楊汗如 |
| | | 9 月 16 日<br>（2001 南北饗宴） | 京班中常演崑劇：文戲 | 《楊家將·擋馬》 | 唐天瑞、張化宇 |
| | | | 京班中常演崑劇：文戲 | 《琵琶記·描容別<br>墳》 | 張玲瑜、盛利鑑 |
| | | | 京班中常演崑劇：文戲 | 《長生殿·酒樓》 | 王鶯華、劉稀榮<br>劉啓榮、古中樑<br>林美惠、吳曉雯<br>張玲瑜、吳欣霏<br>田珮玲 |
| | | 10 月 3 日<br>（2001 南北饗宴） | 京班中常演崑劇：文戲 | 《牡丹亭·鬧學》 | 楊利娟、王鶯華<br>郭勝芳 |
| | | | 京班中常演崑劇：文戲 | 《牡丹亭·寫眞》 | 郭勝芳、楊利娟 |
| | | | 京班中常演崑劇：文戲 | 《桃花扇·題畫》 | 孫麗虹、王鶯華 |
| | | 10 月 4 日<br>（2001 南北饗宴） | 京班中常演崑劇：文戲 | 《繡襦記·打子》 | 王鶯華、古中樑<br>謝復青、劉稀榮 |

| | | | 京班中常演崑劇：文戲 | 《楊家將・擋馬》 | 李牧芹、張化宇 |
|---|---|---|---|---|---|
| | | | 京班中常演崑劇：時劇 | 《孽海記・下山》 | 唐天瑞、劉稀榮 |
| | | | 京班中常演崑劇：文戲 | 《雷峰塔・斷橋》 | 郭勝芳、趙揚強<br>楊利娟 |
| | | 11月16日<br>（2001南北饗宴） | 京班中常演崑劇：時劇 | 《孽海記・思凡》 | （不詳） |
| | | | 京班中常演崑劇：文戲 | 《牡丹亭・寫真》 | （不詳） |
| | | | 京班中常演崑劇：文戲 | 《琵琶記・描容別墳》 | （不詳） |
| | | | 京班中常演崑劇：文戲 | 《長生殿・酒樓》 | （不詳） |
| | | 11月17日<br>（2001南北饗宴） | 京班中常演崑劇：文戲 | 《牡丹亭》 | 郭勝芳、楊利娟<br>陳美蘭、田珮玲<br>孫麗虹、羅勝貞<br>鄒昌慈、吳曉雯<br>李牧芹、黃立昌<br>吳欣霏、劉啓榮<br>楊汗如、高禎男<br>劉稀榮 |
| | | 12月7日 | 京班中常演崑劇：文戲 | 《紅梨記・亭會》 | 古中樑、王耀星 |
| | | | 京班中常演崑劇：文戲 | 《琵琶記・掃松》 | 鄒昌慈、尹來有 |
| | | | 京班中常演崑劇：文戲 | 《玉簪記・偷詩》 | 林美惠、陳美蘭 |
| | | 12月8日 | 京班中常演崑劇：文戲 | 《牡丹亭・遊園》 | 劉嘉玉、陳長燕 |
| | | | 京班中常演崑劇：文戲 | 《牡丹亭・寫真》 | 李光玉、劉珈后 |
| | | | 京班中常演崑劇：文戲 | 《玉簪記・琴挑》 | 古中樑、陳美蘭 |
| | | | 京班中常演崑劇：文戲 | 《長生殿・酒樓》 | 王鶯華、劉稀榮 |
| | | 12月8日<br>（2001南北饗宴） | 京班中常演崑劇：文戲 | 《占花魁・湖樓》 | 劉稀榮、楊汗如 |
| | | | 京班中常演崑劇：文戲 | 《長生殿・彈詞》 | 鄒昌慈、古中樑<br>王鶯華、謝冠生<br>高禎男、李牧芹 |
| | | | 京班中常演崑劇：文戲 | 《紅梨記・亭會》 | 孫麗虹、陳美蘭 |
| | | | 京班中常演崑劇：文戲 | 《鳳凰山・百花贈劍》 | 古中樑、李光玉<br>田珮玲、高禎男<br>劉啓榮、邱美枝<br>李牧芹 |
| | 2002年 | 6月2日 | 京班中常演崑劇：文戲 | 《牡丹亭・遊園驚夢》 | 汪世瑜、郭勝芳<br>楊利娟 |
| | | 7月28日 | 京班中常演崑劇：時劇 | 《孽海記・思凡、下山》 | （不詳） |

| | | 8 月 2 日 | 京班中常演崑劇：文戲 | 《牡丹亭》 | （不詳） |
|---|---|---|---|---|---|
| | | | 京班中常演崑劇：文戲 | 《長生殿・彈詞》 | （不詳） |
| | | | 京班中常演崑劇：時劇 | 《孽海記・思凡》 | （不詳） |
| | | 10 月 26 日 | 京班中常演崑劇：時劇 | 《孽海記・思凡》 | （不詳） |
| | | | 京班中常演崑劇：文戲 | 《占花魁・湖樓》 | （不詳） |
| | | 12 月 7 日<br>（崑韻雅宴） | 京班中常演崑劇：文戲 | 《紅梨記・亭會》 | （不詳） |
| | | | 京班中常演崑劇：文戲 | 《琵琶記・掃松》 | （不詳） |
| | | | 京班中常演崑劇：文戲 | 《玉簪記・偷詩》 | （不詳） |
| | | | 京班中常演崑劇：文戲 | 《牧羊記・望鄉》 | （不詳） |
| | | 12 月 8 日<br>（崑韻雅宴） | 京班中常演崑劇：文戲 | 《牡丹亭・遊園》 | （不詳） |
| | | | 京班中常演崑劇：文戲 | 《牡丹亭・寫眞》 | 李光玉 |
| | | | 京班中常演崑劇：文戲 | 《長生殿・酒樓》 | （不詳） |
| | | | 京班中常演崑劇：文戲 | 《十五貫・訪鼠測字》 | （不詳） |
| | 2003 年 | 1 月 4 日 | 京班中常演崑劇：文戲 | 《長生殿・酒樓》 | （不詳） |
| | | 3 月 26 日<br>（曲苑春華崑曲叢書新書發表會） | 京班中常演崑劇：文戲 | 《玉簪記・偷詩》 | 陳美蘭、楊汗如 |
| | | 5 月 24 日<br>（賞心樂事學崑曲講座） | 京班中常演崑劇：文戲 | 《牡丹亭・遊園》 | （不詳） |
| | | | 京班中常演崑劇：文戲 | 《白蛇傳・斷橋》 | （不詳） |
| | | | 京班中常演崑劇：時劇 | 《孽海記・下山》 | （不詳） |
| | | 8 月 31 日 | 京班中常演崑劇：文戲 | 《爛柯山》 | （不詳） |
| | | 9 月 12 日 | 京班中常演崑劇：文戲 | 《爛柯山・癡夢》 | （不詳） |
| | | 9 月 26 日 | 京班中常演崑劇：文戲 | 《爛柯山》 | （不詳） |
| | | 10 月 16 日 | 京班中常演崑劇：文戲 | 《爛柯山》 | （不詳） |
| | | 12 月 19 日 | 京班中常演崑劇：文戲 | 《風箏誤》 | （不詳） |
| | | | 京班中常演崑劇：文戲 | 《漁家樂・藏舟》 | （不詳） |
| | | 12 月 21 日 | 京班中常演崑劇：文戲 | 《牡丹亭・遊園》 | （不詳） |
| | | | 京班中常演崑劇：文戲 | 《荊釵記・見娘》 | （不詳） |
| | | | 京班中常演崑劇：文戲 | 《紅梨記・亭會》 | （不詳） |
| | | | 京班中常演崑劇：文戲 | 《雷峰塔・斷橋》 | （不詳） |
| | 2004 年 | 4 月 24 日<br>（崑劇饗宴） | 京班中常演崑劇：文戲 | 《牡丹亭・遊園驚夢》 | （不詳） |
| | | | 京班中常演崑劇：文戲 | 《紅梨記・亭會》 | （不詳） |
| | | | 京班中常演崑劇：文戲 | 《長生殿・彈詞》 | （不詳） |

| | | 5月8日<br>（崑劇饗宴） | 京班中常演崑劇：文戲 | 《占花魁・湖樓》 | （不詳） |
|---|---|---|---|---|---|
| | | | 京班中常演崑劇：文戲 | 《療妒羹・題曲》 | （不詳） |
| | | | 京班中常演崑劇：文戲 | 〈擋馬〉 | （不詳） |
| | | | 京班中常演崑劇：文戲 | 《桃花扇・題畫》 | （不詳） |
| | | 6月2日 | 京班中常演崑劇：文戲 | 《風箏誤・驚醜》 | （不詳） |
| | | | 京班中常演崑劇：文戲 | 《玉簪記・偷詩》 | （不詳） |
| | | | 京班中常演崑劇：文戲 | 《牡丹亭・遊園》 | （不詳） |
| | | | 京班中常演崑劇：文戲 | 《雷峰塔・斷橋》 | （不詳） |
| | | 8月21日<br>（崑劇饗宴） | 京班中常演崑劇：文戲 | 《牡丹亭・遊園》 | 林宜貞、陳秉蓁 |
| | | | 京班中常演崑劇：吹腔 | 《販馬記・寫狀》 | 趙揚強、郭勝芳<br>謝復青 |
| | | | 京班中常演崑劇：文戲 | 《風箏誤・驚醜、前親》 | 趙揚強、唐天瑞<br>臧其亮、林朝緒 |
| | | | 京班中常演崑劇：文戲 | 《牧羊記・望鄉》 | 鄒昌慈、楊汗如 |
| | | 9月18日 | 京班中常演崑劇：文戲 | 《爛柯山》 | （不詳） |
| | | 9月27日 | 京班中常演崑劇：文戲 | 《鳳凰山・百花贈劍》 | （不詳） |
| | | | 京班中常演崑劇：文戲 | 《長生殿・小宴》 | （不詳） |
| | | 10月1日 | 京班中常演崑劇：文戲 | 《牡丹亭・遊園驚夢》 | （不詳） |
| | | | 京班中常演崑劇：文戲 | 《紅梨記・亭會》 | （不詳） |
| | | | 京班中常演崑劇：文戲 | 《玉簪記・秋江》 | （不詳） |
| | | 10月21日 | 京班中常演崑劇：文戲 | 《牡丹亭・遊園驚夢》 | （不詳） |
| | | | 京班中常演崑劇：文戲 | 《長生殿・酒樓》 | （不詳） |
| | | | 京班中常演崑劇：文戲 | 《玉簪記・琴挑》 | （不詳） |
| | | 12月7日 | 京班中常演崑劇：文戲 | 《幽閨記・拜月》 | 劉珈后、陳秉蓁 |
| | | | 京班中常演崑劇：文戲 | 《紅梨記・醉皂》 | 劉稀榮、古中樑 |
| | | | 京班中常演崑劇：文戲 | 《漁家樂・藏舟》 | 趙揚強、唐天瑞 |
| | | 12月8日 | 京班中常演崑劇：文戲 | 《幽閨記・拜月》 | 王耀星、陳長燕 |
| | | | 京班中常演崑劇：文戲 | 《焚香記・陽告》 | 李光玉 |
| | | | 京班中常演崑劇：文戲 | 《療妒羹・題曲》 | 郭勝芳 |
| | | | 京班中常演崑劇：文戲 | 《琵琶記・掃松》 | 鄒昌慈、尹來有 |
| | 2005年 | 3月12日 | 京班中常演崑劇：文戲 | 《牡丹亭・遊園》 | （不詳） |
| | | | | 《玉簪記・琴挑》 | （不詳） |
| | | 3月13日 | 京班中常演崑劇：文戲 | 《牡丹亭・遊園》 | （不詳） |

| | | | 京班中常演崑劇：文戲 | 《長生殿・酒樓》 | （不詳） |
|---|---|---|---|---|---|
| | | 4 月 20 日<br>（風華絕代） | 京班中常演崑劇：文戲 | 《幽閨記・拜月》 | 王耀星、陳長燕 |
| | | | 京班中常演崑劇：吹腔 | 《販馬記》 | 蔡正仁、華文漪<br>顧兆琳、趙揚強<br>陳秉蓁、周陸麟<br>張德天、臧其亮 |
| | | 4 月 21 日<br>（風華絕代） | 京班中常演崑劇：文戲 | 《漁家樂・藏舟》 | 趙揚強、唐天瑞 |
| | | | 京班中常演崑劇：文戲 | 《蝴蝶夢・說親》 | 華文漪、劉稀榮 |
| | | | 京班中常演崑劇：文戲 | 《爛柯山・潑水》 | 朱勝麗、盛利鑑<br>臧其亮 |
| | | | 京班中常演崑劇：文戲 | 《獅吼記・跪池》 | 蔡正仁、華文漪<br>顧兆琳、臧其亮 |
| | | 4 月 22 日<br>（風華絕代） | 京班中常演崑劇：文戲 | 《浣紗記・寄子》 | 程偉兵、顧兆琳<br>李珞晴、臧其亮 |
| | | | 京班中常演崑劇：文戲 | 《紅梨記・亭會》 | 趙揚強、陳美蘭 |
| | | | 京班中常演崑劇：文戲 | 《雷峰塔・斷橋》 | 蔡正仁、華文漪<br>朱勝麗 |
| | | | 京班中常演崑劇：文戲 | 《風箏誤・驚醜》 | 唐天瑞、古中樑 |
| | | | 京班中常演崑劇：文戲 | 《牡丹亭・遊園》 | 華文漪、朱勝麗 |
| | | 4 月 23 日<br>（風華絕代） | 京班中常演崑劇：文戲 | 《長生殿》上本 | 蔡正仁、華文漪<br>顧兆琳、周陸麟<br>王鶯華、劉稀榮<br>朱錦榮、李珞晴<br>劉珈后、陳長燕 |
| | | 4 月 24 日<br>（風華絕代） | 京班中常演崑劇：文戲 | 《長生殿》下本 | 蔡正仁、程偉兵<br>華文漪、唐天瑞<br>楊汗如、張德天<br>朱錦榮、王鶯華<br>周陸麟、李珞晴<br>尹來有、臧其亮<br>劉珈后 |
| | | 5 月 15 日 | 京班中常演崑劇：文戲 | 《牡丹亭》 | （不詳） |
| | | 5 月 31 日 | 京班中常演崑劇：文戲 | 《牡丹亭・遊園》 | （不詳） |
| | | | 京班中常演崑劇：文戲 | 《占花魁・湖樓》 | （不詳） |
| | | | 京班中常演崑劇：文戲 | 《鳳凰山・百花贈劍》 | （不詳） |
| | | | 京班中常演崑劇：文戲 | 《長生殿・酒樓》 | （不詳） |
| | | 9 月 3 日 | 京班中常演崑劇：文戲 | 《幽閨記・拜月》 | （不詳） |

| | | | 京班中常演崑劇：文戲 | 《琵琶記・掃松》 | （不詳） |
|---|---|---|---|---|---|
| | | | 京班中常演崑劇：文戲 | 《焚香記・陽告》 | （不詳） |
| | | | 京班中常演崑劇：吹腔 | 《販馬記・寫狀》 | （不詳） |
| | | 10月7日 | 京班中常演崑劇：文戲 | 《爛柯山》 | 趙揚強、唐天瑞 臧其亮、陳意超 陳意雯、李孟唐 何威萱、徐乃義 吳科賢 |
| | | 10月8日 | 京班中常演崑劇：文戲 | 《牡丹亭》 | 陳美蘭、彭相時 楊汗如、羅勝貞 臧其亮、陳意超 陳意雯、魏　薇 廖宜寧、李孟唐 |
| 2006年 | 3月10日 | | 京班中常演崑劇：文戲 | 《獅吼記》 | 趙揚強、郭勝芳 張德天、唐天瑞 臧其亮 |
| | 3月28日 | | 京班中常演崑劇：文戲 | 《風箏誤・驚醜、前親》 | 趙揚強、唐天瑞 臧其亮 |
| | | | 京班中常演崑劇：文戲 | 《獅吼記・跪池》 | 趙揚強、郭勝芳 張德天 |
| | 5月6日 | | 京班中常演崑劇：文戲 | 《牡丹亭・遊園、驚夢》 | 張雪虹、陳秉蓁 |
| | | | 京班中常演崑劇：文戲 | 《風箏誤・前親》 | 李光玉、劉稀榮 羅慎貞 |
| | | | 京班中常演崑劇：文戲 | 《獅吼記・跪池》 | 李光玉、王鶯華 孫麗虹 |
| | 5月12日 | | 京班中常演崑劇：文戲 | 《風箏誤》 | 趙揚強、劉稀榮 李光玉、劉珈后 王鶯華、羅勝貞 郭勝芳、彭相時 臧其亮、陳秉蓁 謝復青 |
| | 5月26日 | | 京班中常演崑劇：文戲 | 《牡丹亭・遊園》 | 李光玉、陳秉蓁 孫麗虹 |
| | 5月31日 | | 京班中常演崑劇：文戲 | 《牡丹亭・游園》 | 陳長燕、陳秉蓁 |
| | | | 京班中常演崑劇：文戲 | 《百花記・百花贈劍》 | 劉珈后、陳長燕 趙揚強 |
| | | | 京班中常演崑劇：文戲 | 《長生殿・酒樓》 | 王鶯華、劉稀榮 |
| | 6月2日 | | 京班中常演崑劇：文戲 | 《風箏誤》 | 趙揚強、唐天瑞 劉珈后、王鶯華 羅勝貞、郭勝芳 彭相時、臧其亮 |

| | | 7月4、5日 | 京班中常演崑劇：文戲 | 《爛柯山》 | 唐天瑞、郭勝芳<br>李光玉、趙揚強 |
|---|---|---|---|---|---|
| | | 7月8日 | 京班中常演崑劇：文戲 | 《風箏誤》 | 趙揚強、劉稀榮<br>李光玉、劉珈后<br>王鶯華、羅勝貞<br>郭勝芳、彭相時<br>臧其亮、陳秉蓁<br>謝復青 |
| | | 9月23日 | 京班中常演崑劇：時劇 | 《孽海記‧思凡》 | （不詳） |
| | | | 京班中常演崑劇：文戲 | 《獅吼記‧跪池》 | （不詳） |
| | | | 京班中常演崑劇：文戲 | 《蝴蝶夢‧說親、回話》 | （不詳） |
| | | 9月23日 | 京班中常演崑劇：文戲 | 《牡丹亭》 | 陳美蘭 |
| | | 10月21日 | 京班中常演崑劇：文戲 | 《獅吼記‧跪池》 | （不詳） |
| | | 10月28日 | 京班中常演崑劇：文戲 | 《爛柯山‧後逼》 | （不詳） |
| | | | 京班中常演崑劇：文戲 | 《鐵冠圖‧刺虎》 | （不詳） |
| | | | 京班中常演崑劇：文戲 | 《鮫綃記‧寫狀》 | （不詳） |
| | | | 京班中常演崑劇：文戲 | 《牡丹亭‧遊園》 | （不詳） |
| | | | 京班中常演崑劇：文戲 | 《牡丹亭‧驚夢》 | （不詳） |
| | | 10月29日 | 京班中常演崑劇：文戲 | 《獅吼記‧梳妝、跪池》 | （不詳） |
| | 2007年 | 4月1日 | 京班中常演崑劇：文戲 | 《蝴蝶夢》 | 趙揚強、李光玉<br>楊利娟 |
| | | 4月13日<br>（蝶夢蓬萊） | 京班中常演崑劇：文戲 | 《風箏誤‧驚醜、前親》 | 趙揚強、李光玉<br>劉稀榮、羅勝貞<br>臧其亮 |
| | | | 京班中常演崑劇：文戲 | 《琵琶記‧掃松》 | 計鎮華、陳元鴻 |
| | | 4月14日<br>（蝶夢蓬萊） | 京班中常演崑劇：文戲 | 《蝴蝶夢》 | 計鎮華、梁谷音<br>劉異龍、楊利娟<br>臧其亮 |
| | | 4月15日<br>（蝶夢蓬萊） | 京班中常演崑劇：文戲 | 《十五貫‧訪鼠、測字》 | 劉異龍、鄒昌慈 |
| | | | 京班中常演崑劇：文戲 | 《爛柯山》 | 計鎮華、梁谷音<br>劉異龍、臧其亮<br>陳元鴻、王逸蛟<br>戴心怡、羅勝貞<br>張光鳴、謝冠生<br>吳山傑 |

| | | 4月17日<br>（蝶夢蓬萊） | 京班中常演崑劇：文戲 | 《蝴蝶夢》 | 計鎮華、梁谷音<br>劉異龍、楊利娟<br>臧其亮 |
|---|---|---|---|---|---|
| | | 5月9日<br>（蝶夢蓬萊） | 京班中常演崑劇：文戲 | 《牡丹亭》 | 溫宇航、陳美蘭<br>陳秉蓁、謝復青<br>王鶯華、羅勝貞 |
| | | 9月25日 | 京班中常演崑劇：文戲 | 《長生殿・酒樓》 | 鄒昌慈、陳元鴻 |
| | | | 京班中常演崑劇：吹腔 | 《販馬記・寫狀》 | 黃宇琳、楊汗如 |
| | | 11月15日 | 京班中常演崑劇：文戲 | 《風箏誤》 | 趙揚強、劉稀榮<br>唐天瑞、劉珈后<br>王鶯華、羅勝貞 |
| | | 11月20日 | 京班中常演崑劇：文戲 | 《風箏誤》 | 趙揚強、劉稀榮<br>唐天瑞、劉珈后<br>王鶯華、羅勝貞 |
| | | 12月1日 | 京班中常演崑劇：文戲 | 《幽閨記・拜月》 | 王耀星、陳秉蓁 |
| | | | 京班中常演崑劇：文戲 | 《風箏誤・驚醜》 | 趙揚強、唐天瑞<br>臧其亮 |
| | | | 京班中常演崑劇：文戲 | 《紅梨記・醉皂》 | 劉稀榮 |
| | | | 京班中常演崑劇：時劇 | 《孽海記・思凡》 | 唐天瑞 |
| | | | 京班中常演崑劇：文戲 | 《琵琶記・描容、別墳》 | 李光玉、張德天 |
| | 2008年 | 3月10日 | 京班中常演崑劇：時劇 | 《孽海記・思凡、下山》 | 陳長燕、陳元鴻 |
| | | | 京班中常演崑劇：吹腔 | 《販馬記・寫狀》 | 黃宇琳、趙揚強 |
| | | 3月21日 | 京班中常演崑劇：文戲 | 《牡丹亭・遊園》 | 李光玉、錢宇珊 |
| | | 3月26日 | 京班中常演崑劇：時劇 | 《孽海記・思凡、下山》 | 王耀星、劉稀榮 |
| | | | 京班中常演崑劇：文戲 | 《牡丹亭・遊園》 | 黃宇琳、錢宇珊 |
| | | 4月11日 | 京班中常演崑劇：時劇 | 〈思凡〉 | 李光玉 |
| | | 4月15日<br>（美意嫻情） | 京班中常演崑劇：文戲 | 《占花魁・湖樓、受吐》 | 岳美緹、張靜嫻<br>張銘榮、劉稀榮<br>陳利昌、陳長燕<br>錢宇珊 |
| | | | 京班中常演崑劇：時劇 | 《孽海記・思凡、下山》 | 陳長燕、王耀星<br>劉稀榮 |

| | | | 京班中常演崑劇：文戲 | 《玉簪記・秋江》 | 岳美緹、張靜嫻<br>張銘榮、羅勝貞<br>陳元鴻、錢宇珊 |
|---|---|---|---|---|---|
| | | 4 月 18 日<br>（美意嫻情） | 京班中常演崑劇：文戲 | 《焚香記・陽告》 | 李光玉 |
| | | | 京班中常演崑劇：文戲 | 《水滸記・活捉》 | 陳美蘭、劉稀榮 |
| | | | 京班中常演崑劇：文戲 | 《獅吼記・梳妝》 | 岳美緹、張靜嫻<br>陳元鴻 |
| | | | 京班中常演崑劇：文戲 | 《兒孫福・勢僧》 | 張銘榮、王鶯華 |
| | | | 京班中常演崑劇：文戲 | 《西廂記・長亭送別》 | 岳美緹、張靜嫻<br>陳長燕、羅勝貞<br>陳元鴻、陳富國 |
| | | 4 月 19 日<br>（美意嫻情） | 京班中常演崑劇：文戲 | 《玉簪記》 | 岳美緹、張靜嫻<br>張銘榮、羅勝貞<br>陳富國、錢宇珊 |
| | | 4 月 20 日<br>（美意嫻情） | 京班中常演崑劇：文戲 | 《占花魁》 | 岳美緹、楊汗如<br>張靜嫻、張銘榮<br>陳元鴻、劉稀榮<br>張銘榮、陳利昌<br>王鶯華、鄒昌慈<br>陳富國、張家麟<br>陳長燕、錢宇珊<br>朱錦榮、劉稀榮 |
| | | 6 月 29 日<br>（美意嫻情） | 京班中常演崑劇：文戲 | 《玉簪記》 | 楊汗如、陳美蘭<br>劉稀榮、羅勝貞<br>陳元鴻、陳長燕 |
| | | 9 月 16 日 | 京班中常演崑劇：文戲 | 《牡丹亭・遊園》 | 李光玉、錢宇珊 |
| | | 9 月 28 日 | 京班中常演崑劇：文戲 | 《牡丹亭・遊園》 | 唐瑞蘭、陳秉蓁 |
| | | | 京班中常演崑劇：文戲 | 《琵琶記》 | 郭勝芳、張天瑞<br>陳元鴻 |
| | | 10 月 5 日 | 京班中常演崑劇：文戲 | 《玉簪記》 | 楊汗如、陳美蘭<br>羅勝貞、劉稀榮<br>陳元鴻、陳長燕 |
| | | 10 月 11 日 | 京班中常演崑劇：文戲 | 《牡丹亭・遊園》 | 唐天瑞、陳秉蓁 |
| | | | 京班中常演崑劇：文戲 | 《琵琶記》 | 郭勝芳、張天瑞<br>陳元鴻 |
| | | 10 月 12 日 | 京班中常演崑劇：文戲 | 《紅梨記・醉皂》 | 劉稀榮 |
| | | | 京班中常演崑劇：時劇 | 《孽海記・思凡、下山》 | 陳長燕、陳元鴻 |

| | | 11月30日 | 京班中常演崑劇：文戲 | 《風箏誤・驚醜、前親》 | 趙揚強、唐天瑞臧其亮、劉啓榮羅勝貞 |
|---|---|---|---|---|---|
| | | | 京班中常演崑劇：文戲 | 《獅吼記・跪池》 | 趙揚強、郭勝芳張天瑞 |
| | | 12月20日 | 京班中常演崑劇：時劇 | 《孽海記・思凡》 | 王耀星 |
| | | | 京班中常演崑劇：時劇 | 《孽海記・下山》 | 劉稀榮、陳美蘭 |
| | | | 京班中常演崑劇：文戲 | 《鳳凰山・百花贈劍》 | 劉珈后、陳長燕張家麟 |
| | | | 京班中常演崑劇：文戲 | 《浣紗記・寄子》 | 王鶯華、陳秉蓁王逸蛟、陳元鴻 |
| | 2009年 | 2月9日 | 京班中常演崑劇：文戲 | 《牡丹亭・遊園》 | （不詳） |
| | | 2月15日 | 京班中常演崑劇：文戲 | 《牡丹亭》 | 陳美蘭、楊汗如羅勝貞、蔣孟純 |
| | | 3月1日 | 京班中常演崑劇：文戲 | 《爛柯山》 | 鄒昌慈、李光玉臧其亮、陳元鴻劉啓榮 |
| | | 3月6日 | 京班中常演崑劇：文戲 | 《琵琶記》 | 趙揚強、郭勝芳唐天瑞、張德天王鶯華、羅勝貞陳秉蓁、謝復青臧其亮 |
| | | 4月12日 | 京班中常演崑劇：文戲 | 《長生殿・酒樓》 | 王逸蛟、陳富國 |
| | | | 京班中常演崑劇：文戲 | 《雷峰塔・斷橋》 | 劉珈后、楊汗如蔣孟純 |
| | | | 京班中常演崑劇：文戲 | 《獅吼記・跪池》 | 孫麗虹、李光玉王鶯華、陳元鴻 |
| | | 5月5日（蘭谷名華） | 京班中常演崑劇：文戲 | 《獅吼記》 | 梁谷音、趙揚強陳元鴻、計鎮華唐天瑞、臧其亮張銘榮、張德天陳富國 |
| | | 5月8日（蘭谷名華） | 京班中常演崑劇：文戲 | 《紅梨記・醉皂》 | 劉稀榮、鄒昌慈 |
| | | | 京班中常演崑劇：文戲 | 《繡襦記・打子》 | 計鎮華、趙揚強鄒昌慈、陳元鴻 |
| | | | 京班中常演崑劇：文戲 | 《豔雲亭・癡訴、點香》 | 梁谷音、張銘榮陳富國、陳元鴻 |
| | | 5月9日（蘭谷名華） | 京班中常演崑劇：文戲 | 《西廂記》 | 溫宇航、陳長燕陳秉蓁、梁谷音張銘榮、陳元鴻 |

| | | | 京班中常演崑劇：文戲 | 《荊釵記・開眼上路》 | 計鎮華、張銘榮王鶯華 |
|---|---|---|---|---|---|
| | | 5 月 10 日（蘭谷名華） | 京班中常演崑劇：文戲 | 《琵琶記》 | 孫麗虹、郭勝芳梁谷音、張德天王鶯華、羅勝貞張銘榮、臧其亮張德天、計鎮華張銘榮 |
| | | 5 月 13 日 | 京班中常演崑劇：文戲 | 《鳳凰山・百花贈劍》 | 李光玉、黃詩雅凌嘉臨、鄭農正 |
| | | 9 月 13 日 | 京班中常演崑劇：文戲 | 《繡襦記・打子》 | 鄒昌慈、趙揚強劉稀榮 |
| | | | 京班中常演崑劇：文戲 | 《浣紗記・寄子》 | 王鶯華、陳秉蓁劉稀榮 |
| | | | 京班中常演崑劇：文戲 | 《慈悲願・認子》 | 李光玉、陳瑞宇 |
| | | 10 月 4 日 | 京班中常演崑劇：文戲 | 《獅吼記》 | 郭勝芳、趙揚強鄒昌慈、臧其亮唐天瑞、陳元鴻陳富國、劉啓榮許懷之 |
| | | 10 月 18 日 | 京班中常演崑劇：文戲 | 《楊家將・擋馬》 | 陳秉蓁、何思佑 |
| | | | 京班中常演崑劇：文戲 | 《牡丹亭・學堂、遊園》 | 楊利娟、郭勝芳王鶯華 |
| | | | 京班中常演崑劇：文戲 | 《昭君出塞》 | 唐天瑞、張耀仁何思佑 |
| | | 11 月 22 日 | 京班中常演崑劇：文戲 | 《楊家將・擋馬》 | 陳秉蓁、何思佑 |
| | | | 京班中常演崑劇：文戲 | 《牡丹亭・學堂、遊園》 | 楊利娟、郭勝芳王鶯華 |
| | | | 京班中常演崑劇：崑腔 | 《昭君出塞》 | 唐天瑞、張耀仁何思佑 |
| | | 12 月 20 日 | 京班中常演崑劇：文戲 | 《蝴蝶夢》 | 鄒昌慈、楊利娟陳元鴻、陳富國 |
| | 2010 年 | 3 月 5 日 | 京班中常演崑劇：文戲 | 《牡丹亭・遊園》 | （不詳） |
| | | 3 月 18 日 | 京班中常演崑劇：文戲 | 《牡丹亭・學堂》 | （不詳） |
| | | 3 月 29 日 | 京班中常演崑劇：文戲 | 《牡丹亭・學堂》 | （不詳） |
| | | 3 月 31 日 | 京班中常演崑劇：文戲 | 《牡丹亭・學堂》 | （不詳） |
| | | 4 月 1 日 | 京班中常演崑劇：文戲 | 《牡丹亭・學堂》 | （不詳） |
| | | 4 月 7 日 | 京班中常演崑劇：文戲 | 《牡丹亭・遊園》 | 楊利娟、錢宇珊 |

| | | 4月14日 | 京班中常演崑劇:時劇 | 《孽海記‧下山》 | （不詳） |
|---|---|---|---|---|---|
| | | 4月25日 | 京班中常演崑劇:文戲 | 《牡丹亭‧遊園、驚夢》 | 楊汗如、王鶯華 凌嘉臨、黃詩雅 |
| | | 4月30日 | 京班中常演崑劇:文戲 | 《牡丹亭‧學堂》 | （不詳） |
| | | 5月20日 | 京班中常演崑劇:時劇 | 《孽海記‧思凡》 | （不詳） |
| | | | 京班中常演崑劇:文戲 | 《長生殿‧彈詞》 | （不詳） |
| | | | 京班中常演崑劇:武戲 | 《雅觀樓》 | （不詳） |
| | | | 京班中常演崑劇:文戲 | 《風雲會‧千里送京娘》 | （不詳） |
| | | 5月25日 （千里風雲會） | 京班中常演崑劇:文戲 | 《爛柯山》 | 鄒慈愛、郭勝芳 許孝存、陳元鴻 劉啓榮、李郁珊 鄭農正、林明翰 羅弘證、張嘉麟 |
| | | 5月27日 （千里風雲會） | 京班中常演崑劇:文戲 | 《牡丹亭‧遊園》 | 劉珈后、錢宇珊 |
| | | | 京班中常演崑劇:文戲 | 《繡襦記‧打子》 | 趙揚強、王鶯華 劉稀榮、陳元鴻 |
| | | | 京班中常演崑劇:時劇 | 《孽海記‧下山》 | 劉稀榮、楊利娟 |
| | | | 京班中常演崑劇:文戲 | 《風雲會‧千里送京娘》 | 程偉兵、陳美蘭 |
| | | 5月28日 （千里風雲會） | 京班中常演崑劇:武戲 | 《雅觀樓》 | 趙揚強、楊宇敬 臧其亮、謝復青 顏雅娟、游瑋玲 金孝萱、陳箎儒 孫顯博、謝俊順 張耀仁、王聲元 林聲勇、何思佑 呂紹寧、劉啓榮 黃聲苓、陳彤萱 陳秉蓁、余大莉 |
| | | 5月29日 （千里風雲會） | 京班中常演崑劇:文戲 | 《風箏誤》 | 葉復潤、莫中元 孫麗虹、劉稀榮 唐天瑞、郭勝芳 羅勝貞、劉珈后 錢宇珊、張耀仁 鄒子敏、黃詩雅 劉啓榮、廖苑純 劉珊如、朱思樺 章靖邠、張書宇 陳品旭、蕭志瑋 樓奕成 |

| | | | | | |
|---|---|---|---|---|---|
| | | 6 月 13 日 | 京班中常演崑劇：文戲 | 《幽閨記·拜月》 | 劉珈后、陳長燕 |
| | | | 京班中常演崑劇：文戲 | 《紅梨記·亭會》 | 楊汗如、楊利娟 |
| | | | 京班中常演崑劇：文戲 | 《水滸記·借茶》 | 臧其亮、唐天瑞 |
| | | | 京班中常演崑劇：文戲 | 《雷峰塔·斷橋》 | 劉珈后、楊汗如楊利娟 |
| | | 6 月 18 日 | 京班中常演崑劇：時劇 | 《孽海記·下山》 | （不詳） |
| | | 10 月 22 日（幽蘭繁櫻） | 京班中常演崑劇：文戲 | 《牡丹亭·遊園驚夢》 | 楊汗如、凌嘉臨黃詩雅、王鶯華 |
| | | 11 月 17 日（2010 台北國際花博——花樣年華） | 京班中常演崑劇：文戲 | 《牡丹亭·學堂、遊園》 | （不詳） |
| | | | 京班中常演崑劇：文戲 | 《紅梨記·亭會》 | （不詳） |
| | | | 京班中常演崑劇：文戲 | 《幽閨記·拜月》 | （不詳） |
| | | | 京班中常演崑劇：文戲 | 《風箏誤·驚醜、前親》 | （不詳） |
| | | | 京班中常演崑劇：文戲 | 《獅吼記·遊春、跪池》 | （不詳） |
| | | | 京班中常演崑劇：文戲 | 《長生殿·小宴、驚變、彈詞》 | （不詳） |
| | 2011 年 | 3 月 7 日（2010 台北國際花博——花樣年華） | 京班中常演崑劇：文戲 | 《風箏誤·驚醜》 | （不詳） |
| | | 4 月 27 日（西牆寄情） | 京班中常演崑劇：文戲 | 《尋親記》 | 鄒慈愛、袁國良王耀星、翁佳慧劉稀榮、繆　斌楊汗如、張詠亮陳元鴻、劉啓榮吳　雙、樓奕成楊傑宇、陳意超李昀珈、孫婷婷洪佩伶、洪嘉伶 |
| | | 5 月 5 日（西牆寄情） | 京班中常演崑劇：文戲 | 《十五貫·訪鼠測字》 | 劉稀榮、王鶯華 |
| | | 5 月 6 日（西牆寄情） | 京班中常演崑劇：文戲 | 《西廂記》 | 溫宇航、陳長燕楊利娟、張銘榮陳富國、余　彬湯潑潑、翁佳慧何燕萍、吳　雙沈礦 |
| | | 10 月 30 日 | 京班中常演崑劇：文戲 | 《西廂記》 | （不詳） |
| | | 11 月 4 日 | 京班中常演崑劇：文戲 | 《水滸記·借茶、活捉》 | 臧其亮、唐天瑞 |

| | | | | |
|---|---|---|---|---|
| | | 京班中常演崑劇：文戲 | 《漁家樂・藏舟・刺梁》 | 楊汗如、凌嘉臨<br>王耀星、劉稀榮<br>吳山傑、劉啓榮<br>王于菁、鍾艾玲<br>許喬復、李紀辰 |
| | 12月28日 | 京班中常演崑劇：文戲 | 《蝴蝶夢》 | 趙揚強、楊利娟<br>臧其亮、何思佑 |
| 2012年 | 2月19日 | 京班中常演崑劇：文戲 | 《牡丹亭》 | （不詳） |
| | 4月28、29日 | 京班中常演崑劇：時劇 | 《孽海記・思凡・下山》 | 劉稀榮、楊利娟 |
| | 4月30日<br>（鎏金綴玉） | 京班中常演崑劇：文戲 | 《玉簪記》 | 楊汗如、楊利娟<br>羅勝貞、陳元鴻<br>何思佑、林庭瑜 |
| | 5月1日<br>（鎏金綴玉） | 京班中常演崑劇：文戲 | 《長生殿・酒樓》 | 王逸蛟、陳富國 |
| | | 京班中常演崑劇：文戲 | 《金不換・守歲待酒》 | 溫宇航、魏春榮<br>王耀星、蔣利駿 |
| | | 京班中常演崑劇：文戲 | 《紅梨記・醉皂》 | 劉稀榮、唐天瑞 |
| | | 京班中常演崑劇：文戲 | 《長生殿・小宴驚變》 | 溫宇航、魏春榮<br>陳元鴻、賴昱誠<br>林庭瑜、黃美瑜<br>王玉玲、潘俊仁 |
| | 5月20日 | 京班中常演崑劇：文戲 | 《荊釵記》 | 郭勝芳、趙揚強<br>羅勝貞、劉稀榮<br>王鶯華、楊利娟<br>何思佑 |
| | 5月26日 | 京班中常演崑劇：文戲 | 《荊釵記》 | 劉海苑、溫宇航<br>羅勝貞、劉稀榮<br>王鶯華、楊利娟<br>何思佑 |
| | 6月3日上午 | 京班中常演崑劇：文戲 | 《荊釵記》 | 郭勝芳、趙揚強<br>羅勝貞、劉稀榮<br>王鶯華、楊利娟<br>何思佑 |
| | 6月3日下午 | 京班中常演崑劇：文戲 | 《荊釵記》 | 劉海苑、溫宇航<br>羅勝貞、劉稀榮<br>王鶯華、楊利娟<br>何思佑 |
| | 6月30日下午 | 京班中常演崑劇：文戲 | 《西廂記》 | 溫宇航、陳長燕<br>楊利娟、羅勝貞<br>陳元鴻 |
| | 6月30日晚上 | 京班中常演崑劇：吹腔 | 《奇雙會》 | 郭勝芳、趙揚強<br>張德天、唐天瑞<br>周陸麟、謝復青<br>何思佑、楊利娟 |
| | 8月11日 | 京班中常演崑劇：文戲 | 《西廂記》 | 溫宇航、陳長燕<br>楊利娟 |

| | | 9 月 29 日 | 京班中常演崑劇：文戲 | 《蝴蝶夢》 | 楊利娟、王鶯華<br>溫宇航、臧其亮<br>何思佑 |
|---|---|---|---|---|---|
| | | 9 月 30 日 | 京班中常演崑劇：文戲 | 《爛柯山》 | 王鶯華、郭勝芳<br>臧其亮、唐天瑞<br>謝復青、張化緯 |
| | | 12 月 2 日<br>（越中傳奇） | 京班中常演崑劇：文戲 | 《荊釵記》 | 溫宇航、郭勝芳<br>臧其亮、羅勝貞<br>劉海苑、王鶯華<br>鄒昌慈、王逸蛟<br>蔣孟純、唐天瑞<br>陳元鴻、王璽傑<br>華智暘、杜智傑<br>許孝存、陳富國 |
| | 2013 年 | 4 月 13 日 | 京班中常演崑劇：文戲 | 《西遊記》 | 劉海苑、郭勝芳<br>溫宇航、陳元鴻<br>凌嘉臨、戴心怡<br>劉珈后、華智暘<br>張珈羚 |
| | | 5 月 2 日 | 京班中常演崑劇：時劇 | 《孽海記・下山》 | 陳元鴻、凌嘉臨 |
| | | | 京班中常演崑劇：文戲 | 《長生殿・酒樓》 | 王鶯華、許孝存 |
| | | 5 月 3～5 日 | 新編崑劇 | 《范蠡與西施》 | 趙揚強、楊利娟<br>溫宇航、陳長燕<br>王鶯華、陳元鴻 |
| | | 9 月 26 日 | 京班中常演崑劇：文戲 | 《西廂記・佳期》 | 楊利娟、王耀星<br>黎　安 |
| | | | 京班中常演崑劇：文戲 | 《白蛇傳・斷橋》 | 郭勝芳、趙揚強<br>楊利娟 |
| | | 9 月 27 日 | 京班中常演崑劇：文戲 | 《荊釵記》 | 趙揚強、郭勝芳<br>侯　哲、張化緯<br>楊利娟、張偉偉<br>袁國良、張崇毅<br>唐天瑞、譚　笑<br>賈　喆、石宗豪<br>唐　宏、孫敬華<br>林　岩、婁雲嘯 |
| | | 9 月 28 日 | 京班中常演崑劇：文戲 | 《尋親記》 | 袁國良、王耀星<br>胡維露、張銘榮<br>繆　斌、趙揚強<br>唐　宏、孫敬華<br>張偉偉、劉立爭<br>婁雲嘯、譚　笑<br>侯　哲、賈　喆<br>張　萌、石宗豪<br>謝　晨 |

| | | | | | | |
|---|---|---|---|---|---|---|
| 台北新劇團<br>（成立於<br>1998年） | 2009年 | 5月30日 | 京班中常演崑劇：崑腔 | 《昭君出塞》 | 黃宇琳、陳利昌<br>許佰昂 |
| | 2012年 | 1月14日 | 京班中常演崑劇：崑腔 | 《昭君出塞》 | 孫依歆、莊喬緯<br>張耀仁 |
| | | | 京班中常演崑劇：武戲 | 《蘆花蕩》 | 李彥龍、蔡岳勳 |
| | 2013年 | 1月8日 | 京班中常演崑劇：猴戲 | 《真假美猴王》 | 徐國智、蔡岳勳 |
| | 2014年 | 4月5日 | 京班中常演崑劇：武戲 | 《挑滑車》 | 徐國智、李寶春 |
| | | 5月24日 | 京班中常演崑劇：武戲 | 《挑滑車》 | 徐國智、李侑軒 |
| 台北崑劇團<br>（成立於<br>2003年） | 2005年 | 4月25日 | 京班中常演崑劇：文戲 | 《牡丹亭・拾畫》 | 孫麗虹 |
| | 2006年 | 11月1日 | 京班中常演崑劇：文戲 | 《琵琶記・南浦》 | 孫麗虹、應平書 |
| | | | 京班中常演崑劇：文戲 | 《牡丹亭・遊園》 | 李光玉、彭湘時 |
| | | | 京班中常演崑劇：文戲 | 《牡丹亭・驚夢》 | 李光玉、孫麗虹 |
| | | | 京班中常演崑劇：文戲 | 《漁家樂・藏舟》 | 應平書、孫麗虹 |
| | 2011年 | 5月21日 | 京班中常演崑劇：文戲 | 《焚香記・陽告》 | 李光玉 |
| | | | 京班中常演崑劇：文戲 | 《琵琶記・南浦》 | 孫麗虹、郭敏芳 |
| | | | 京班中常演崑劇：文戲 | 《玉簪記・琴挑》 | 孫麗虹、李光玉 |
| | | 5月22日 | 京班中常演崑劇：文戲 | 《獅吼記・跪池》 | 李光玉、孫麗虹<br>王鶯華 |
| | | | 京班中常演崑劇：文戲 | 《爛柯山・逼休》 | 王鶯華、楊利娟 |
| | | | 京班中常演崑劇：吹腔 | 《販馬記・寫狀》 | 孫麗虹、劉海苑 |
| 蘭庭崑劇團<br>（成立2005<br>於年） | 2006年 | 2月25日 | 京班中常演崑劇：文戲 | 《獅吼記》 | 曹復永、朱勝麗<br>鄒昌慈、陳利昌<br>陳元鴻 |
| | | 3月5日 | 京班中常演崑劇：文戲 | 《獅吼記》 | 溫宇航、王志萍<br>鄒昌慈、陳利昌<br>陳元鴻 |
| | | 7月9日 | 京班中常演崑劇：文戲 | 《獅吼記》 | 溫宇航、朱勝麗<br>鄒昌慈、劉稀榮<br>陳元鴻、陳長燕<br>蔣孟純、謝孟家<br>陳富國 |
| | 2007年 | 4月21日 | 京班中常演崑劇：文戲 | 《獅吼記》 | 曹復永、朱勝麗<br>鄒昌慈、陳利昌 |
| | | 5月4、5、<br>11、12日 | 崑劇小劇場 | 《尋找遊園驚夢》 | 孔愛萍、溫宇航<br>楊汗如、朱勝麗<br>錢宇珊 |

| 2008 年 | 8 月 8 日 | 京班中常演崑劇：文戲 | 《紅梨記・亭會》 | 溫宇航、陳美蘭 |
|---|---|---|---|---|
| | | 京班中常演崑劇：文戲 | 《繡襦記・打子》 | 張世錚、溫宇航<br>劉稀榮 |
| | | 京班中常演崑劇：文戲 | 《白兔記・產子、出獵回獵》 | 郭勝芳、陳利昌<br>溫宇航、陳元鴻<br>鄒昌慈、陳長燕 |
| | 8 月 9 日 | 京班中常演崑劇：文戲 | 《連環記・小宴》 | 溫宇航、張世錚<br>陳長燕、陳利昌<br>錢宇珊 |
| | | 京班中常演崑劇：文戲 | 《獅吼記・跪池》 | 溫宇航、朱勝麗<br>鄒昌慈、陳元鴻 |
| | | 京班中常演崑劇：文戲 | 《還魂記・寫眞、拾畫叫畫、硬拷》 | 陳美蘭、錢宇珊<br>溫宇航、張世錚<br>鄒昌慈、陳利昌<br>陳崧鴻、劉稀榮<br>謝冠生、陳元鴻<br>陳富國 |
| | 8 月 10 日 | 京班中常演崑劇：文戲 | 《獅吼記》 | 溫宇航、朱勝麗<br>鄒昌慈、陳利昌<br>陳長燕、陳元鴻<br>謝冠生、陳崧鴻 |
| | 11 月 8 日 | 京班中常演崑劇：文戲 | 《繡襦記・蓮花》 | 溫宇航、陳美蘭<br>錢宇珊 |
| | | 京班中常演崑劇：文戲 | 《白兔記・產子》 | 朱勝麗、陳利昌 |
| | | 京班中常演崑劇：文戲 | 《連環記・小宴》 | 溫宇航、鄒昌慈<br>陳美蘭、錢宇珊<br>陳利昌、劉稀榮 |
| | 11 月 9 日 | 京班中常演崑劇：文戲 | 《還魂記・遊園驚夢》 | 陳美蘭、溫宇航<br>錢宇珊、陳利昌 |
| | | 京班中常演崑劇：文戲 | 《紅梨記・醉皂》 | 劉稀榮 |
| | | 京班中常演崑劇：文戲 | 《獅吼記》 | 溫宇航、朱勝麗<br>鄒昌慈、陳利昌 |
| 2009 年 | 7～9 月 | 崑劇小劇場 | 經典崑劇《長生殿》——明皇幸蜀圖 | 溫宇航、朱勝麗<br>鄒昌慈、劉稀榮<br>楊利娟、錢宇珊 |
| | 11 月 14、15 日 | 崑劇小劇場 | 經典崑劇《長生殿》——明皇幸蜀圖 | 溫宇航、朱勝麗<br>鄒昌慈、劉稀榮<br>楊利娟、錢宇珊 |

| | 2010 年 | 5 月 15 日 | 崑劇小劇場 | 經典崑劇《長生殿》——明皇幸蜀圖 | 溫宇航、陳美蘭 |
|---|---|---|---|---|---|
| | | 9 月 25 日 | 京班中常演崑劇：文戲 | 《獅吼記》 | 溫宇航、朱勝麗 |
| | | 9 月 26 日 | 崑劇小劇場 | 經典崑劇《長生殿》——明皇幸蜀圖 | 溫宇航、朱勝麗鄒昌慈、劉稀榮楊利娟、錢宇珊 |
| | | 11 月 5 日 | 京班中常演崑劇：文戲 | 《牡丹亭》 | 溫宇航、孔愛萍錢宇珊、劉稀榮 |
| | | 11 月 6 日 | 京班中常演崑劇：文戲 | 《獅吼記》 | 溫宇航、朱勝麗鄒昌慈 |
| | 2011 年 | 5 月 8 日 | 崑劇小劇場 | 經典崑劇《長生殿》——明皇幸蜀圖 | 溫宇航、朱勝麗鄒昌慈、劉稀榮楊利娟、錢宇珊 |
| | | 5 月 8 日 | 京班中常演崑劇：文戲 | 《獅吼記》 | 溫宇航、朱勝麗陳長燕 |
| | | 10 月 8 日 | 京班中常演崑劇：文戲 | 《蝴蝶夢・說親》 | 王志萍、劉稀榮 |
| | | | 京班中常演崑劇：文戲 | 《牡丹亭・遊園驚夢》 | 王志萍、溫宇航錢宇珊 |
| | | | 京班中常演崑劇：文戲 | 《鳳凰山・百花贈劍》 | 王志萍、溫宇航劉稀榮、錢宇珊 |
| | | 10 月 9 日 | 京班中常演崑劇：文戲 | 《牡丹亭・學堂》 | 錢宇珊、鄒昌慈 |
| | | | 京班中常演崑劇：文戲 | 《琵琶記・描容別墳》 | 郭勝芳、鄒昌慈 |
| | | | 京班中常演崑劇：時劇 | 《孽海記・思凡》 | 朱勝麗 |
| | | | 京班中常演崑劇：文戲 | 《白蛇傳・斷橋》 | 陳長燕、蔣孟純溫宇航、鄒昌慈 |
| | 2012 年 | 6 月 2 日下午 | 京班中常演崑劇：文戲 | 《牡丹亭・學堂》 | 錢宇珊、鄒慈愛陳長燕 |
| | | | 京班中常演崑劇：文戲 | 《爛柯山・癡夢》 | 劉海苑、鄒慈愛羅勝貞 |
| | | | 京班中常演崑劇：文戲 | 《義妖記・斷橋》 | 溫宇航、劉珈后陳長燕 |
| | | 6 月 2 日晚上 | 京班中常演崑劇：文戲 | 《蝴蝶夢・說親回話》 | 陳美蘭、劉稀榮 |
| | | | 京班中常演崑劇：文戲 | 《琵琶記・描容別墳》 | 郭勝芳、鄒慈愛 |
| | | | 京班中常演崑劇：文戲 | 《鳳凰山・百花贈劍》 | 溫宇航、楊利娟蔣孟純 |

| | | 12月15日 | 京班中常演崑劇：文戲 | 《牡丹亭・遊園、寫真》 | 楊利娟、許立縈 |
|---|---|---|---|---|---|
| | | | 京班中常演崑劇：文戲 | 《獅吼記・梳妝、跪池》 | 溫宇航、王志萍、鄒昌慈、陳利昌、許立縈 |
| | | 12月16日 | 京班中常演崑劇：文戲 | 《牡丹亭・遊園、寫真》 | 王志萍、錢宇珊 |
| | | | 京班中常演崑劇：文戲 | 《獅吼記・梳妝、跪池》 | 溫宇航、朱勝麗、鄒昌慈、陳利昌、許立縈 |
| | 2013 年 | 5月23日 | 京班中常演崑劇：文戲 | 《蝴蝶夢・說親回話》 | 楊利娟、陳元鴻 |
| | | | 京班中常演崑劇：文戲 | 《琵琶記・描容別墳》 | 郭勝芳、王鶯華 |
| | | | 京班中常演崑劇：文戲 | 《鳳凰山・百花贈劍》 | 溫宇航、朱勝麗、蔣孟純 |
| | | 9月7日 | 京班中常演崑劇：文戲 | 《牡丹亭・遊園、驚夢、尋夢》選段 | 劉珈后 |
| | | 9月8日 | 京班中常演崑劇：文戲 | 《牡丹亭・遊園、驚夢、尋夢》選段 | 陳長燕 |
| | | 9月14日 | 京班中常演崑劇：文戲 | 《牡丹亭・遊園、驚夢、尋夢》選段 | 王志萍 |
| | | 9月15日 | 京班中常演崑劇：文戲 | 《牡丹亭・遊園、驚夢、尋夢》選段 | 楊利娟 |
| | | 12月6～7日 | 京班中常演崑劇：文戲 | 《玉簪記》 | 溫宇航、邢金沙、張世錚、陳元鴻、張化緯、錢宇珊、謝冠生 |
| 二分之一Q劇場（成立於2006年） | 2004 年 | 4月2日 | 崑劇小劇場 | 《柳・夢・梅》 | 陳美蘭、楊汗如、阮文萍、張傑淳、劉麗婷、姜幸君、貢幼穎 |
| | 2005 年 | 5月26～28日 | 崑劇小劇場 | 《情書》 | 陳美蘭、楊汗如、李易修、吳維煒、阮文萍、張傑淳、姜幸君 |
| | | 6月18～19日 | 崑劇小劇場 | 《情書》 | 陳美蘭、楊汗如、李易修、吳維煒、阮文萍、張傑淳、姜幸君 |

| | | | | |
|---|---|---|---|---|
| 2008 年 | 12月5～31日 | 崑劇小劇場 | 《半世英雄‧李陵》 | 楊汗如、黃宇琳<br>呂玉堃、高禎男<br>于明珠、劉麗婷<br>張傑淳 |
| | 12 月 25～28 日 | 崑劇小劇場 | 《半世英雄‧李陵》 | 楊汗如、黃宇琳<br>呂玉堃、高禎男<br>于明珠、劉麗婷<br>張傑淳 |
| | 12 月 30 日 | 崑劇小劇場 | 《半世英雄‧李陵》 | 楊汗如、黃宇琳<br>呂玉堃、高禎男<br>于明珠、劉麗婷<br>張傑淳 |
| 2009 年 | 1月1～18日 | 崑劇小劇場 | 《半世英雄‧李陵》 | 楊汗如、黃宇琳<br>呂玉堃、高禎男<br>于明珠、劉麗婷<br>張傑淳 |
| | 12 月 18～20 日 | 崑劇小劇場 | 《掘夢人》 | 陳美蘭、楊汗如<br>蘇安莉、孫梲泰<br>于明珠、張傑淳<br>蘇 榕 |
| 2010 年 | 3月16～17日 | 崑劇小劇場 | 《情書》 | 陳美蘭、楊汗如<br>李易修、吳維煒<br>阮文萍、張傑淳<br>姜幸君 |
| 2012 年 | 5月25～27日 | 崑劇小劇場 | 《亂紅》 | 楊汗如、李佩穎<br>凌嘉臨、吳 雙<br>陳元鴻 |
| | 5月30～31日 | 崑劇小劇場 | 《亂紅》 | 楊汗如、李佩穎<br>凌嘉臨、吳 雙<br>陳元鴻 |
| 2013 年 | 10 月 18～20 日 | 崑劇小劇場 | 《情書》 | 凌嘉臨、楊汗如<br>李易修、吳維煒<br>馬照琪、黃明隆 |
| | 10 月 26～27 日 | 崑劇小劇場 | 《情書》 | 凌嘉臨、楊汗如<br>李易修、吳維煒<br>馬照琪、黃明隆 |
| | 11 月 23～24 日 | 崑劇小劇場 | 《情書》 | 凌嘉臨、楊汗如<br>李易修、吳維煒<br>馬照琪、黃明隆 |
| 2014 年 | 3月28～30日 | 崑劇小劇場 | 《風月》 | 楊汗如、凌嘉臨<br>謝俐瑩、李易修<br>張傑淳、陳宥蓉 |

| | | 5 月 3 日 | 崑劇小劇場 | 《風月》 | 楊汗如、凌嘉臨<br>謝俐瑩、李易修<br>張傑淳、陳宥蓉 |
|---|---|---|---|---|---|
| 台北崑曲<br>研習社<br>（成立於<br>2009 年） | 2011 年 | 4～6 月 | 京班中常演崑劇：文戲 | 《牡丹亭》 | 陳美蘭、王耀星<br>劉珈后、陳意雯<br>錢宇珊、溫宇航<br>周雪峰、許立縈<br>王莨鈞、李至軒<br>郭珈芸 |